JFK

Affaire non classée

Jim Garrison

JFK

Affaire non classée

traduit de l'américain
par C. Tobewatner

FRANCE LOISIRS
123, boulevard de Grenelle, Paris

Titre original :
On the Trail of the Assassins
My Investigation and Prosecution of
the Murder of President Kennedy
(Sheridan Square Press, N.Y.)

Une édition du Club France Loisirs, Paris
réalisée avec l'autorisation des Éditions J'ai lu.

ISBN : 2-7242-6805-9

Introduction

Ceci n'est pas juste un ouvrage de plus analysant l'assassinat du Président Kennedy. C'est la chronique des expériences d'un homme qui a essayé de découvrir la vérité sur ce meurtre et d'engager des poursuites judiciaires contre les responsables. Je n'écris pas en tant que critique mais en tant que participant et enquêteur.

A l'époque de l'assassinat, le 22 novembre 1963, j'étais district attorney[1] de La Nouvelle-Orléans. Lee Harvey Oswald, l'accusé, ayant résidé à La Nouvelle-Orléans durant l'été précédant le meurtre, je fus immédiatement mis sur l'affaire. Plus de trois ans plus tard, en mars 1967, mon enquête culmina dans l'arrestation de Clay Shaw, directeur de l'International Trade Mart et personnalité bien en vue dans la haute société, sous l'inculpation de conspiration dans le but d'assassiner John Kennedy.

Durant les mois menant au procès de Shaw, en 1969, j'ai publiquement suggéré que des membres des Services secrets du gouvernement des États-Unis, y compris Shaw, étaient responsables de l'assassinat et l'avaient commis pour stopper la lutte du Président Kennedy contre la guerre froide. Bien que le jury ait accepté ma thèse sur l'existence d'une conspiration, il n'était pas alors informé du

1. District attorney = Procureur de la République.

rôle clandestin de Shaw en tant qu'agent de la C.I.A. Non convaincu de sa motivation, le jury l'acquitta.

L'Histoire se charge de changer les verdicts. Il y a vingt-cinq ans, la plupart des Américains acceptèrent facilement la thèse du gouvernement, selon laquelle l'assassinat n'était qu'un acte de violence gratuit. Un jeune homme à l'esprit imbibé d'idéologie marxiste s'était embusqué à la fenêtre d'un magasin et — en six secondes de tirs d'une précision professionnelle — avait abattu le Président des États-Unis.

Quand cette explication fut annoncée, peu de temps après l'assassinat, le pays était en état de choc profond. Nous avions subitement perdu un leader très particulier, dont les qualités personnelles — fraîcheur, jeunesse, humour, classe, intelligence, chaleur — nous avaient insufflé une fierté neuve de la fonction de Président. Le pays entier s'affligeait en voyant les images télévisées désormais familières de Lyndon Johnson prêtant serment en tant que Président, des funérailles solennelles, de la douleur de la famille Kennedy, d'Oswald abattu par Jack Ruby dans les locaux de la police de Dallas. Attristés et outragés, les Américains voulaient une explication. Et ils en eurent une. La police de Dallas classa l'affaire presque immédiatement, condamnant Lee Harvey Oswald sans procès. Le F.B.I. s'aligna, classant l'affaire en l'espace de quelques semaines. Et la commission Warren, nommée peu après l'assassinat, ajouta son approbation officielle moins de dix mois plus tard.

Mais le temps a infirmé la thèse officielle à laquelle la majorité des Américains avaient d'abord cru. Il y avait trop de contradictions, trop de témoins, trop de photos et de films montrant le déroulement des faits, trop de sceptiques. Le temps passant, des témoins originellement négligés furent découverts, des rapports d'enquête se révélèrent faux, et on s'aperçut que d'autres témoignages avaient été modifiés ou détruits. Et dès 1967, les deux tiers du public n'acceptaient plus l'idée qu'Oswald avait été un assassin isolé.

Dans les années 70, la nouvelle loi sur la Liberté de l'Information ouvrit plus de portes. Des faits que les bureaux fédéraux avaient stockés dans leurs dossiers — croyant qu'ils resteraient à jamais secrets — furent disponibles au public. Depuis lors, des critiques compétents ont accompli un travail de recherche considérable. De nombreux livres ont soulevé des questions incisives sur la thèse officielle et ont révélé des faits nouveaux et troublants. Cependant, la plupart de ces informations sont encore inconnues de la majorité des Américains. Par exemple :

Cinq jours avant l'assassinat, le F.B.I. de La Nouvelle-Orléans avait reçu un télex prévenant qu'une tentative d'assassinat du Président Kennedy serait commise à Dallas. Le Bureau ne transmit cet avertissement ni aux Services secrets ni aux autorités. Peu après l'assassinat, le message télex fut retiré des dossiers du F.B.I.

La grande majorité des témoins présents sur la place Dealey de Dallas entendirent plusieurs coups de fusil, en provenance de la butte située devant Kennedy. Dans la poursuite qui suivit, la police de Dallas appréhenda trois hommes et les emmena. Néanmoins, les nombreuses photos de leur arrestation ne furent jamais publiées et il ne reste aucune trace de leurs clichés judiciaires, de leurs empreintes ou de leurs noms.

Le jour de son arrestation, Lee Oswald fut soumis à un test de recherche de dérivés nitrés, lequel montra qu'il n'avait pas tiré de coup de fusil au cours des dernières vingt-quatre heures. Ce fait fut gardé secret pendant dix mois, à la fois par le gouvernement et la police de Dallas.

Pendant plus de cinq ans, le film amateur du témoin Abraham Zapruder fut dissimulé au public et gardé dans un coffre par le magazine *Life*. Cette vidéo montre Kennedy violemment propulsé en arrière — ce qui prouve clairement qu'il a été touché de face.

Environ une heure avant l'arrivée du cortège de Kennedy, Jack Ruby, l'homme qui tuera ensuite Lee Oswald, a été aperçu le long de la butte, recevant d'un homme un fusil dans un étui. La déclaration de Julia Ann Mercer, le témoin de ce fait, fut modifiée par le F.B.I. de manière à ce qu'il en ressorte qu'elle avait été incapable d'identifier Ruby. Cette frauduleuse modification n'a jamais été expliquée ni même déniée par le gouvernement.

Après l'autopsie du corps du Président par les services militaires, le cerveau disparut. Durci par le formol. il aurait pu montrer de quelle direction la balle était venue. Les photographies et les radios de l'autopsie, qui auraient pu aussi résoudre ce problème, ne furent jamais examinées par la commission Warren.

Le médecin légiste chargé de l'autopsie à l'hôpital naval de Bethesda brûla dans sa propre cheminée le rapport original de l'autopsie.

De telles révélations, bien que peu diffusées, forcèrent le House Select Committee on Assassinations à mener une enquête de 1976 à 1979. Sa conclusion officielle fut qu'il y avait probablement eu une conspiration en vue d'assassiner le Président Kennedy — et que plus d'un homme avait tiré sur lui. Cependant, l'enquête fut limitée et ne tenta pas de déterminer qui était derrière l'assassinat.

Ce livre prend la responsabilité que le House Committee a évité de prendre. Me basant sur mon enquête active à l'époque en tant que district attorney et sur mes recherches incessantes depuis lors, j'offre ici une minutieuse analyse de ce qui s'est passé — qui a tué John Kennedy et pourquoi. Je ne prétends pas, néanmoins, détenir toutes les réponses sur l'assassinat. Personne ne le pourrait. Découvrir toute la vérité nécessiterait une enquête fédérale ouverte, aboutie et honnête — ce qui n'a pas encore eu lieu à ce jour.

Pour commencer, je dois souligner le fait que les détails de l'assassinat — qui a tiré, depuis quel bâtiment, avec quelle sorte d'arme, etc. — ne sont plus mes préoccupations premières. L'assassinat fut un événement immensément important. Mais encore plus important, à mon sens, est ce qui s'est passé ensuite — la ratification par le gouvernement et les médias d'une thèse totalement absurde.

Tout de suite après l'assassinat, le gouvernement et les principaux médias adoptèrent la politique de l'autruche. A tel point que, une fois admise la thèse d'un assassinat isolé, ils refusèrent de prendre connaissance d'un quelconque fait pouvant la discréditer et attaquèrent tous ceux qui proposèrent une explication différente.

Il n'est pas difficile de comprendre leur dilemme. Accepter le fait pratiquement connu de tous que plusieurs hommes avaient tiré sur le Président Kennedy aurait correspondu à admettre que l'assassinat n'était pas dû au hasard. Accepter la thèse d'une conspiration aurait inévitablement conduit à en rechercher les causes. Ce qui aurait mis en évidence la puissante opposition au sein du gouvernement contre la politique anti-guerre froide de Kennedy. Son souhait de se retirer du Vietnam, par exemple, aurait été révélé. Parallèlement, le rôle de ceux qui nous ont entraînés dans une guerre de neuf ans au Vietnam serait aussi devenu clair.

Quand j'ai essayé d'exposer au grand jour ces gênantes corrélations, le gouvernement et les médias ont violemment réagi. Avant comme après le procès de Clay Shaw, on me reprocha d'avoir suggéré que des membres de nos propres Services secrets avaient peut-être conspiré pour tuer le Président. Je fus vilipendé par la presse, traité de politicien avide de publicité, de charlatan et de communiste. Le gouvernement porta contre moi une fausse accusation de corruption alors que j'étais en pleine campagne de réélection au poste de district attorney. Bien que la cour me déclarât innocent, je perdis de peu les élections. Le gouvernement avait finalement réussi à m'évincer.

Dans le climat hostile de l'époque, il m'était impossible de communiquer mes opinions. Près de vingt ans plus tard, le contexte avait changé. Nous étions passés par la guerre du Vietnam, le Watergate, et l'Irangate. Nous en avions appris beaucoup sur nos Services secrets et sur ce qu'ils avaient commis en notre nom. Le fait que notre C.I.A. puisse perpétrer des assassinats n'est plus inconcevable ; c'est une réalité historique reconnue. L'existence d'opérations gouvernementales secrètes est admise dans les salles d'audience du Congrès et à la télévision nationale. Dans cette conjoncture plus ouverte, il est temps pour moi d'exposer le déroulement complet de mon enquête et de permettre à une nouvelle génération d'y réfléchir.

Cette enquête et les expériences qui en ont découlé ont à jamais changé ma vie et mon état d'esprit. Ce livre relate un réel processus de transformation — de désillusion, de colère, et de connaissance croissantes. Mon expérience aux premières loges des événements n'est pas typique. Mais notre pays entier partageait, à des degrés différents, mon changement d'état d'esprit. Un quart de siècle plus tard, nous pouvons voir que cette période représenta la perte de l'innocence pour les Américains de l'après-guerre, le début d'une ère de mécontentement et de méfiance envers leur gouvernement et leurs institutions les plus solides.

J'espère que ce livre permettra à la jeune génération de mieux comprendre les conséquences politiques, sociales et historiques de l'assassinat et des dissimulations qui le suivirent. Nous vivons encore de nos jours avec ces conséquences — un gouvernement trompeur, une presse docile, une corruption et un cynisme dominants.

En trois courtes années de présidence, John Kennedy avait déjà commencé à modifier nos attitudes et notre aveugle acceptation de la guerre froide. Son choix en faveur d'une vision plus large et plus éclairée du monde l'a, je pense, peut-être conduit à la mort.

Vingt-cinq ans après son tragique assassinat, nous ne devrions pas oublier ses éloquentes paroles devant l'Université américaine, en juin 1963 : « ... si nous ne pouvons pas éliminer nos différences, nous pouvons au moins aider à faire accepter la diversité. Car, après tout, nous sommes tous des habitants de cette petite planète. Nous respirons tous le même air. Nous chérissons tous l'avenir de nos enfants. Et nous sommes tous mortels. »

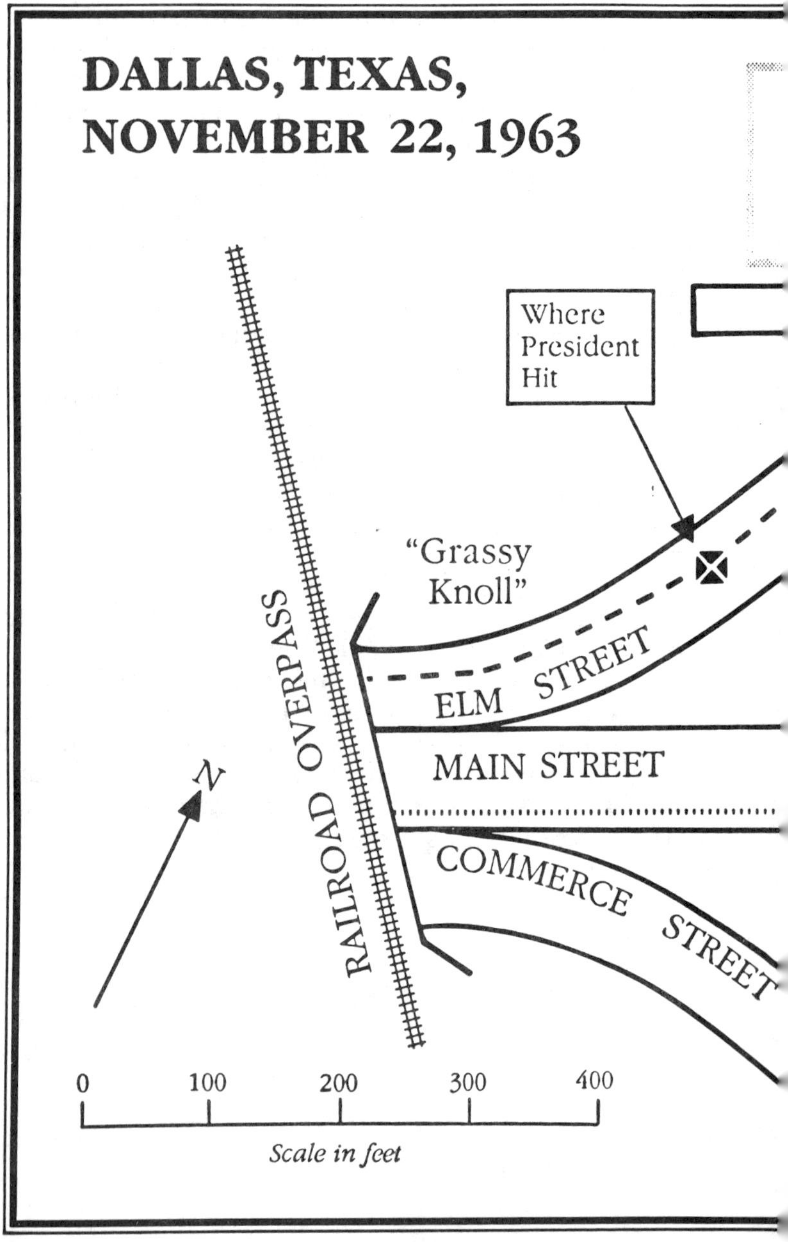

DALLAS, TEXAS,
NOVEMBER 22, 1963
Where
President
Hit
"Grassy
Knoll"
RAILROAD OVERPASS
ELM STREET
MAIN STREET
COMMERCE STREET
N
0
100
200
300
400
Scale in feet

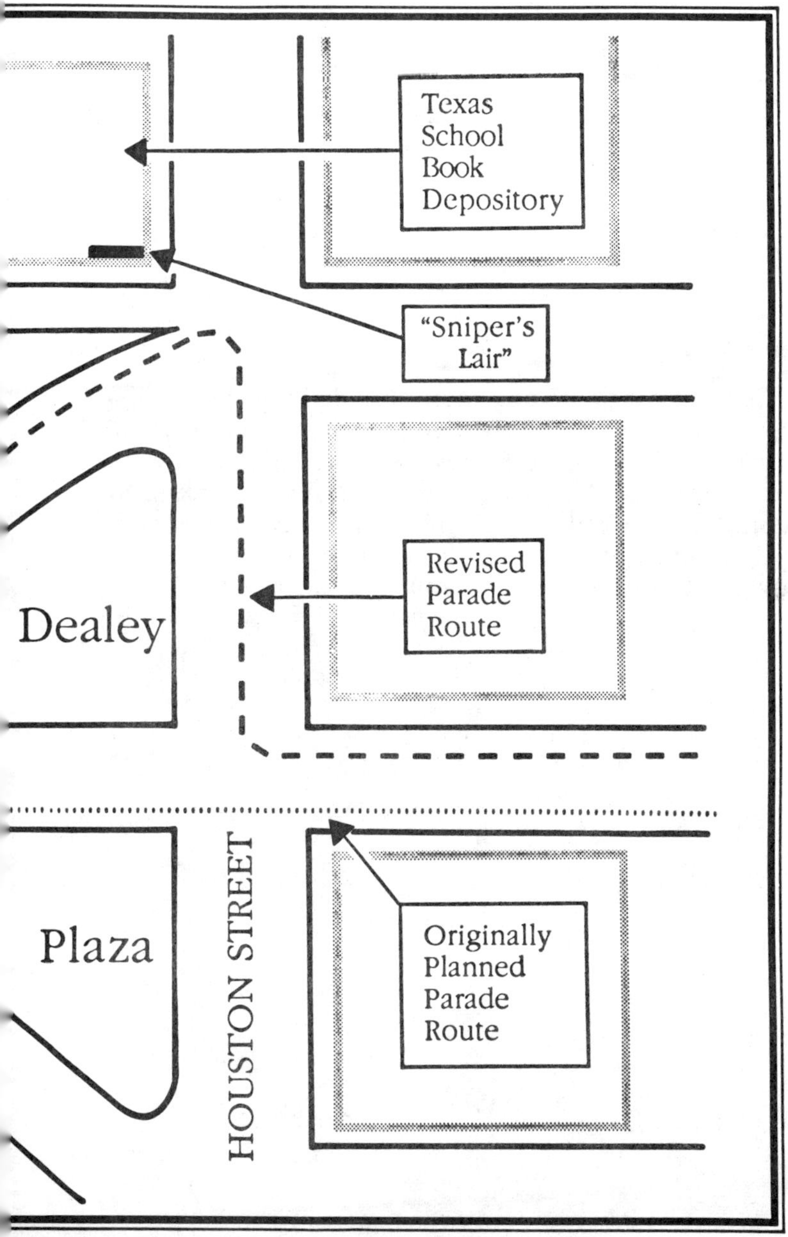
Texas School Book Depository
"Sniper's Lair"
Revised Parade Route
Originally Planned Parade Route
Dealey
Plaza
HOUSTON STREET

Ce livre est dédié aux membres de l'équipe du district attorney de La Nouvelle-Orléans, en service durant les années 60 : les regrettés Frank Klein, Andrew « Moo Moo » Sciambra, James Alcock, Lou Ivon, D'Alton Williams, Alvin Oser et Numa Bertel.

Ils n'ont jamais cessé de lutter pour découvrir la vérité. Ils ont seulement manqué de temps.

1

La sérénité de l'ignorance

Je travaillais à mon bureau de la cour criminelle, en tant que district attorney de La Nouvelle-Orléans, quand la porte s'ouvrit à la volée devant mon assistant.

— On a tiré sur le Président ! cria-t-il.

Il était douze heures trente, le vendredi 22 novembre 1963.

Aujourd'hui, un quart de siècle plus tard, je me souviens de mon choc, de mon incrédulité. Après avoir enregistré ce que Frank Klein était en train de me dire, je m'accrochai à l'espoir que le Président Kennedy avait peut-être été simplement blessé et survivrait.

Frank et moi nous rendîmes chez Tortorich, un restaurant du quartier français. Durant le trajet en voiture, la radio annonça que John Kennedy avait été tué. Le reste du trajet se déroula dans un silence absolu.

Au restaurant, les clients regardaient gravement le poste de télévision installé dans un coin de la salle. Je ressentais une impression d'irréalité devant l'interminable défilé d'images de Dallas. Un serveur vint prendre notre commande. Mais quand nous fûmes servis, aucun de nous deux ne toucha à son assiette.

L'information télévisée était peu concluante. Bien que les Services secrets, le F.B.I. et la police de Dallas, sans parler de l'énorme foule de curieux, eussent tous assisté à l'assassinat, pendant au moins deux heures les voix crispées des présentateurs ne fournirent rien de concret sur le ou les tueurs. Profondément accablé, personne ne quitta le restaurant cet après-midi-là. Les hommes d'affaires qui étaient venus déjeuner annulèrent leurs rendez-vous. Frank et moi passâmes nos coups de fil au bureau et retournâmes devant la télévision.

Puis, au milieu de l'après-midi, l'arrestation de l'assassin fut subitement annoncée. Environ une quinzaine de policiers de Dallas l'avaient attrapé dans une salle de cinéma considérablement distante du lieu de l'assassinat. L'arrestation à retardement lâchée comme une bombe à l'écran mit fin au long silence dans le restaurant. La fureur et la haine contre ce jeune homme inconnu explosèrent. Il s'appelait Lee Harvey Oswald.

Pendant que Frank Klein et moi étions rivés à la télévision de Tortorich, un incident plus qu'inhabituel se produisait au bureau de Guy Banister. Du moins était-ce inhabituel pour Banister, ancien agent du F.B.I., délégué au contrôle de la police de La Nouvelle-Orléans, et homme réputé pour sa rigide application de la loi et de l'ordre.

Je connaissais assez bien Banister. Nous déjeunions de temps en temps ensemble, échangeant des souvenirs colorés de nos carrières respectives au F.B.I. C'était un homme au visage plein de santé, avec des yeux bleus qui vous regardaient directement, toujours impeccablement vêtu, avec un éternel bouton de rose au revers de son costume.

Bien qu'il appréciât occasionnellement un martini, Banister n'avait jamais été vu en train de boire plus que de raison. C'était un personnage austère et d'une tenue exemplaire. Cependant, en ce long après-midi d'informations sur l'assassinat, l'ex-agent du F.B.I. fit largement honneur aux liqueurs du Katzenjammer Bar de Camp Street. Au coucher du soleil, il regagna son bureau en compagnie de Jack Martin, un détective privé dépendant de son service, qui avait bu avec lui. C'est alors qu'une dispute éclata entre eux.

Au cours de cette dispute, Martin fit une observation malencontreuse. Il informa Banister qu'il n'avait pas oublié certaines choses inhabituelles qui s'étaient produites à son bureau durant l'été. A ce moment-là Banister commença à lui assener des coups de crosse de son Magnum .357 sur le crâne

Un Magnum .357 n'est pas un pistolet ordinaire. C'est une arme extrêmement lourde. En l'espace de quelques minutes, Martin ne fut plus qu'une loque ensanglantée, et une patrouille de police l'emmena à l'hôpital de la Charité. Cet acte violent et inhabituel de la part de Guy Banister passa inaperçu à l'époque. Mais il devait plus tard conduire à la seule poursuite judiciaire jamais engagée dans l'affaire du meurtre du Président Kennedy.

Un jour ou deux après l'agression qu'il venait de subir, Jack Martin aurait confié à un ami qu'il soupçonnait David Ferrie, un associé de Guy Banister et un habitué de son bureau, de s'être rendu à Dallas en voiture le jour de l'assassinat pour servir de conducteur aux exécuteurs du crime, au moment de leur fuite.

Dans la nuit du vendredi, les bulletins d'information se succédèrent à un rythme étourdissant. Le lendemain, le nom de Lee Harvey Oswald avait été répété si souvent par les médias qu'il était connu du monde entier. De plus en plus de détails sur sa vie furent aussi rendus publics, y compris le fait qu'il avait passé l'été précédent à La Nouvelle-Orléans. En tant que district attorney de cette ville, je dus ouvrir une enquête pour tenter de déterminer les raisons du séjour d'Oswald dans notre juridiction et découvrir d'éventuels complices. Avec une demi-douzaine d'hommes de mon équipe, je me mis immédiatement au travail.

Dans le cadre de nos recherches sur les possibles complices d'Oswald en ville, nous découvrîmes que l'assassin présumé avait été vu en compagnie d'un certain David Ferrie.

J'avais rencontré David Ferrie une fois, dans le courant de l'année précédente. Une rencontre fortuite mais inoubliable. Cela s'était passé peu après mon élection. Je marchais dans la rue, pressant le pas pour traverser avant que les voitures ne redémarrent, quand quelqu'un me saisit par les deux bras et me stoppa net.

Le visage qui me souriait ressemblait à un masque macabre. Les sourcils étaient peints au crayon gras, l'un nettement plus haut que l'autre. Une perruque roussâtre et mal soignée penchait sur un côté de la tête. Il me fixait droit dans les yeux. Et comme les voitures venaient sur nous, j'eus du mal à comprendre ce qu'il disait au milieu du vacarme des klaxons.

Je me souviens qu'il hurlait des félicitations pour ma récente élection. Tandis que je hélais un taxi et me débarrassais enfin de lui, je l'entendis crier qu'il était détective privé.

Ce souvenir en fit remonter d'autres à la surface. Je me rappelai que Ferrie avait une réputation d'aventurier et de pilote intrépide. Ayant moi-même été pilote durant la Seconde Guerre mondiale, la légende disant qu'il était capable de faire décoller et atterrir un avion même sur les terrains les plus exigus était restée gravée dans mon esprit. Ainsi que d'autres éléments fragmentaires — sa participation en 1961 à l'invasion avortée de Cuba, ses activités anticastristes, et ses nombreux discours patriotiques et anticommunistes devant des assemblées de vétérans. Le nom de David Ferrie était assez bien connu à La Nouvelle-Orléans.

L'un de mes assistants, Herman Kohlman, rapporta bientôt des informations étonnantes. Ferrie avait effectué un voyage précipité au Texas, juste quarante-huit heures avant l'assassinat. La source de cette information était l'ami à qui Jack Martin s'était confié après avoir été agressé par Guy Banister.

Un contrôle de routine de nos dossiers nous amena à un rapport de police sur une plainte déposée contre Ferrie. La plainte, concernant un écart au code de la route, n'avait pas donné lieu à une action en justice, mais nous conduisit à l'adresse actuelle de Ferrie, dans l'avenue Louisiana. J'envoyai sur place Frank Klein et une équipe de détectives. Dans l'espèce de tanière désordonnée qui servait d'appartement à Ferrie, ils trouvèrent un assortiment de fusils de l'Armée, des munitions, des cantines militaires, des tenues de soldat et, sur le mur, une grande carte de Cuba. Pour ajouter à la confusion générale, deux jeunes hommes étaient là, attendant le retour de Ferrie. Ils déclarèrent que Ferrie s'était rendu au Texas en voiture le vendredi en tout début d'après-midi — environ une heure après l'assassinat.

Leur déclaration sur l'heure du départ de Ferrie fut plus tard confirmée par d'autres témoins qui avaient vu ce dernier à La Nouvelle-Orléans vers midi, le 22 novembre. Cela tendait à prouver que Ferrie n'avait pas servi de chauffeur aux assassins en fuite, mais ne signifiait pas qu'il n'était pas impliqué dans l'affaire.

Je laissai sur place une équipe tournante pour attendre son retour. Il réapparut le lundi matin et fut amené à mon bureau pour interrogatoire. Il nia avoir jamais connu Lee Oswald, mais admit s'être rendu à Houston le vendredi en début d'après-midi.

En comparaison avec son exubérante hardiesse à notre première rencontre, il paraissait plutôt mal à l'aise et nerveux. Et plus il parlait, moins son histoire tenait debout. Par exemple, quand je lui demandai les raisons de ce départ pour le Texas seulement une heure après l'assassinat, il répondit qu'il s'était rendu à Houston pour faire du patin à glace. Quand je m'étonnai qu'il ait choisi précisément le jour d'un tel événement pour entreprendre ce voyage d'agrément, il n'eut pas de réponse satisfaisante.

Plus tard, nous avons appris qu'il avait bien été au club de patinage, mais qu'il avait passé son temps dans une cabine téléphonique, à donner et à recevoir des appels. Nous avons aussi découvert par la suite qu'il était allé de Houston à Galveston, là où Jack Ruby avait appelé, la veille du jour où il avait abattu Lee Oswald. Inutile de dire que tous ces détails ne sortirent pas de la bouche de Ferrie durant l'interrogatoire.

D'après ses réponses, rien ne me permettait de le connecter directement avec le meurtre, mais je jugeai qu'une enquête plus poussée sur ce curieux individu s'imposait. J'ordonnai à mes assistants de l'emmener au Premier Département de police, pour qu'il soit fiché, emprisonné et interrogé par le F.B.I.

J'étais sûr qu'une enquête du F.B.I. sur David Ferrie, ou sur tout autre élément relié de loin ou de près à l'assassinat du Président, serait exhaustive. Cette foi était probablement typique de la plupart des Américains en 1963. Cependant, elle était particulièrement forte dans mon cas, à cause de mes antécédents. Mon père avait été attorney, tout comme son père avant lui. De sorte que, par mimétisme ou par ignorance, j'avais acquis une confiance et un respect absolus des forces publiques.

J'avais quarante-trois ans et j'occupais la fonction de district attorney depuis un an et neuf mois quand John Kennedy fut tué. J'étais un patriote à l'ancienne mode, un produit de ma famille, de mon expérience militaire et de mes années de profession juridique. Je ne pouvais pas imaginer alors que le gouvernement de mon pays tromperait ses citoyens. En conséquence, quand le F.B.I. libéra David Ferrie avec une surprenante rapidité, arguant qu'aucune preuve de son éventuel lien avec le meurtre n'avait été trouvée, je l'admis. Je supposai que le Bureau avait dû examiner en profondeur le voyage de Ferrie et n'avait rien trouvé d'important. Mais il me fut un peu pénible d'apprendre que l'agent spécial diri geant le service de La Nouvelle-Orléans avait cru bon de préciser publiquement que l'arrestation de Ferrie n'avait pas été une idée du F.B.I. mais celle du district attorney. C'était un commentaire sans précédent d'un agent du gouvernement contre un autre représentant de la force publique.

J'avais pourtant cru que le gouvernement fédéral et moi-même étions du même bord. Quoi qu'il en soit, j'ignorai le commentaire et retournai à mes tâches habituelles.

2

La prise de conscience

Près de trois années passèrent.

Ce furent des années de grandes satisfactions pour moi. Mon service fonctionnait à merveille, nos locaux avaient été rénovés et nous n'avions perdu aucune affaire d'homicide en trois ans. J'assistais régulièrement à des conventions de l'Association nationale des districts attorneys, dans des endroits aussi agréables que Phoenix, Las Vegas ou Los Angeles. Et il m'arrivait de pouvoir m'échapper du bureau pour aller déjeuner dans un des meilleurs restaurants de la ville.

Entre-temps, notre force armée s'était profondément engagée dans la guerre du Sud-Est asiatique. Comme la plupart des Américains, je rendais grâce à notre gouvernement d'avoir envoyé nos troupes là-bas pour y établir la démocratie. Comme la plupart des Américains, je rendais aussi grâce au gouvernement d'avoir mené une minutieuse enquête sur l'assassinat du Président Kennedy et d'avoir finalement découvert qu'il s'agissait d'un acte isolé. Il ne m'était certainement jamais venu à l'esprit qu'il pouvait y avoir un lien entre le meurtre de John Kennedy et l'arrivée de millions de soldats américains au Vietnam.

Bien sûr, j'étais conscient des curieuses contradictions concernant le meurtre. Il était de notoriété publique que la plupart des témoins présents sur la place Dealey pensaient avoir entendu — et même vu — tirer depuis la butte située en face du Président. Certains d'entre eux s'étaient précipités en haut de la butte, avaient passé la barrière donnant sur le dépôt de chemin de fer et avaient été stoppés par des hommes se présentant comme des agents du Service de sécurité.

Indéniablement, il y avait eu un réel laxisme autour de la sécurité du Président. Chacun savait que la cloche protectrice de sa limousine avait été enlevée et tout le monde avait pu voir les nombreux photographes amassés aux fenêtres surplombant la place. Mais ceci, raisonnai-je, avait dû faire partie des premières préoccupations du F.B.I. au cours de son enquête. De plus, il y avait eu la commission Warren, qui avait pris le relais pendant une période de dix mois.

Tel était mon point de vue à la fin de l'année 1966.

Et puis, un jour de cet automne-là, j'eus l'occasion de converser avec Russell Long, sénateur de Louisiane. Au cours de notre discussion, le sujet du meurtre du Président fut abordé. Je me souviens encore aujourd'hui de ses paroles :

— Ces types de la commission Warren se sont complètement trompés, avait-il dit avec son franc-parler habituel. Il est impossible qu'un seul homme ait pu tuer John Kennedy de cette manière.

J'étais surpris d'entendre cela de la bouche d'un des membres les plus intelligents du Sénat américain, un homme que je connaissais personnellement et qui avait mon profond respect. C'était aussi la première fois que je rencontrais parmi les hautes instances le signe d'un doute sur cette affaire. Et cela piqua ma curiosité. J'ordonnai immédiatement qu'on m'apporte les dossiers complets de la commission Warren — les rapports d'audience, les pièces à conviction et les conclusions de l'enquête.

En attendant, j'effectuai quelques recherches sur la constitution de la commission Warren. Cinq jours après l'assassinat, Charles Goodell, député de New York, avait proposé qu'une commission du Congrès mène une enquête. La commission devait comporter sept députés et sept sénateurs. Deux jours plus tard, avant que le Congrès ait pris une seule disposition pour concrétiser la proposition de Goodell, le Président Lyndon Johnson annonça qu'il avait déjà formé une commission d'enquête et choisi sept de ses membres. Pour éviter qu'on lui reproche d'enlever l'enquête des mains du Congrès, il ajouta à la commission deux membres de chacune des chambres.

Je cherchai des informations biographiques sur les membres qu'il avait sélectionnés. Il apparut que chacun d'eux avait eu des antécédents notables dans les Services secrets ou l'Armée. Allen Dulles avait été directeur de la C.I.A. pendant neuf ans. Le député Gerald Ford était décrit par *Newsweek* comme « le meilleur ami de la C.I.A. au Congrès ». Le sénateur Richard Russell siégeait au Conseil des forces armées. John J. McCloy avait servi comme assistant au secrétariat de la guerre et haut représentant du gouvernement des États-Unis dans l'Allemagne occupée à la fin de la Seconde Guerre mondiale. A l'époque de sa désignation à la commission Warren, il était considéré comme le plus important membre non officiel des services de police extérieurs.

Quand les vingt-six volumes de la commission arrivèrent, je me plongeai pendant plusieurs semaines dans l'étude des témoignages et des documents. Compte tenu de la qualité des membres de la commission, je m'attendais à trouver une enquête approfondie et menée professionnellement. Mais il n'en était rien. La masse d'informations semblait désorganisée et confuse. Le nombre de pistes prometteuses mais jamais suivies heurta ma sensibilité d'homme de loi. Et, pire encore, les conclusions du rapport semblaient être basées sur une alarmante vision sélective des faits, ignorant le témoignage crédible d'au moins une douzaine de témoins.

La commission conclut officiellement, par exemple, qu'un seul homme avait tiré et qu'il se trouvait derrière le Président.

Pourtant, je découvris au cours de ma lecture que de nombreux témoignages ne cadraient pas avec cette explication officielle. Visualisons la scène : le cortège présidentiel se dirigeait vers Elm Street. Au moment où le Président fut touché, le Texas School Book Depository, immeuble d'où Oswald aurait tiré, se trouvait bien derrière lui, sur sa droite. Devant lui, se trouvait la butte, avec à son sommet la barrière et un groupe d'arbres donnant sur la voie ferrée. Un nombre important de témoins se rappelaient clairement avoir noté de curieuses activités sur la butte, avant l'arrivée du cortège. Par exemple, une heure avant l'assassinat, Julia Ann Mercer, une employée d'Automat Distributors, longeait la butte en voiture et se retrouva un instant bloquée dans un embouteillage. Elle vit alors un jeune homme descendre d'un camion garé, un étui à fusil à la main, et se diriger vers la butte. Le lendemain de l'assassinat, découvris-je plus tard, elle rapporta cet étrange incident au F.B.I. ainsi qu'au bureau de police de Dallas. Mais, curieusement, Julia Ann Mercer ne fut jamais interrogée par la commission Warren.

Lee Bowers, l'aiguilleur du chemin de fer, jouissait d'une vue panoramique, du haut de sa tour de contrôle. D'après son témoignage, quelques minutes avant que les tirs ne commencent, il avait remarqué la présence de deux hommes inconnus derrière la barrière. Plus tôt, il avait aperçu un autre homme — qu'il n'avait pas reconnu non plus — au volant d'une voiture qui semblait patrouiller aux alentours du chemin de fer. L'homme parlait dans un micro-émetteur.

J.C. Price, un ouvrier de Dallas, déclara à la police avoir vu juste après les coups de feu « un homme courir vers les passagers des voitures garées sur la route longeant les rails... Il avait quelque chose à la main. Je n'en suis pas sûr mais ça pouvait bien être un casque ».

Certains témoins n'entendirent pas seulement des coups de feu provenant de la barrière, mais virent de la fumée s'élever au-dessus du groupe d'arbres. Comme J.C. Price, un nombre encore plus important de témoins eurent l'impression que des hommes se précipitaient sur la butte tout de suite après les tirs, en direction du chemin de fer. Joseph Smith, un des motards escortant le Président, fut aperçu parmi eux.

Je revins au témoignage de Lee Bowers, l'aiguilleur, et étudiai ses réponses aux questions de Joseph A. Ball sur ce qui s'était passé après les coups de feu.

M. BALL : Beaucoup de gens se sont-ils ensuite dirigés vers le chemin de fer ?

M. BOWERS : Un grand nombre, venant de plusieurs directions. *Et aussi entre cinquante et cent policiers en l'espace de cinq minutes.*

M. BALL : Autour de votre poste de contrôle ?

M. BOWERS : Oui. Ils ont bouclé le secteur. J'ai fait arrêter les trains jusqu'à ce qu'ils soient fouillés, et que *quelques passagers puissent monter dans l'un d'eux.*

M. BALL : Je crois que vous m'avez déjà précisé cela avant votre déposition, n'est-ce pas ?

M. BOWERS : Oui.
M. BALL : Y a-t-il autre chose dont vous m'auriez parlé et que j'aurais oublié ?
M. BOWERS : Pas que je me souvienne.

Le fait que l'aiguilleur ait dû arrêter des trains pour que des « passagers » puissent monter aurait éveillé la méfiance de n'importe quel attorney digne de ce nom. Cependant, l'imperturbable membre de la commission se contenta de changer rapidement de sujet.

Je notai le même phénomène dans l'interrogatoire du sergent D.V. Harkness, l'officier chargé de fouiller les trains.

M. HARKNESS : ... *deux trains ont quitté le secteur après avoir été fouillés.*
M. BELIN : *Avez-vous trouvé des gens suspects dans ces trains ?*
M. HARKNESS : *Oui, monsieur. Nous avons procédé à quelques arrestations.*
M. BELIN : *Ces suspects ont-ils tous été interrogés ?*
M. HARKNESS : *Oui, monsieur. Ils ont été emmenés au poste et interrogés.*
M. BELIN : A-t-on trouvé des armes sur eux ?
M. HARKNESS : Pas à ma connaissance.
M. BELIN : *Revenons à cet Amos Euins. Vous souvenez-vous de ce qu'il vous a dit la première fois que vous l'avez vu ?*

Cet échange me parut plutôt surprenant. M. Belin venait d'apprendre que des passagers inconnus avaient pu quitter le secteur en montant dans deux trains, mais il se contentait de poser deux ou trois questions de formalité et de changer de sujet. Amos Euins, un autre témoin, n'avait aucun rapport avec ce qui s'était passé dans le secteur de la voie ferrée. Belin ne demanda pas de plus amples détails sur les suspects arrêtés et ne s'inquiéta pas d'avoir la confirmation qu'ils avaient bien été emmenés au poste et interrogés. Les rapports de la police de Dallas ne mentionnaient pas ces arrestations. Et les noms de ces suspects n'étaient indiqués nulle part dans les vingt-six volumes de la commission.

Le témoignage de Joe Smith, l'un des officiers chargés de la circulation, montrait clairement la présence d'hommes du Service de sécurité aux alentours de la voie ferrée.

M. SMITH : ... une femme m'a dit qu'elle avait entendu des coups de feu venant d'en haut de la butte. Je m'y suis précipité. Il y avait déjà un officier sur place et, je crois, un agent du Service de sécurité... Dans l'affolement, j'avais sorti mon pistolet et il s'est présenté à moi quand il m'a vu arriver l'arme à la main.

M. LIEBELER : Vous souvenez-vous de son nom ?

M. SMITH : Non, monsieur, je ne m'en souviens pas...

Malgré ce témoignage, le rapport de la commission affirmait que les hommes du Service de sécurité étaient partis avec le cortège en direction de l'hôpital, qu'aucun d'eux n'était resté sur les lieux après les coups de feu. Cela signifiait que le Service de sécurité avait menti ou s'était trompé, ou que l'homme qu'avait rencontré M. Smith n'était pas vraiment un agent de ce service.

Le témoignage du sergent Harkness révélait aussi la présence d'hommes du Service de sécurité derrière l'immeuble du Book Depository (avant qu'il ne soit chargé de fouiller le secteur du chemin de fer).

« Je n'ai pas procédé à leur identification. Ils m'ont dit qu'ils faisaient partie du Service de sécurité. »

Il y avait donc plusieurs agents de la Sécurité dans le secteur, alors qu'il était supposé n'y en avoir aucun.

Au fil de ma lecture, je m'aperçus que la commission Warren n'avait pas été seule à conduire l'enquête de manière peu orthodoxe. La police de Dallas avait aussi commis de flagrantes irrégularités. Par exemple, après son arrestation, Lee Oswald avait été interrogé par le capitaine Will Fritz, chef de la police criminelle de Dallas. Or, l'assassin présumé du Président des États-Unis avait été interrogé pendant une durée totale de douze heures sans qu'aucun enregistrement, oral ou écrit, ait été fait, et sans la présence d'un attorney. C'était la première fois de ma carrière que je rencontrais un si total mépris des règles élémentaires de la Constitution. Cela ne pouvait pas relever d'une simple négligence. Un officier de police comme Will Fritz, avec une expérience de trente années de service, n'avait pas pu ignorer l'illégalité de sa procédure.

Je fus aussi surpris de la rapidité avec laquelle le F.B.I. boucla son enquête et parvint à la conclusion que Lee Oswald était le seul assassin. Je m'aperçus bientôt que, de toute évidence, les enquêteurs officiels avaient systématiquement écarté tout témoignage tendant à infirmer la thèse d'un acte isolé. Je ne sus d'abord pas quoi faire de cette constatation et poursuivis ma lecture. Puis, une nuit, j'arrivai au témoignage du colonel Allison G. Folsom qui parlait d'un examen de russe qu'Oswald avait passé à la base navale d'El Toro, en 1959. En général, les soldats n'apprennent pas plus le russe que la musique ou l'art. D'après les témoignages, Oswald était assigné au service antiaérien. En quoi un soldat assigné à ce service aurait-il eu besoin de parler le russe ?

Je ne poursuivis pas ma lecture. Il me fallait

d'abord digérer l'indication que Lee Oswald — du moins en 1959 — avait reçu une formation d'agent secret. Je connaissais l'existence de l'O.N.I. (Office of Naval Intelligence), mais je me demandais quel rapport il pouvait bien y avoir entre ce bureau des Services secrets et Lee Harvey Oswald. Je ne dormis pas beaucoup cette nuit-là.

Le matin suivant, je me rendis dans le vieux et pauvre quartier de la ville où se trouvait le 544 Camp Street. J'avais noté cette adresse quelques semaines plus tôt en lisant le chapitre des pièces à conviction de la commission Warren. Elle avait été imprimée sur des pamphlets qu'Oswald avait distribués dans les rues de La Nouvelle-Orléans, durant l'été 1963. Oswald avait participé à plusieurs actions de ce genre. Le 9 août il avait été mêlé à une bagarre avec un groupe d'anticastristes cubains et avait été arrêté. La commission Warren en avait déduit qu'Oswald était un militant communiste qui avait rejoint le comité de soutien cubain de Fidel Castro.

Après toutes les inconsistances du rapport de la commission, cette explication trop simple fut loin de me satisfaire. Pour commencer, je savais que l'adresse du 544 Camp Street n'avait été imprimée que sur les pamphlets distribués le 9 août. Ensuite, Oswald ne l'avait plus fait apparaître.

Une fois devant le modeste bâtiment de Camp Street baptisé le « Newman », du nom de son propriétaire actuel, j'eus l'impression qu'il m'était familier. Il me fallut un moment pour que la mémoire me revienne. Je contournai l'immeuble et me retrouvai devant l'autre entrée, située au 531 Lafayette Street. J'avais déjà franchi cette entrée en 1963 — pour me rendre au bureau du détective privé Guy Banister. Curieusement, son nom était resté inscrit sur la porte.

Banister était mort en 1964 — environ neuf mois après l'assassinat — mais je comprenais maintenant pourquoi l'adresse de Camp Street n'avait figuré qu'une fois sur les pamphlets. Quelqu'un — probablement Banister ou l'un de ses associés — avait défendu à Oswald de l'utiliser sur les circulaires suivantes. Et cela n'avait rien d'étonnant. Guy Banister, anticommuniste notoire, n'avait pas dû apprécier que son adresse soit imprimée sur des tracts procastristes.

Maintenant que je savais que le bureau de Guy Banister était le quartier général à partir duquel Oswald opérait, je commençais à comprendre certaines informations que j'avais eues sur ce dernier. Par exemple, à chaque fois qu'Oswald avait des tracts à distribuer, il s'adressait à une agence locale pour l'emploi et louait les services de chômeurs pour l'aider dans cette diffusion. J'avais découvert cela en notant que l'un des jeunes gens aux côtés d'Oswald sur une photo de presse ressemblait beaucoup au fils de l'un de mes copains officiers de la Garde nationale. J'appelai Charles Steele, qui me confirma qu'il s'agissait bien de son fils, Charles Junior. Nous interrogeâmes Charles Jr et découvrîmes qu'Oswald l'avait payé, lui et quelques autres, deux dollars de l'heure pour la distribution des tracts. Oswald leur avait dit qu'ils devraient diffuser les tracts tant que les photographes de presse seraient là et qu'ensuite ils seraient libres de partir. Cette méthode de recrutement était absolument invraisemblable de la part d'un groupe marxiste. La plupart de ce genre de groupes avaient leurs propres membres pour effectuer ce type de travail et ne possédaient pas d'argent. A l'inverse, le comité de soutien à Cuba semblait n'être représenté que par Oswald et possédait assez d'argent pour s'offrir les services de demandeurs d'emploi.

Ceci était la première preuve qu'Oswald n'avait été ni un « communiste » ni un « marxiste ». Il paraissait beaucoup plus probable, à présent que j'avais découvert le quartier général du 544 Camp Street, que Guy Banister — ou l'un de ses associés — avait utilisé Oswald comme agent provocateur. Dans quel but, et sous quelles influences ? Cela demeurait un mystère.

Si Oswald avait travaillé cet été-là sous la direction de Banister, cela pouvait expliquer certaines bizarreries que j'avais rencontrées au cours de ma lecture. D'après le rapport de la commission Warren, quand Oswald avait été arrêté le 9 août et emmené au poste de police, il avait immédiatement demandé à voir un agent du F.B.I. Il fut séparé des autres personnes interpellées et conduit dans un bureau où il s'entretint en privé avec l'agent spécial John Quigley. Plus tard, John Quigley brûla les notes qu'il avait prises au cours de cet interrogatoire. Ceci est contraire à la procédure normale du Bureau. D'ordinaire, de telles notes sont soigneusement conservées. Un traitement si spécial envers un agitateur communiste semblait inexplicable — à moins qu'Oswald ne travaillât avec Guy Banister, un ancien haut officiel du F.B.I., qui aurait facilement pu intervenir en ce sens.

Je me rappelai qu'environ une semaine après l'arrestation d'Oswald le 9 août, quelqu'un avait organisé pour lui un débat sur la station de radio WDSU. Le sujet était, essentiellement, le capitalisme contre le communisme. Oswald représentait la gauche et se décrivit lui-même comme marxiste. Après l'assassinat de Kennedy, et moins d'une semaine après qu'Oswald eut été tué à son tour, des copies de l'enregistrement de cette émission furent envoyées aux membres du Congrès comme une preuve évidente que l'assassin du Président était un communiste.

Etait-ce Banister ou l'un de ses associés qui avait organisé ce débat radiophonique ? me demandai-je. Etait-ce Banister qui avait envoyé l'enregistrement au Congrès ? Si Oswald travaillait sous la direction de Banister, il était clair que ni ses pamphlets ni son intervention à la radio n'avaient pour but de convertir quiconque à la cause marxiste. Ces actions étaient plus vraisemblablement menées dans une seule intention : montrer publiquement Lee Harvey Oswald comme un communiste.

Je me détournai de l'ancien bureau de Guy Banister et regardai de l'autre côté de Lafayette Street, là où s'élevait l'imposant et ancien bâtiment de la poste. L'immeuble abritait le bureau des Services secrets de La Nouvelle-Orléans. Et, à l'étage au-dessus, se trouvait le quartier général des Services de renseignements de la Marine. Etait-ce par simple coïncidence, me demandai-je, que Guy Banister, qui avait commencé sa carrière dans l'O.N.I., avait installé son bureau juste en face de celui de ses anciens employeurs — et des bureaux de la C.I.A. et du F.B.I. ?

Je descendis Lafayette Street, vers les autres endroits où Oswald avait été. L'un d'eux était la compagnie des cafés Reily, où Oswald avait travaillé en 1963, peu avant de se lancer dans le militantisme procastriste. Seul un étranger à la ville pouvait ignorer que William Reily, le directeur de la compagnie, avait pendant des années activement soutenu le mouvement anticastriste.

Lee Oswald avait-il effectivement travaillé pour cette firme, ou celle-ci lui avait-elle simplement servi de couverture jusqu'à ce qu'il soit prêt pour ses activités d'agent provocateur ?

Je me rendis à l'autre adresse que je voulais vérifier — le Crescent City Garage. D'après le réceptionniste, Adrian Alba, Lee Oswald avait passé énormément de temps dans cet endroit, aux heures où il aurait dû être à son poste de travail chez Reily. Dans son témoignage pour la commission Warren, Alban décrivait l'intérêt d'Oswald pour les magazines d'armes à feu.

Il n'était pas étonnant qu'il y eût beaucoup de magazines de ce genre en ce lieu. Ce garage avait été durant des années le parking du Bureau fédéral d'enquête. Et quand le bureau avait déménagé, le garage avait continué de servir de parking aux Services de renseignements de la Marine et aux Services secrets. De plus, les bureaux de l'Agence centrale de renseignements se trouvaient quelques pâtés de maisons plus loin. En raison de la proximité de tous ces services, ceux-ci faisaient référence à eux-mêmes comme à la « communauté des renseignements ».

Il me semblait qu'un homme projetant de tuer le Président devait être d'une extrême nonchalance pour choisir de passer son temps libre dans le complexe le plus fréquenté des Services de renseignements gouvernementaux.

Dans la plupart des pays, en de telles circonstances, une enquête sérieuse aurait débuté avec l'hypothèse que la « communauté des renseignements » de La Nouvelle-Orléans avait utilisé Lee Oswald comme agent provocateur. Pour commencer, son extravagant profil de « supporter » de Fidel Castro aurait été compris dans ce sens.

Cependant, il ressortait de mes lectures qu'aucun enquêteur n'avait fouillé dans ces évidentes directions. Parallèlement, les plus hauts dignitaires du gouvernement semblaient totalement ignorer le concept d'agent provocateur.

En rentrant chez moi ce jour-là, je me rendis compte que j'avais de sérieux problèmes à résoudre. J'en étais arrivé à une troublante conclusion : il y avait une possibilité évidente de lien préexistant entre l'homme décrit comme l'assassin isolé du Président Kennedy et la « communauté des renseignements » du gouvernement des États-Unis.

3

Les jeux de guerre

Trois ans plus tôt, le F.B.I. avait jugé inutile d'enquêter sérieusement sur David Ferrie. Il me semblait maintenant nécessaire de revenir à cette piste et de trouver la source de l'information selon laquelle Ferrie s'était rendu au Texas le jour de l'assassinat.

Herman Kohlman, l'assistant D.A. qui avait découvert cette information, m'apprit qu'elle lui venait de Jack Martin, l'homme que Guy Banister avait battu à coups de crosse.

Nous retrouvâmes Martin en l'espace de quelques heures. Assis en face de moi, il suivait d'un regard anxieux le moindre de mes mouvements. Très porté sur l'alcool, c'était un homme maigre, aux yeux cernés et à l'air angoissé. Beaucoup le considéraient comme un être insignifiant, mais il possédait pourtant la vivacité et le sens de l'observation qui font un bon détective privé. J'avais eu l'occasion de travailler avec lui, alors que je n'étais encore qu'un assistant D.A., et nous nous étions très bien entendus.

— Jack, détendez-vous, lui dis-je. Vous savez bien que nous sommes entre amis, ici.

Il hocha nerveusement la tête. Je lui offris un café et poursuivis :

— Ce n'est pas un interrogatoire. J'ai juste besoin de votre aide. Vous comprenez ?

Le même hochement de tête.

— Je veux seulement une petite clarification sur le jour où Guy Banister vous a frappé avec son Magnum. Vous vous souvenez ?

— Comment aurais-je pu oublier ? Il a failli me tuer.

— Là est mon problème, Jack. Vous m'avez dit que Guy et vous étiez bons amis depuis plus de dix ans quand c'est arrivé.

— C'est vrai.

— Et il ne vous avait jamais frappé avant ?

— Jamais.

— Cependant, le 22 novembre 1963 — le jour de l'assassinat du Président —, il s'est acharné sur vous avec un .357 Magnum.

Ses yeux étaient fixés sur moi à présent.

— Le rapport de police parle d'une dispute au sujet d'une facture de téléphone. (Je sortis une copie de ce rapport et la posai devant lui.) Tenez, jetez-y un coup d'œil.

Il se pencha et examina le rapport comme s'il ne l'avait jamais vu. J'étais sûr qu'il en avait déjà pris connaissance. Peut-être même en avait-il une copie chez lui.

Après un moment, il releva les yeux sans un mot. Son regard me disait que quelque chose le préoccupait profondément.

— Est-ce qu'une simple dispute au sujet d'une facture vous paraît une explication suffisante ? demandai-je.

J'attendis. Il secoua enfin lentement la tête.

— Non, admit-il. C'était plus sérieux que ça.

— C'est-à-dire ?

J'attendis à nouveau. Il prit une profonde inspiration.

— Nous avions tous les deux bu — plus que d'habitude, à cause de l'assassinat et tout ça. Spécialement Banister.

Il s'interrompit, se servit une autre tasse de café, comme s'il avait du mal à rassembler ses pensées.

— Quand nous sommes retournés au bureau, Banister a commencé à râler sur tout et rien. Il était de mauvaise humeur. Et tout à coup il m'a accusé d'avoir fouillé dans ses dossiers privés. Je n'avais jamais fait une telle chose. Et ça m'a vraiment mis en colère.

Il hésita un long moment avant de reprendre :

— Je crois que j'ai perdu mon sang-froid. Alors je lui ai dit qu'il ferait mieux de ne pas me parler comme ça. Que je me souvenais des gens que j'avais vus dans son bureau cet été-là. Et c'est là qu'il m'a frappé.

— Juste parce que vous vous souveniez des gens que vous aviez vus dans son bureau ?

— Ouais. Ça l'a rendu dingue.

— Et qui étaient ces gens ? demandai-je prudemment.

— Ils étaient toute une troupe. Des Cubains qui allaient et venaient à longueur de journée. Pour moi, ils se ressemblaient tous. Il y en avait d'autres. Et David Ferrie aussi — vous savez qui c'est maintenant.

— Etait-il souvent là-bas ?

— Souvent ? Il y vivait, pratiquement.

— Et Lee Oswald ?

Jack ravala sa salive et hocha la tête. On aurait dit que je venais d'enlever un poids de ses épaules.

— Ouais, il y était aussi. Parfois il avait des entretiens privés avec Banister.

— Quel était le rôle de Banister dans tout ça ?

— C'était lui qui menait la danse.

— Et son travail de détective privé ?

— Quand une affaire se présentait, c'était moi qui m'en chargeais. J'étais là pour ça.

— Et maintenant, Jack, pouvez-vous me dire ce qui se passait exactement dans le bureau de Banister ?

Il leva la main.

— Je ne peux pas répondre à ça, dit-il avec fermeté. (Il se leva.) Je crois que je ferais mieux de partir.

— Attendez, Jack. Où est le problème si nous essayons de savoir ce qui se passait chez Banister ?

— Où est le problème ? répéta-t-il comme s'il n'en croyait pas ses oreilles. Le problème est que nous nous mettrons le foutu gouvernement fédéral sur le dos. Est-ce que je dois vous faire un dessin ? Je pourrais être tué — et vous aussi.

Il se détourna et se dirigea vers la porte.

— Il vaut mieux que je parte, marmonna-t-il.

Même après l'entretien avec Martin, il était trop tôt pour mettre une équipe d'enquêteurs sur l'affaire. Le bureau manquait de personnel et nous n'avions pas encore assez de données. Pour avoir une chance de réussir, je sentais qu'il valait mieux ne pas se précipiter et éviter de partir dans n'importe quelle direction.

De manière non officielle, je chargeai Lou Ivon de vaincre les réticences de Martin. Je savais qu'Ivon, l'un des plus brillants éléments de mon équipe, entretenait de bonnes relations avec Martin. Je le chargeai aussi de trouver toutes les informations possibles sur les liens que David Ferrie avait pu tisser avec la police.

J'avais aussi besoin de quelqu'un pour discuter de ce dossier et y réfléchir. Je choisis Frank Klein. Doté d'un puissant esprit analytique, il était la personne idéale pour m'aider à débrouiller les fils de cette histoire.

Un matin, environ une semaine après mon entretien avec Jack Martin, je trouvai Frank Klein dans mon bureau, en train d'empiler des dossiers sur ma table.

— Que faites-vous dans mon bureau ? lui demandai-je.

— Puisque Martin ne veut pas nous dire ce qui se passait chez Banister, j'ai pensé à un moyen de nous passer de son aide.

— Quel moyen ?

— Je reviens de la bibliothèque. Voici les photocopies des unes du *Times-Picayune* de juin, juillet et août 1963.

— Et qu'allons-nous en faire ?

— Ça peut nous donner une idée de ce qui inquiète Martin — et de ce que fabriquait Banister cet été-là.

— Quoi qu'ait fait Banister, ça m'étonnerait que ce soit imprimé en première page des journaux.

— Peut-être bien. Mais je crois avoir trouvé quelque chose d'intéressant.

Il me tendit la photocopie d'un article titrant :

SAISIE D'UN ARSENAL CLANDESTIN

Je parcourus le premier paragraphe :

Plus d'une tonne de dynamite, 20 bombes, du napalm et d'autres matériaux explosifs ont été saisis par le F.B.I. dans le secteur de St. Tammary Parish...

L'article concluait que :

... cette découverte a fait suite à une enquête sur la préparation d'une opération militaire contre un pays ami des États-Unis.

Le F.B.I. n'avait pas révélé le nom de ce pays et aucune arrestation n'était mentionnée.

— Intéressant, dis-je en relevant les yeux sur Klein. Mais en quoi cela peut-il nous servir ?

— Une minute. Vous n'avez pas tout vu.

Il me tendit un autre feuillet. C'était la photocopie de la une du vendredi 2 août 1963 :

L'ARSENAL SE TROUVAIT DANS UNE MAISON
LOUÉE PAR UN IMMIGRÉ NOUVELLEMENT ARRIVÉ

L'épouse du propriétaire de la villa où a été découverte la grande quantité d'explosifs a déclaré qu'ils avaient récemment loué la maison à un réfugié cubain répondant au nom de « Jose Juarez » ; ce dernier leur avait été recommandé par des amis cubains.

Je regardai Klein et attendis son commentaire.

— Vous vous souvenez de ce que nous avons trouvé dans l'appartement de David Ferrie, il y a trois ans ? demanda-t-il. Il y avait une carte de Cuba au mur et pas mal d'armes.

— Et Jack Martin a souvent vu Ferrie dans le bureau de Banister, ajoutai-je, réfléchissant à voix haute. Alors vous pensez que cette histoire de bombes a un rapport avec ce que préparait Banister ?

Klein haussa les épaules.

— C'est juste une hypothèse. Martin a aussi mentionné la présence de nombreux Cubains chez Banister.

— Et alors ?

— Et alors, que distribuait Oswald ? Des tracts procubains. Et avait-il montré un intérêt quelconque pour Cuba avant 1963 ? Avant de diffuser ces circulaires tamponnées de l'adresse de Banister ?

— Je vois. Il y a de quoi réfléchir. Regardons ces articles de plus près.

Mais les articles ne nous menèrent pas bien loin. Le F.B.I. ne donnait aucun détail, ne parlait d'aucune arrestation. J'en vins donc à mettre cette information de côté.

Plus tard, je devais me rendre compte que j'avais failli ignorer une piste majeure.

Nous eûmes bientôt du nouveau. Contre toute attente, la veuve de Guy Banister accepta de nous accorder un entretien. Elle était très coopérative, mais ne savait de toute évidence pas grand-chose sur les activités de son mari. Il n'avait jamais été très loquace à ce sujet. Cependant, elle se souvenait d'un fait curieux. Après la mort de son époux, en 1964, elle avait trouvé en déménageant ses affaires de son bureau des tracts procubains qui l'avaient intriguée. Ceux-là mêmes qu'Oswald avait distribués.

Au sujet des dossiers professionnels de son mari, elle déclara que des agents du gouvernement étaient venus dans son bureau une heure ou deux après sa mort — bien avant qu'elle s'y rende — et les avaient emportés. On lui avait dit que ces hommes appartenaient au F.B.I. ou aux Services secrets — elle ne se rappelait pas exactement. Cependant, ajouta-t-elle, la police d'État n'arriva qu'après elle.

Sur les lieux, la police ne trouva plus que les fiches correspondant aux dossiers emportés. Fiches que les agents fédéraux avaient inexplicablement laissées derrière eux.

J'envoyai sur l'heure Lou Ivon les récupérer à la police d'État. Il n'en restait que quelques-unes, mais cela suffit à nous édifier. Les intitulés des dossiers emportés par les agents fédéraux ne concernaient ni des affaires privées ni des affaires locales:

C.I.A. 20-10
Munitions et armes 32-1
Programme des droits civiques de J.F.K. 15-16
Comité de soutien à Cuba 23-7
Amérique latine 23-1
Destruction bases missiles — Turquie et Italie 15-16

Ceci mettait fin au mythe de l'agence de « détectives privés » de Guy Banister.

Entre-temps, Jack Martin avait réapparu. Il s'était absenté de la ville et, dès son retour, Ivon me l'amena au bureau. Je lui montrai l'article du journal du 1er août 1963.

— Jack, est-ce dans ce genre d'activités que Banister était impliqué ?

Il hocha la tête après avoir lu les premières lignes.

— Vous connaissez déjà la réponse, dit-il. Autrement vous n'auriez pas ce journal sur votre bureau.

Il poursuivit sa lecture, tandis que je me remettais de mon agréable surprise. Quand il eut terminé, il leva vers moi un regard étonné.

— Il y a un problème ? demandai-je.

— Ils ne disent rien sur la principale rafle. Et rien non plus sur les nombreux Cubains arrêtés.

— Et si vous vous décidiez enfin à nous dire ce que vous savez, Jack ? Racontez-nous ce qui se passait dans le bureau de Banister.

Et c'est ainsi que Jack commença à parler. Ce fut le début de nombreux et longs entretiens s'étendant sur une période de plusieurs semaines.

J'avais dû promettre à Jack que je ne citerais jamais son nom si je devais me servir des informations qu'il me donnerait. Maintenant qu'il est mort, je me sens délivré de ce vœu de silence.

La rafle du F.B.I. n'incluait pas seulement les munitions décrites dans l'article du journal mais aussi un camp d'entraînement à la guérilla dont il n'était fait nullement mention et où plusieurs hommes avaient été arrêtés (dont neuf exilés cubains et deux Américains). Ce groupe, décrit plus tard par deux des journalistes les mieux informés comme les « Onze de Pontchartrain », se préparait à une attaque contre Cuba supervisée par la C.I.A. La rafle du F.B.I. correspondait à la volonté du Président Kennedy de stopper les incessantes violations de l'Acte de Neutralité par la C.I.A.

Un rapport supplémentaire envoyé aux Douanes par le F.B.I. nous confirma les dires de Jack Martin. Ce rapport nommait tous les hommes arrêtés. La réserve du F.B.I. dans ses déclarations publiques au sujet de cette rafle avait pour but de protéger et de continuer à dissimuler les étranges activités du bureau de Banister.

Le dispositif de Banister, comme le décrivait Martin, assurait un approvisionnement sur l'axe Dallas-Nouvelle-Orléans-Miami. Cet approvisionnement était constitué d'armes et d'explosifs destinés à être utilisés contre Castro. Pendant le transit de ces munitions, la dispersion était la règle. Ainsi, quand elles arrivaient à La Nouvelle-Orléans, elles n'étaient stockées que par petites quantités à la fois dans le bureau de Banister.

Comme nous l'apprîmes plus tard de l'un des participants, un ancien employé de la C.I.A. s'appelant Gordon Novel, ce fut au cours de l'une de ces missions d'approvisionnement que David Ferrie et une poignée d'hommes du bureau de Banister se rendirent de nuit à la base aérienne de Houma, au sud de la Louisiane. Il pénétrèrent dans l'entrepôt d'explosifs de la Société Schlumberger et raflèrent les mines, grenades et fusils-grenades qui y étaient stockés.

La Société Schlumberger appartenait à une grande compagnie française qui, à l'aide d'explosifs et d'instruments de mesures géologiques, déterminait la nature des sols pour le compte des producteurs pétroliers. Cette société avait soutenu l'O.A.S. (en Algérie) qui avait tenté d'assassiner le général de Gaulle à la fin des années 50 et au début des années 60. La C.I.A. qui soutenait aussi l'O.A.S. avait fourni des munitions à Schlumberger et, dans cette opération à Houma, n'avait donc fait que récupérer son bien.

L'expédition revint à La Nouvelle Orléans avec un chargement qui fut équitablement réparti entre l'appartement de Ferrie et le bureau de Banister. Il devait être ensuite transporté à Miami.

Les activités de Banister comportaient aussi la prise en charge des hommes entraînés pour la lutte anticastriste lors de leur transit par la ville. Certains portaient des tenues de combat, d'autres étaient en civil, mais dans tous les cas ils ne passaient que par groupes réduits dans le bureau de Banister.

Beaucoup d'exilés étaient recrutés à l'Ouest et envoyés dans le Nord, au camp d'entraînement de Pontchartrain. D'autres étaient dirigés vers la Floride pour un entraînement similaire dirigé par la C.I.A. locale.

Mon équipe et moi étions conscients du fait que les secrets jeux de guerre de Banister s'étaient déroulés au nez et à la barbe de l'O.N.I. et des Services secrets, dont les bureaux se trouvaient *juste de l'autre côté de la rue*. Il était impossible que ce va-et-vient incessant durant l'été 1963 d'armes et d'hommes en tenue de combat ait pu échapper aux regards des agents fédéraux si proches. Sans compter Lee Harvey Oswald, dont les périodiques et virulentes manifestations démarrant du bureau de

Banister auraient suffi à alerter tout agent fédéral normal.

Pourtant, les Services secrets ne firent non seulement jamais aucune mention de tout ce remue-ménage, mais couvrirent ces activités en ne dévoilant pas l'entière vérité sur la rafle de Pontchartrain. Nous en vînmes donc à la conclusion logique que la violation de l'Acte de Neutralité par Banister avait été protégée par divers éléments de la communauté des renseignements.

J'obtins une copie du rapport des Services secrets sur leur enquête au 544 Camp Street. Le rapport, daté du 9 décembre 1963, indiquait qu'une « enquête approfondie » avait révélé que personne ne se souvenait y avoir vu Lee Harvey Oswald. Il concluait que rien de déterminant n'avait été trouvé à cette adresse.

Nous ne nous en rendions pas encore compte, mais nous venions de découvrir les premiers signes de l'existence d'une force dans ce pays qui voulait — à n'importe quel prix — que la guerre froide et le conflit au Vietnam se poursuivent.

4

Les triomphes sociaux de Lee Harvey Oswald

Plus je réfléchissais, plus la disparité des visages de Lee Harvey Oswald tourmentait mon esprit. Il y avait eu le Lee Harvey Oswald qui, selon le gouvernement, était le plus féroce communiste depuis Lénine. D'un autre côté, plus près de nous, il y avait eu le fougueux manifestant qui utilisait le bureau d'un ancien agent du F.B.I. comme quartier général. Et comme si cela ne suffisait pas, Oswald avait été très proche de David Ferrie, un actif anticommuniste et anticastriste.

Lequel avait été le vrai Lee Harvey Oswald ? Il me semblait que la meilleure manière de le savoir était de remonter le fil de sa carrière courte mais variée.

Je commençai par la base navale d'El Toro en Californie, où Oswald était resté de novembre 1958 à septembre 1959. De tous ses camarades de la Marine, Nelson Delgado avait été le plus proche de lui. Je découvris dans le témoignage de Delgado que celui-ci ne se souvenait aucunement qu'Oswald ait eu des opinions marxistes. Il jura sous serment qu'Oswald n'avait jamais émis d'idées subversives... et qu'il n'était ni doué pour le maniement des armes ni attiré par ce genre d'entraînement. Il le décrivit comme un intellectuel qui adorait lire et méditer, contrairement aux autres Marines qui préféraient de loin l'action.

Daniel Powers qui avait servi avec Oswald au Centre Technique de l'Aéronavale de Floride, à Keesler Field dans le Mississippi, à la base d'El Toro et au Japon fut interrogé de très près au sujet de son camarade. Voici un extrait de son témoignage :

M. JENNER : A-t-il jamais exprimé de la sympathie pour le Parti communiste ?

M. POWERS : Pas que je me souvienne.

M. JENNER : Pour les principes communistes ?

M. POWERS : Pas que je me souvienne.

M. JENNER : Ou pour les doctrines marxistes ?

M. POWERS : Non, monsieur. Pas que je me souvienne.

Je pensai à l'examen de russe qu'Oswald avait passé à El Toro et commençai à rechercher des traces possibles dans ses premières années d'armée d'un travail pour les Services de renseignements. Je savais maintenant qu'Oswald avait le profil type d'une recrue des Services secrets : issu d'une famille de militaires, il était en plus discret et silencieux de nature, et d'une intelligence au-dessus de la moyenne.

L'affectation d'Oswald à la base aérienne d'Atsugi, au Japon, avant qu'il n'aille à El Toro, concordait avec la possibilité qu'il ait travaillé pour les Services secrets militaires. La base d'Atsugi était le point de départ quotidien de vols d'U-2 ultra-secrets au-dessus de la Chine. L'unité d'Oswald était chargée de garder un hangar à U-2, où personne ne pénétrait sans le mot de passe du jour.

Je pensai que l'hypothèse d'une collaboration d'Oswald avec les Services secrets pouvait être confirmée par des documents de la C.I.A. mentionnés dans le rapport de la commission Warren. Malheureusement, ces documents intitulés : « L'accès d'Oswald aux renseignements sur les U-2 » et « Reproduction du dossier officiel de la C.I.A. sur Oswald » étaient classés secrets et indisponibles au public.

Je fus alors curieux de voir quels autres documents concernant Oswald avaient été décrétés secrets par le gouvernement. Je chargeai l'un de mes assistants de me rapporter la liste de ces dossiers « indisponibles ». La voici :

Visites d'Oswald en URSS.
Activités d'Oswald à Mexico.
Interrogatoire d'Oswald par la C.I.A. à Mexico.
Informations de la C.I.A. sur Oswald.
Informations données aux Services secrets mais pas encore à la commission Warren.
Reproduction du dossier officiel de la C.I.A. sur Oswald.
Rapports sur les voyages et les activités d'Oswald et de Marina.
Photos d'Oswald en URSS.
Accès d'Oswald aux renseignements sur les U-2.
Mémo de Helms intitulé « Lee Harvey Oswald ».
Déclarations de George de Mohrenschildt : l'assassinat.
Mémo de Helms : apparentes inconsistances dans les informations fournies par la C.I.A.

Cette liste me fit apparaître plus clairement que jamais qu'il y avait quelque chose de louche.

Je décidai ensuite de concentrer mes recherches sur le parcours d'Oswald après son départ de la Marine. A l'été 1959 — environ cinq mois après avoir passé son examen de russe à El Toro —, il sollicita une libération prématurée de son service. La raison qu'il invoqua fut que la mauvaise santé de sa mère requérait sa présence et ses soins. En septembre 1959, il obtint cette libération spéciale. Après avoir passé trois jours avec sa mère à Fort Worth, il partit pour La Nouvelle-Orléans.

De là, il se rendit en URSS. Je découvris des éléments plutôt déconcertants en ce qui concernait ce voyage. Oswald partit en bateau pour l'Europe. Il avait eu son billet par l'International Trade Mart, dirigé par Clay Shaw, un nom qui apparaîtrait plus tard dans le cadre de l'enquête. D'Angleterre, Oswald prit un vol pour l'Est. Mais le mystère restait entier sur la compagnie qu'il avait utilisée. La commission Warren déclara qu'il s'était directement rendu à Helsinki le 9 octobre, le jour même de son arrivée en Angleterre. Cependant, le passeport d'Oswald montrait qu'il n'avait pas quitté l'Angleterre avant le 10 octobre.

Beaucoup plus tard, en 1978, James A. Wilcott, un ancien membre de la C.I.A., déclara qu'Oswald avait été recruté par la C.I.A. dans le but de servir d'agent double en URSS.

En 1966, une telle hypothèse avait traversé mon esprit. La C.I.A., évidemment, avait nié depuis le début avoir employé Oswald. Mais une des règles d'or des Services secrets est de ne pas révéler l'identité de leurs agents.

Après qu'Oswald fut arrivé par train de Finlande à Moscou, le 16 octobre 1959, il prit contact avec les officiels soviétiques. Ceux-ci se montrèrent d'abord prudents envers ce jeune homme qui leur offrait sur un plateau des renseignements sur la technologie militaire secrète de son pays. Ils l'interrogèrent longuement, mais la nature de ces entretiens ne fut jamais révélée.

Deux semaines après son arrivée à Moscou, Oswald fit une entrée théâtrale à l'ambassade des États-Unis. Brandissant son passeport, il déclara son allégeance à l'URSS et son intention de révéler aux officiels soviétiques les secrets militaires dont il avait eu connaissance.

Les médias crièrent au scandale. Mais le F.B.I. ne prit curieusement pas la peine de mener une action contre Oswald.

Au début de janvier 1960, Oswald fut envoyé à Minsk et fut placé comme ouvrier métallurgiste dans une usine de radars. Il obtint aussi des privilèges dont ne jouissait aucun ouvrier russe moyen, comme un confortable appartement et un salaire élevé.

En février 1961, après 15 mois en Union soviétique, Oswald déposa à l'ambassade des États-Unis une demande de retour dans son pays. Le mois suivant, il rencontrait Marina Prusakova, nièce d'un colonel travaillant pour les Services secrets soviétiques. En avril 1961, moins de deux mois après leur rencontre, ils se mariaient.

Contre toute attente, le gouvernement des États-Unis ne vit aucune objection au retour d'Oswald ni à l'entrée de Marina en territoire américain. Soudain, la guerre froide semblait s'être évaporée.

Le rapatriement d'Oswald fut non seulement approuvé, mais le F.B.I. lui accorda dans ce but une aide de 436 dollars. Les Services secrets américains déclarèrent que cet homme — celui-là même qui était censé avoir livré des secrets militaires à l'URSS — n'avait été en aucune manière déloyal envers son pays et que rien ne prouvait qu'il fût un communiste.

Le régime de faveur dont bénéficiait Oswald de la part du gouvernement des États-Unis ne cessa pas quand il arriva avec sa femme et sa petite fille à New York, en juin 1962. Il ne fut jamais poursuivi pour ses intentions avouées de trahir son pays. Il déménagea à Fort Worth, dans le Texas, où il travailla pour la compagnie Leslie Welding jusqu'au 7 octobre 1962. Ce jour-là, George de Mohrenschildt et son épouse se déplacèrent de Dallas pour passer la soirée en tant qu'invités dans le modeste appartement de Lee et Marina.

Il n'y avait a priori rien de commun entre le baron de Mohrenschildt, personnage haut placé dans le monde pétrolier de Dallas, et un simple ouvrier. Cependant, il fallait qu'ils aient suffisamment d'intérêts en commun pour pouvoir passer toute une soirée ensemble.

Le jour suivant, le 8 octobre, Lee déménagea à Dallas et ne tarda pas à se présenter à l'Agence pour l'emploi de la ville. Avant la fin du mois d'octobre, il trouva un poste dans une société en contrat avec le Pentagone, qui établissait des diagrammes et des cartes à usage militaire. Ce travail devait être accompli dans les plus hautes conditions de sécurité. Pourtant, non seulement Lee Oswald l'obtint moins d'une semaine après son arrivée à Dallas, mais il eut accès à de nombreuses données importantes.

Dans le domaine social, malgré sa publique allégeance au communisme, Lee Oswald et sa famille furent accueillis à bras ouverts par la communauté des Russes blancs de Dallas. Ils les aidèrent à trouver un logement et les soutinrent du mieux qu'ils purent à la moindre difficulté.

George de Mohrenschildt, qu'Oswald fréquentait assidûment, n'était pas le plus banal de ces immigrés russes. Son père avait été gouverneur de la province de Minsk, à l'époque du tsar. La famille avait fui la Russie après la révolution de 1917. De Mohrenschildt parlait russe, français, allemand, espagnol et polonais. Durant la Seconde Guerre mondiale, il avait travaillé avec les Services de renseignements français. Il possédait un doctorat de commerce international et un diplôme supérieur en industrie pétrolière et en géologie.

Cet homme, de toute évidence capitaliste et foncièrement anticommuniste, était le plus proche ami du jeune homme que la commission Warren décrivait comme un « militant marxiste ».

Le traitement de faveur dont jouissait Oswald depuis son retour — de la part des Services secrets américains et de personnages connus pour leur anticommunisme — me mena à une seule et inévitable conclusion : Oswald avait été envoyé en Union soviétique par le gouvernement des États-Unis pour accomplir une mission d'agent secret.

Le printemps 1963 arriva et Lee Oswald — de façon subite, comme à son habitude — quitta Dallas à la fin avril pour La Nouvelle-Orléans. Sa femme et sa fille le rejoignirent peu après. Le 9 mai, il avait obtenu un emploi à la compagnie Reily.

J'avais déjà recensé beaucoup d'activités d'Oswald à La Nouvelle-Orléans durant cet été-là. Maintenant, je voulais savoir comment il en était arrivé à travailler pour la compagnie Reily. Parmi les documents de la commission Warren, se trouvaient des douzaines de demandes d'emploi qu'Oswald avait *apparemment* faites avant d'être engagé chez Reily. Sa signature était apposée au bas de chacun de ces documents. A en juger par leur nombre, il s'était adressé à au moins la moitié des entreprises de la ville.

Cependant, quelque chose dans ces documents m'intrigua : le demandeur avait noté 1,75 m pour sa taille. Le problème était que Lee Oswald mesurait 1,80 m. Quel intérêt aurait-il eu de mentir à ce sujet ?

Lou Ivon m'apporta un nouvel élément : Oswald était paraît-il passé au magasin Bolton Ford. Après vérification, nous nous aperçûmes qu'il ne s'y était jamais rendu. Mais cette piste nous conduisit à quelque chose de potentiellement important.

Nous apprîmes plus tard, des vendeurs Fred Sewall et Oscar Deslatte, que deux hommes se réclamant d'une organisation appelée Les Amis de la Démocratie de Cuba se présentèrent chez Ford, le 20 janvier 1961 — seulement trois mois avant la tentative avortée d'invasion de Cuba. L'un d'eux était de type latin, corpulent et avait une cicatrice au sourcil gauche. Il déclara s'appeler « Joseph Moore ». L'autre était un jeune Anglo-Saxon qui prétendit s'appeler Oswald. Ils achetèrent dix camions et demandèrent à ce que le contrat soit établi à ce nom. Or, à cette époque-là le véritable Oswald se trouvait en Union soviétique.

Je m'intéressai de plus près aux Amis de la Démocratie de Cuba et réussis à me procurer la liste de ses membres, dans laquelle j'eus la surprise de trouver le nom de Guy Banister.

Je pesai les implications de cette étonnante découverte. Le mois même où John Kennedy était arrivé au pouvoir, une organisation dont faisait partie Guy Banister avait utilisé le nom d'Oswald dans une opération d'achat de camions destinés, selon toute vraisemblance, à l'invasion de Cuba.

Pour tenter d'y voir plus clair, j'organisai une réunion avec Frank Klein. Quand je lui eus résumé les faits, il déclara :

— Vous ne croyez pas que Sewall et Deslatte ont menti, n'est-ce pas ?

— Non.

— Mais ça ne tient pas debout, poursuivit-il. Oswald se trouvait en Russie en janvier 1961. Il ne pouvait en aucun cas être chez Ford.

— Quelqu'un s'est fait passer pour lui.

— Mais dans quel but ?

— Je ne le sais pas encore. Mais nous savons maintenant que celui ou ceux qui étaient derrière l'assassinat avaient besoin que quelqu'un se fasse passer pour Oswald.

Comme il n'avait pas l'air de comprendre, je lui montrai les nombreuses demandes d'emploi d'« Oswald » trouvées dans le rapport de la commission Warren.

— Ne remarquez-vous rien de bizarre ? demandai-je tandis qu'il les parcourait du regard.

— La taille. Elle ne correspond pas à celle d'Oswald.

— La personne qui prenait sa place pouvait contrefaire sa signature, mais pas gagner cinq centimètres pour la circonstance. Et comme il se présentait aux entretiens d'embauche en personne, il lui était impossible de mentir sur ce point.

Convaincu, Frank réfléchit un moment.

— Vous n'avez pas mentionné le point le plus significatif, déclara-t-il finalement.

— Qui est ?

— L'époque de la visite à l'entreprise Ford. Janvier 1961 : l'arrivée au pouvoir de John Kennedy.

Je considérai un moment l'énormité de ce qu'il voulait sous-entendre.

— Etes-vous en train de suggérer que l'assassinat du Président était prévu dès janvier 1961 ?

Frank hocha la tête.

5

Le bouc émissaire

Je savais maintenant qu'Oswald n'avait pas pu tuer seul le Président Kennedy, qu'une partie des Services secrets l'avait guidé, et que quelqu'un s'était fait passer pour lui. En d'autres termes, Oswald avait été ce qu'il avait prétendu être au moment de son arrestation — le bouc émissaire. Mais il restait à déterminer avec plus de précision qui s'était servi de lui et jusqu'où s'était étendue la participation des Services secrets.

J'avais toujours été intrigué par le fait qu'Oswald ait quitté Dallas en avril 1963, juste pour passer l'été à La Nouvelle-Orléans et revenir à Dallas en octobre. Mais, avec les informations que je détenais à présent, cela commençait à avoir un sens. Si Oswald était destiné à servir de bouc émissaire, ses étroites relations avec les Russes blancs de Dallas devenaient plutôt gênantes. Mieux valait l'envoyer distribuer des tracts communistes pendant tout l'été et renforcer ainsi son image d'assassin fou poussé par une idéologie fanatique.

Pour vérifier cette hypothèse, j'étudiai de plus près le retour d'Oswald à Dallas et les deux mois qu'il y passa avant l'assassinat.

Le 23 septembre 1963, Marina Oswald, alors à nouveau enceinte, et sa fille quittèrent La Nouvelle-

Orléans. Elles furent accueillies et logées à Dallas par Mme Ruth Paine.

Lee et Marina Oswald avaient rencontré Ruth Paine en février 1963, dans une soirée où George de Mohrenschildt et son épouse les avaient emmenés. Je découvris que Ruth Paine était la femme de Michael Paine, un ingénieur travaillant pour une entreprise en contrat avec le département de la Défense.

Quand Marina et sa fille arrivèrent à Dallas, Ruth Paine était séparée de son époux et les logea donc chez elle.

Le 4 octobre 1963, Lee retourna à Dallas. Dix jours plus tard, Ruth Paine lui obtint un emploi au Texas School Book Depository.

Pour des raisons encore obscures, Oswald loua une série de chambres à Dallas, alors que sa femme demeurait chez les Paine. Il n'y avait aucun moyen de savoir pourquoi Oswald avait choisi ce curieux mode de vie, ni qui le lui avait suggéré. Cependant, il était évident que cette situation arrangeait ceux qui préparaient l'assassinat. Une fois le Président tué, l'image d'un assassin solitaire, éloigné de toute famille et de tout ami, était encore plus plausible.

Mes recherches sur la famille Paine furent vaines : tout ce qui les concernait avait été classé secret par le gouvernement. Qu'avait donc cette famille de si particulier pour bénéficier d'un traitement aussi protecteur ? Seule une collaboration entre la C.I.A. et les Paine justifierait de telles mesures de sécurité...

La commission Warren affirmait qu'Oswald s'était rendu à Mexico durant cette période de deux mois précédant l'assassinat. Là, il serait allé à l'ambassade d'URSS et de Cuba, où plusieurs témoins l'auraient vu. Mais j'avais déjà des doutes sur ces explications. Et mes doutes furent confirmés.

Une note de la C.I.A., datée du 10 octobre 1963, rapportait qu'à la fin septembre et au début octobre Lee Oswald avait à plusieurs reprises téléphoné — et s'était aussi rendu — à l'ambassade d'URSS de Mexico pour demander s'il n'avait pas reçu d'appel et pour s'entretenir avec un prétendu membre du K.G.B. Il serait aussi allé à l'ambassade de Cuba pour obtenir un visa.

Contrairement à son habitude, la commission Warren n'accepta pas ce fait d'emblée et demanda à la C.I.A. de lui donner des preuves de ce qu'elle avançait. Dans un premier temps, la C.I.A. ignora la requête de la commission. Mais après plus de pressions, elle envoya une photographie d'un homme devant l'ambassade. Malgré les cheveux gris de ce dernier, presque assez vieux pour être son père, la C.I.A. affirma qu'il s'agissait bien d'Oswald devant l'ambassade de Cuba.

La C.I.A. transmit aussi une déclaration de Silvia Duran, une Mexicaine qui travaillait à l'ambassade cubaine, prétendant qu'elle y avait vu Oswald. Cependant, les conditions dans lesquelles cette déclaration avait été faite ne pouvaient porter qu'à douter de son authenticité. Le jour suivant l'assassinat, la C.I.A. ordonna aux autorités mexicaines d'arrêter Duran et de la garder en isolement. Duran ne fut relâchée qu'après avoir déclaré avoir vu Oswald à l'ambassade. Puis elle fut à nouveau emprisonnée. Ces circonstances n'étaient pas connues de la commission Warren. De plus, en 1978, Duran confia à l'écrivain Anthony Summers que l'homme qu'elle avait vu était blond et à peu près de sa propre taille — 1,60 m —, ce qui correspondait difficilement à Oswald.

Le manque consternant de preuves de la présence d'Oswald à ces ambassades me donna à penser que, dans ce cas aussi, quelqu'un s'était fait passer pour

Oswald et que ce dernier était bien destiné au rôle de bouc émissaire.

Bien d'autres éléments du rapport sur cette période m'amenèrent à la même conclusion :

Un témoin, Mme Farrington, rapportait qu'un après-midi de septembre 1963, un jeune homme s'était présenté au consulat mexicain de La Nouvelle-Orléans, où elle avait elle-même des démarches à faire, suite à son propre retour de Mexico. Il était accompagné d'une femme et avait demandé à l'employée du guichet « ce qu'il fallait faire pour avoir le droit d'emporter des armes à feu au Mexique ». Qüand l'employée lui demanda pour quelle raison il voulait emporter des armes, il avait répondu que c'était pour chasser.

Mme Farrington décrivait l'homme comme « grand et très mince » et se souvenait aussi qu'il paraissait mal à l'aise.

Quatre jours après l'assassinat, le F.B.I. rendit visite à Mme Farrington. Un agent l'informa que la scène dont elle avait été témoin avait été enregistrée par une caméra cachée. Il ajouta que l'homme visible à l'écran était Lee Harvey Oswald et suggéra à Mme Farrington de déclarer qu'elle avait aussi vu Oswald lors de son séjour à Mexico, avant l'incident au consulat. Mme Farrington affirma qu'elle n'avait jamais vu Oswald à Mexico. Cependant, malgré ses dénégations répétées, l'agent insista pour qu'elle admette qu'elle avait rencontré Oswald.

Plus tard, Mme Farrington fut à nouveau interrogée par le F.B.I. qui produisit cette fois une photo de Jack Ruby et voulut lui faire dire qu'elle l'avait vu un peu plus tôt ce jour-là au consulat. Mme Farrington déclara que le visage de cet homme ne lui rappelait rien.

Pourquoi le F B.I. tourmentait-il un témoin pour

qu'il déclare avoir vu Lee Oswald à Mexico? Et pourquoi Oswald n'avait-il pas été filmé durant son prétendu passage à l'ambassade ? La photo (prise à partir du film) de l'homme que Mme Farrington avait vu ne fut jamais révélée. Pourquoi ?

A la fin septembre 1963, un incident du même ordre eut lieu, cette fois à Dallas. Un certain « Leon Oswald » vint à l'appartement de Sylvia Odio — une immigrée cubaine — avec deux Espagnols engagés dans des actions de guérilla. L'un des deux téléphona ensuite à Sylvia et lui raconta que « Leon » était un fou dangereux qui voulait tuer le Président.

Au début novembre, un jeune homme utilisant le nom de « Lee Oswald » avait postulé pour un emploi à l'hôtel Southland. Durant son entretien avec le directeur il avait demandé s'il y avait une bonne vue du centre de Dallas depuis l'immeuble.

Toujours au début novembre, un jeune homme se présenta chez le concessionnaire Lincoln Mercury — qui se trouvait juste en face de l'endroit où l'assassinat allait avoir lieu. Il voulait essayer et acheter une voiture. Le vendeur, Albert Bogard, lui proposa une Mercury Comet rouge. Ils y montèrent et le client conduisit si vite que le vendeur déclara ensuite qu'il devait s'agir d'un fou.

Quand ils retournèrent au garage, le client se plaignit du prix de la voiture. Un autre employé, Frank Pizzo, l'entendit dire : « Je devrais peut-être retourner en Russie pour m'en acheter une. » Puis il déclara qu'il aurait l'argent deux semaines plus tard et qu'il reviendrait à ce moment-là. Avant de partir, il laissa son nom : Lee Oswald.

Durant son témoignage à la commission Warren, Albert Bogard déclara qu'il avait été si perturbé par la conduite folle de ce client qu'il était incapable de se souvenir de son visage. Quant à Frank Pizzo, il déclara que les photos de Lee Oswald ne correspondaient pas à l'homme qu'il avait vu au garage. Mais la commission Warren détourna purement et simplement les précisions que donna ce témoin, notamment sur la couleur des cheveux et la taille de l'homme s'étant présenté chez Lincoln Mercury.

Tout ceci confirmait que quelqu'un — à La Nouvelle-Orléans comme à Dallas — avait pris la place d'Oswald. Et la raison en était à présent évidente : une série de preuves incriminant Oswald avait été soigneusement mise en place avant l'assassinat. Dans le même temps, Oswald avait été manipulé par les Services secrets, qui l'avaient convaincu de quitter Dallas pour La Nouvelle-Orléans. Quand il fut de retour à Dallas, on s'assura qu'il serait au bon moment à la bonne place. Ruth Paine fit en sorte de lui trouver un emploi au Texas School Book Depository, dont l'immeuble était situé sur le parcours du cortège présidentiel.

Je me posais de plus en plus de questions sur la manipulation d'Oswald. Il avait été comme un pion sur un échiquier, allant là où on lui disait d'aller, s'arrêtant là où on le plaçait. Quand cette manipulation avait-elle commencé ? Je remontai mentalement jusqu'à l'époque de la base d'El Toro, avant le voyage d'Oswald en Union soviétique. Je pensai à Kerry Thornley — le Marine dont le témoignage sur Oswald avait été si différent de celui de ses autres camarades.

Je relus son témoignage — le plus long de tous — et chargeai mon équipe de faire une enquête sur lui. A ma grande surprise, je découvris que Thornley — qui se trouvait à El Toro en 1959 avec Oswald — était arrivé à La Nouvelle-Orléans en 1961. Il y était aussi en 1962. Il avait été arrêté en août pour avoir collé une affiche sur une cabine téléphonique de la rue Royale, dans le quartier français. Les officiers de police que nous interrogeâmes à ce sujet ne parvinrent pas à se rappeler le contenu de cette affiche.

Nous apprîmes que Thornley se trouvait encore à La Nouvelle-Orléans en 1963, et n'avait finalement quitté la ville que quelques jours après l'assassinat du Président. Barbara Reid, qui avait connu Thornley et Oswald, déclara les avoir souvent vus ensemble. Notamment en septembre 1963, dans un bar-restaurant du quartier français.

Il nous tardait d'avoir un entretien avec Kerry Thornley, mais il n'était pas facile à localiser. Nous mîmes plus d'un an à y arriver. Mes enquêteurs parcoururent le quartier français en tout sens avant d'apprendre qu'il fréquentait régulièrement la Ryder Coffee House.

C'était un petit établissement, faiblement éclairé et peu attractif. Thornley y était connu de la clientèle des habitués, qui nous donnèrent quelques informations sur lui. Bien qu'il ne fût pas homme à entretenir des relations profondes, il était très sociable et discutait volontiers.

Il aimait aussi écrire à ses amis. Et comme il avait souvent déménagé, nous pûmes — grâce à la correspondance que certains de ses amis nous montrèrent — retracer son itinéraire. Il y avait eu Atlanta, Los Angeles, et enfin Tampa, en Floride. C'est là que nous le retrouvâmes finalement, en 1968.

Quand il se présenta à mon bureau — suite à ma convocation —, il ne montra aucune réticence à répondre à mes questions. Il déclara qu'il était arrivé à La Nouvelle-Orléans en février 1961 — le mois suivant l'incident du Bolton Ford — et y avait vécu jusqu'à la fin novembre 1963. Il n'avait eu aucune raison particulière de partir à ce moment-là, mais avait juste décidé qu'il était temps de bouger. Il admit en toute innocence avoir connu Guy Banister et David Ferrie, mais nia avoir rencontré Oswald durant la période où ils étaient tous deux à La Nouvelle-Orléans.

J'avais appris que tous les hommes connectés aux activités de Guy Banister possédaient une boîte postale à la poste de Lafayette Square. Je ne sus jamais pourquoi exactement, mais c'était probablement le moyen par lequel ils recevaient leurs instructions. Je demandai à Thornley pourquoi il avait pris une boîte postale à Lafayette Square durant son séjour à La Nouvelle-Orléans. Il répondit sans hésiter qu'il habitait juste en face de cette poste, à l'hôtel Fox, et que c'était pratique d'y recevoir son courrier.

Dès son arrivée, début 1961, Thornley s'était donc installé en plein cœur du quartier de la « communauté des renseignements ». L'information ne manqua pas de me surprendre. Mais ma surprise fut encore plus grande quand j'appris que Thornley, toujours pendant qu'il vivait à La Nouvelle-Orléans, avait écrit un roman « inspiré » de Lee Oswald. (Il le termina en février 1963, juste neuf mois avant l'assassinat.) Il devait bien être le seul à avoir écrit un livre inspiré de Lee Oswald — du moins avant l'assassinat.

L'une des raisons pour lesquelles je m'intéressais à Thornley était que je le suspectais d'être celui qui avait pris l'identité d'Oswald chez Bolton Ford, en janvier 1961. Il connaissait Oswald, savait que ce dernier se trouvait en URSS et lui ressemblait de manière surprenante. A peu près la même taille, la même carrure, la même couleur de cheveux et un visage presque similaire.

Je me rappelai le témoignage de Thornley au sujet de leurs tailles respectives. Albert Jenner, membre de la commission Warren, l'avait interrogé sur la taille d'Oswald. Voici ce que cela donna :

M. THORNLEY : Je dirais environ 1,65 m. Je ne sais pas.
M. JENNER : Combien mesurez-vous ?
M. THORNLEY : 1,75 m.
M. JENNER : Etait-il plus petit que vous ?
M. THORNLEY : Oui.

Mais Oswald était le plus grand des deux ! Pourquoi Thornley avait-il menti sur la taille de son ami ? Avait-il eu peur qu'on le soupçonne de s'être fait passer pour Oswald chez Bolton Ford, en 1961... à Dallas... puis encore à La Nouvelle-Orléans... à Mexico... et enfin à nouveau à Dallas ?

J'interrogeai aussi Thornley sur ses déplacements de l'année 1963. Il déclara avoir rendu visite à ses parents au début mai, en Californie, et qu'il y était allé en car. Je lui demandai si le car s'était arrêté à Dallas, et il répondit oui. Il reconnut avoir brièvement visité la ville à cette occasion.

Cette déclaration ne manqua pas de m'intéresser. Je savais qu'à la fin avril de la même année, les Oswald avaient quitté leur appartement de Dallas pour se rendre à La Nouvelle-Orléans. Thornley et Oswald s'étaient donc pour ainsi dire croisés.

Or, à cette même époque, des photos avaient été prises dans la cour de l'immeuble où se trouvait l'appartement déserté d'Oswald. Un jeune homme — d'une allure identique à celle de ce dernier — avait posé, pistolet à la hanche, tenant un fusil dans une main et un exemplaire du journal communiste *The Daily Worker* dans l'autre. Sur une autre photo, il brandissait un exemplaire du *Militant*, un autre journal de gauche.

Ces pièces à conviction avaient été trouvées dans le garage de Ruth Paine, qui prétendit qu'Oswald lui avait demandé de les lui garder.

Pour ma part, j'étais loin de considérer ces photos comme des pièces à conviction valables. Au premier regard, on pouvait y reconnaître Oswald. Mais, après un examen plus attentif (il est possible de déterminer la taille d'un homme en prenant pour échelle la dimension de son visage), il était clair que la taille du sujet n'était pas la même sur les deux clichés.

En outre, pourquoi un homme ayant l'intention de commettre un assassinat se serait-il auparavant compromis en se laissant prendre en photo avec un fusil à la main ?

J'en arrivai logiquement à penser que ces photos entraient aussi dans le processus de création d'un bouc émissaire.

Thornley m'avait dit qu'il était rentré de son été en Californie via Mexico. Ce qui correspondait à l'époque où Oswald se trouvait aussi à Mexico. En novembre 1963, selon ses propres dires, Thornley vivait à La Nouvelle-Orléans dans un appartement qu'il louait à John Spencer.

Nous interrogeâmes John Spencer, qui s'avéra être un ami de Clay Shaw. Il déclara que Clay Shaw et Thornley ne s'étaient jamais rencontrés.

Il nous raconta que, quelques jours après l'assassinat, il avait trouvé ce mot de Thornley dans sa boîte aux lettres :

Je dois partir. Je vais dans la région de Washington, probablement à Alexandria. Je t'enverrai mon adresse pour que tu fasses suivre mon courrier.

Il s'était ensuite rendu à l'appartement de Thornley et avait trouvé des papiers répandus par terre.

La plupart, déchirés en petits morceaux et préalablement mouillés, étaient illisibles.

J'envoyai plus tard Andrew Sciambra sur les traces de Thornley dans la région de Washington. Thornley s'était établi à Shirlington House, un immeuble luxueux où il travaillait comme portier. Il garda cet emploi pendant six mois, jusqu'à son témoignage devant la commission Warren. Nous apprîmes un fait plutôt bizarre : son salaire était plus bas que le montant de son loyer.

En 1970, alors que j'avais quitté le service public, Thornley m'envoya cinquante pages d'une étude presque autobiographique où il décrivait comment il avait découvert que l'« activité nazie » à La Nouvelle-Orléans avait eu un lien avec l'assassinat du Président. Il était évident que, même si je n'étais plus attorney, Thornley essayait de me convaincre qu'il n'avait été impliqué en aucune manière dans l'assassinat.

Bien que son analyse ne correspondît pas à la réalité, j'y trouvai un élément intéressant. De manière purement gratuite, Thornley précisait qu'après son témoignage devant la commission, il s'était définitivement installé en Californie où John Rosselli et lui étaient devenus amis. Or, cinq ans plus tard, en 1975, le nom de Rosselli défraya la chronique durant l'enquête du Sénat sur les pratiques d'assassinat de la C.I.A. Rosselli était un membre de la Mafia, avec laquelle la C.I.A. avait développé d'étroits rapports pendant ses activités dans la Cuba d'avant Castro.

Après la révolution cubaine, la C.I.A. chargea Rosselli d'assassiner Fidel Castro. Rosselli, plus bavard que la C.I.A. ne l'aurait souhaité, révéla lui-même ce fait durant l'enquête du Sénat.

Peu de temps après, les restes du corps déchiqueté de M. Rosselli furent retrouvés dans un bidon flottant dans la baie de Dumfounding, sur les côtes de Floride. Aucun enquêteur ne parvint à découvrir qui avait été l'auteur de ce crime. Cela n'empêcha pas la justice de déclarer qu'il s'agissait de l'œuvre de la Mafia. La C.I.A., évidemment, s'aligna sur cette déclaration.

Que ce meurtre ait été commis par la Mafia ou par la C.I.A., il n'en reste pas moins que l'ami de Kerry Thornley n'était pas un homme ordinaire.

Thornley était-il un agent des Services secrets ? Avait-il pris l'identité d'Oswald ou s'était-il assuré que d'autres le feraient ? En savait-il plus qu'il ne l'avait dit devant la commission Warren ?

Nous retrouvâmes plus tard une lettre qu'il avait écrite à un ami en février 1964, quelques mois après son arrivée dans la région de Washington. Voici ce qu'écrivait l'énigmatique Thornley :

Toute cette histoire a été très intéressante pendant un moment, parce que — en apparence — l'ignorant SS (sic) *et le F.B.I. avaient de bonnes raisons de croire que j'étais impliqué dans l'assassinat. Nous avons eu quelques conversations polies et j'ai finalement été mis hors de soupçons, je crois. Je n'ai plus de nouvelles d'eux depuis. Je ne sais pas si je devrai ou non témoigner devant la commission Warren. Ce n'est pas mon problème. Quand tout ceci sera fini, j'irai peut-être bien pisser sur la tombe de J.F.K.*

6

La couverture

— Hé, bonhomme, me dit Dean Andrews, on est potes depuis l'école de droit. Pourquoi tu me traites comme si j'avais la lèpre ?

C'était un avocat rondouillard qui s'exprimait comme un hippie.

— Parce que tu me prends pour une poire, Dean. Tu as admis devant la commission Warren avoir reçu, le lendemain de l'assassinat, un coup de téléphone te demandant de te rendre à Dallas pour assurer la défense de Lee Oswald. La commission a voulu savoir le nom de ton correspondant et tu as répondu « Clay Bertrand ».

— Exact, dit-il.

— Et maintenant tu me dis que ce Clay Bertrand est un de tes clients mais que tu ne l'as jamais vu.

— Parole de scout, bonhomme.

— Ils y ont peut-être cru à la commission Warren, Dean, mais moi ça ne me suffit pas.

Il eut l'air profondément blessé. Son gros visage ovale était en grande partie dissimulé derrière de grosses lunettes noires, ces lunettes-miroirs qui cachent le regard. Il les portait toujours. De jour comme de nuit. Dehors comme dedans. Il devait même dormir avec.

Après avoir passé plusieurs nuits à relire le

témoignage d'Andrews devant la commission Warren, je lui avais fixé rendez-vous ici, chez *Broussard*. Ceci se déroulait au début de 1967, au moment où j'étais encore frustré par notre vaine recherche de Kerry Thornley. En me basant sur ses déclarations à la commission Warren, j'avais acquis la certitude qu'Andrews pourrait nous mener à un témoin encore plus important.

Broussard est l'un des plus vieux restaurants du quartier français. Un endroit calme, idéal pour une petite conversation. C'est une rencontre dont je me souviens encore parfaitement.

Par mes lectures, j'avais appris qu'au cours de son premier interrogatoire par le F.B.I., peu de temps après l'assassinat, Andrews avait décrit Clay Bertrand, son interlocuteur de La Nouvelle-Orléans, comme un homme d'approximativement 1,88 m. A l'en croire, Bertrand l'appelait de temps en temps pour lui confier quelques affaires. Il s'agissait, en général, de venir en aide à certains de ses jeunes amis en proie à des problèmes juridiques mineurs. Durant l'été 1963, alors que Lee Oswald habitait La Nouvelle-Orléans, Bertrand lui avait demandé d'assister la femme d'Oswald, Marina, dans ses démarches afin d'obtenir la citoyenneté américaine. Du coup, Oswald avait rencontré Andrews à plusieurs reprises dans son bureau.

Il est devenu très vite évident pour moi que plus Andrews réalisait le danger que représentait pour lui ce coup de téléphone à propos de Lee Oswald, plus il avait tendance à oublier Clay Bertrand. A l'époque où il témoigna devant la commission Warren, en juillet 1964, la taille de celui-ci avait considérablement diminué, passant de 1,88 m à 1,75 m.

Apparemment en réponse à de subtiles pressions de la part des agents du F.B.I., Andrews avait fini par déclarer :

— Ecrivez ce que vous voulez, que je suis dingue, je m'en fous.

Du coup, les agents fédéraux avaient obligeamment noté dans leur rapport final que le coup de fil reçu par Andrews était « une invention » de sa part. Ils faisaient ainsi d'une pierre deux coups : primo, ils mettaient un terme à leur enquête sur Andrews ; secundo, ils préparaient l'opinion à admettre que Lee Oswald avait perpétré l'assassinat de Kennedy seul et sans aide.

Je connaissais Andrews depuis plusieurs années. Nous avions suivi les cours de la Tulane Law School à la même époque. Je savais qu'il obtenait la plupart de ses affaires en fréquentant les bars louches de la ville.

Un fait était certain : il avait reçu un appel d'un correspondant à La Nouvelle-Orléans lui demandant de défendre Lee Oswald à Dallas. Et cet appel avait été effectué le lendemain de l'assassinat.

Tout à coup, les lunettes noires tressautèrent.

— Mate un peu la poupée en rouge !

— Quoi ?

Je regardai dans la direction qu'il m'indiquait. Une jeune femme radieuse en robe écarlate s'installait à une table voisine pour déjeuner avec un ami.

— Jolie, dis-je en me retournant vers Andrews.

Je commençais à en avoir assez. Il me glissait entre les doigts comme un poisson qu'on n'arrive pas à sortir de l'eau. Cela faisait une demi-heure que j'essayais de le coincer et il avalait tranquillement son deuxième martini, pas plus gêné que cela.

— Si on revenait à ce qui nous intéresse ? Qui est Clay Bertrand ? Où puis-je le trouver ?

Andrews ouvrit grands les bras tel un martyr sur la croix.

— Dieu tout-puissant ! Tu es pire que les feds.

Comment puis-je te convaincre que je ne connais pas ce type ? Je ne sais pas à quoi il ressemble, ni ce qu'il fabrique. Tout ce que je sais c'est que de temps en temps, il me confie quelques affaires. C'est comme ça qu'un jour, il m'a appelé à propos de Lee Oswald. (Il posa la main sur son cœur.) Parole de scout, bonhomme. Je sais rien de plus sur ce mec.

Et il se remit à dévorer son *crabe Louie*. Pour lui, j'avais ma réponse et le problème était réglé.

Au moment où il levait à nouveau sa fourchette, je lui saisis le bras.

— Dean, je crois que nous avons un petit problème de communication. Voyons si je peux faire quelque chose pour le résoudre. Oublie ce crabe une minute et écoute-moi.

Je ne voyais rien à travers ses lunettes mais je savais qu'il me regardait.

— Je respecte notre longue amitié, dis-je. Mais je veux que tu saches que je vais te citer à comparaître devant le grand jury. Si tu leur mens comme tu es en train de me mentir, je te ferai poursuivre pour faux témoignage. Tu vois ce que je veux dire ?

Il reposa sa fourchette. Il resta silencieux un long moment, comme attristé par tant de brutalité. Puis il reprit la parole et, pour la première fois, j'eus l'impression qu'il était sérieux.

— C'est pas un interrogatoire officiel ?

Je hochai la tête.

— Dans ce cas, je vais te résumer rapidement la situation. C'est aussi simple que ça. Si je réponds à ta question, si je te donne le nom que tu veux savoir, alors c'est adieu Dean Andrews. *So long, Deano.* Je parle d'un truc sérieux comme d'une balle qui viendrait s'oublier dans ma cervelle... Tu comprends ?

Je me penchai vers lui.

— Ecoute-moi attentivement, dis-je très lentement.

Ou bien tu danses devant le grand jury et tu donnes le nom du type qui t'a chargé de représenter Lee Oswald ou bien ça va chauffer pour tes grosses fesses.

Andrews se figea. Je ne distinguais rien à travers les gros miroirs qui lui garnissaient le nez mais je sentais qu'il était secoué. Il se leva subitement.

— Tu n'as pas idée où tu mets les pieds, bonhomme. Tu veux te frotter au gouvernement ? C'est ça que tu veux ? Alors, te gêne pas pour moi. Mais t'étonne pas si ça pique un peu... et même beaucoup. (Il laissa tomber sa serviette sur son crabe.) Merci pour le repas, maugréa-t-il. C'était délicieux.

Il se dirigea vers la sortie. En entrant dans le restaurant, une demi-heure plus tôt, il se trémoussait en claquant dans ses doigts. A présent, il ne se trémoussait plus du tout.

Il fallait donc retrouver ce « Clay Bertrand ». Tout notre petit groupe se réunit pour examiner les différentes dépositions d'Andrews devant la commission Warren. Nous en arrivâmes très vite à la conclusion que puisque Andrews était un pilier de certains bars paumés du quartier français, nous ne risquions rien à aller y fouiner un peu. Il était évident qu'Andrews connaissait l'homme qui l'avait appelé, il avait peut-être fait sa connaissance dans un de ces endroits mal famés.

A cette époque Andrew Sciambra était devenu un membre de notre groupe d'enquête. Sciambra avait grandi dans le quartier français. Il connaissait parfaitement la faune qui y traînait et entretenait de bonnes relations avec pas mal de serveurs et d'employés de bars.

Lui et certains de ses amis furent notre sésame dans ce quartier où les gens ne voient pas forcément d'un bon œil l'apparition de représentants de l'ordre. Nous formâmes des équipes constituées d'un enquêteur et d'un assistant du bureau du D.A. Ces équipes écumèrent tous les bistrots, demandant à chaque tenancier s'il connaissait un certain « Clay Bertrand ».

Sur les conseils de Lou Ivon, je m'abstins de participer à cette opération. Il me fit remarquer avec justesse que la présence du district attorney risquait de terroriser nos interlocuteurs peu soucieux du respect des lois.

De longues soirées commencèrent pour tous les membres de mon équipe. Il n'était pas question de faire irruption quelque part, de poser trois questions et de repartir. Même avec l'aide de Sciambra, il fallait à chaque fois faire ami-ami avec le propriétaire du bar ou son gérant. Ce qui signifiait bavarder de tout et de rien, payer quelques bières et attendre l'ouverture.

Après une semaine de ce régime, tout ce que mes enquêteurs avaient à offrir c'était une jolie collection de cernes sous les yeux. Quelques-uns de leurs interlocuteurs semblaient effectivement connaître « Clay Bertrand » mais ils répugnaient à disserter sur le compte d'un client régulier.

Nous insistâmes. Ce fut au cours de la troisième semaine que nous eûmes notre première piste. Chez Cosimo, une petite taverne surpeuplée de Burgundy Street, le patron s'était montré amical et réceptif lors d'une première visite mais avait préféré ne rien dire sur Bertrand. A notre deuxième visite, il se montra plus coopératif. Entre-temps, un oncle de Scambria l'avait appelé.

— Bien sûr, nous révéla-t-il, Bertrand vient souvent ici. On pourrait dire que c'est un habitué.

Savait-il si Bertrand utilisait un autre nom ?

— Oh oui, dit-il. Clay Shaw. Tout le monde le sait.

Il poursuivit en expliquant qu'il l'avait vu à plusieurs reprises à la télévision, aux informations, en compagnie de gens importants. Il ne comprenait pas pourquoi on en faisait un tel mystère. D'après lui, dans ce coin du quartier, tout le monde connaissait Bertrand. Savait-il pourquoi Shaw utilisait le nom de « Bertrand » ? Il haussa les épaules. Tout ce qu'il pouvait dire c'est que cela faisait un bon bout de temps que c'était comme ça.

Après cela, deux autres patrons de bar — situés eux aussi au fin fond du quartier — coopérèrent de bon gré. Clay Bertrand ? Bien sûr qu'ils le connaissaient. Son autre nom ? Clay Shaw. Tout le monde le savait.

Le sentiment général était que Shaw utilisait son pseudonyme par jeu, pour s'amuser. Ils n'avaient aucune idée de la raison pour laquelle il choisissait de se faire appeler « Bertrand » quand il venait chez eux mais, après tout, cela ne les regardait pas.

Shaw ne se montrait pas particulièrement discret. Toutefois, il n'usait de ce faux nom que dans les bars miteux du quartier où sa présence s'accordait mal avec son image de personnalité en vue.

De plus en plus, nous rencontrions des hommes qui confirmaient que « Clay Bertrand » était bien le pseudonyme utilisé par Shaw mais aucun d'entre eux ne voulut témoigner ou confirmer sa déclaration par écrit.

Finalement, nous localisâmes un jeune homme nommé William Morris qui avait rencontré Shaw au Masquerade Bar dans Saint Louis Street. Un certain Gene Davis l'avait présenté à « Clay Bertrand ». Morris était devenu un ami de Shaw, lui rendant visite non seulement à son domicile mais le rencontrant aussi au cours d'une soirée privée et, à l'occasion, au Masquerade Bar.

C'est alors que nous reçûmes une aide inattendue : l'hôtesse employée au salon des V.I.P. des Eastern Airlines nous appela. Elle était de service quand un homme — attendant visiblement un de ses amis — avait signé le registre du nom de « Clay Bertrand ». Par une de ses connaissances, la jeune femme avait entendu dire que le bureau du district attorney recherchait un individu utilisant ce patronyme.

Ce nom l'avait frappée, dit-elle, parce que chaque V.I.P. est censé signer le registre avant de quitter le salon. Mais cette fois-là, c'est cet homme et non son ami, le voyageur, qui avait signé. Elle avait jeté un coup d'œil sur le paraphe et avait lu le nom de « Clay Bertrand ».

Avec son aide, nous parcourûmes les registres des derniers mois et nous trouvâmes la fameuse signature. Sous la mention *Visiteurs*, elle était là, parfaitement lisible et fleurie : « Clay Bertrand ». La jeune femme nous décrivit l'homme comme un personnage de haute taille, à la chevelure blanche et au port distingué... A l'évidence, il s'agissait de Clay Shaw.

Le puzzle commençait à se mettre en place. Chaque indice nous menait à un autre. L'équipe progressait lentement mais sûrement.

Nous avions donc appris que « Clay Bertrand » et Clay Shaw étaient le même homme : l'honorable directeur du Centro Mondiale Commerciale de La Nouvelle-Orléans et importante personnalité de la ville. Mais à cette époque, rien ne nous laissait supposer que Clay Shaw fût plus puissant que ses fonctions officielles ne le laissaient croire. Ce ne fut que bien plus tard, bien après son procès, que nous découvrîmes le rôle primordial joué par Shaw sur la scène internationale en tant qu'agent de la C.I.A. La vie secrète de Shaw à Rome d'où il essaya de faire revenir le fascisme au pouvoir en Italie fut largement commentée dans des articles de la presse locale. Ces articles nous furent transmis par Ralph Schoenmann, le secrétaire du philosophe Bertrand Russell, qui avait été l'un de nos premiers supporters.

D'après ces articles, la C.I.A. — qui menait apparemment sa propre politique étrangère depuis quelque temps — avait établi un plan d'action en Italie depuis le début des années soixante. Ils avaient créé une organisation, le Centro Mondiale Commerciale, initialement installée à Montréal puis déménagée à Rome en 1961. Parmi les membres de son comité directeur figurait un certain Clay Shaw de La Nouvelle-Orléans.

Le siège du Centro Mondiale Commerciale, d'après la presse romaine, était très élégant. Sa publicité, annonçant le rôle moteur qu'il entendait jouer dans le monde des affaires, impressionnante. Le Centro ouvrit une autre succursale en Suisse : cela le rendait d'autant plus impressionnant et crédible.

Quoi qu'il en soit, en 1967, la presse italienne s'intéressa au comité directeur du Centro Mondiale Commerciale et découvrit qu'il était constitué d'individus pour le moins bizarres. On y trouvait un prince authentique, Guttierez di Spadaforo, membre de la Maison de Savoie dont était originaire le dernier roi d'Italie, Umberto. Spadaforo, un homme d'une richesse colossale, essentiellement concentrée dans l'armement naval et le pétrole, avait autrefois été sous-secrétaire de l'Agriculture pour le Duce, Benito Mussolini. Par sa belle-fille, Spadaforo était lié au célèbre ministre des Finances nazi, Hjalmar Schacht, jugé pour crimes de guerre à Nuremberg.

Un autre directeur du Centro était Carlo D'Amelio, l'avocat de la famille royale d'Italie. On y trouvait aussi Ferenc Nagy, ex-Premier ministre de Hongrie en exil, ancien leader du parti anticommuniste. Nagy était aussi décrit par la presse italienne comme le président de Permindex, une filiale du Centro Mondiale Commerciale. D'après les journalistes, Nagy était un important mécène de tous les mouvements fascistes en Europe. Un autre des directeurs était Giuseppe Zigiotti, président d'une organisation répondant au doux nom d'Association nationale fasciste pour une milice armée.

L'un des actionnaires principaux du Centro était le major L.M. Bloomfield, un résident de Montréal de nationalité américaine et auparavant membre de l'Office of Strategic Service, l'O.S.S., qui donna naissance à la C.I.A. (Tout ceci est significatif, non seulement pour déterminer l'atmosphère dans laquelle baignaient tous ces gens mais aussi en raison d'un curieux voyage en avion non enregistré effectué par Clay Shaw et David Ferrie au début de 1961 ou 1962 à Montréal, la ville de Bloomfield : voir chapitre 9.)

Voilà donc à quoi ressemblait ce Centro Mondiale Commerciale dont Clay Shaw était l'un des responsables. Rien à voir avec un club du troisième âge.

D'ailleurs, le gouvernement italien ne s'y trompa pas puisque dès 1962, il expulsa le Centro — et son demi-frère, Permindex — d'Italie pour activités subversives.

Peut-être en raison de ses origines montréalaises, le Centro éveilla la curiosité d'un journal canadien, *Le Devoir*. Ce journal notait en 1967 : « Nagy... garde des liens très étroits avec la C.I.A. qui lui fait jouer un rôle important auprès de la colonie cubaine de Miami. » Plus tard, Nagy émigra vers les États-Unis et s'établit à Dallas, Texas.

Le Devoir poursuivait son article en relevant : « ... Le Centro Commerciale et Permindex ont eu des difficultés avec les gouvernements suisse et italien. Ces deux sociétés refusèrent de justifier la provenance de sommes considérables. Elles ne semblaient prendre part à aucune transaction commerciale régulière. Elles ont été expulsées de Suisse et d'Italie en 1962 et se sont dès lors installées à Johannesburg. »

Le *Paese Sera*, quant à lui, notait : « Il est probable (si l'on songe à la proportion importante de ses dirigeants impliqués dans des mouvements d'extrême droite) que le Centro soit une créature de la C.I.A. utilisée comme couverture pour des transferts de fonds en Italie afin de faciliter des activités de manipulation politique. Il serait bon d'élucider la présence à son comité directeur d'hommes tels que Clay Shaw et l'ex-major de l'O.S.S. Bloomfield. »

Ce journal ajoutait : « (Le Centro) est le point de contact d'extrémistes anticommunistes prêts à éliminer quiconque se bat pour des relations décentes entre l'Est et l'Ouest, y compris Kennedy. » Il se trouve que cette définition s'applique parfaitement à l'organisation qui a donné naissance au Centro et à Permindex, la C.I.A.

Il nous aurait été bien utile au cours de son procès de pouvoir lier Shaw à la C.I.A. Malheureusement, par manque de moyens en hommes et en matériel, notre enquête n'a pu mettre en lumière toutes ces informations capitales.

7

En première page

Nous étions parvenus à identifier Clay Bertrand. Notre enquête connut alors une période d'accalmie. Ici, à La Nouvelle-Orléans, des crimes ordinaires continuaient d'être commis, nuit et jour. En dépit du syndrome que provoque immanquablement ce métier — la sensation que plus vite vous confondez truands et bandits, plus vite de nouveaux cherchent à prendre leur place — nous devions continuer à travailler. Je laissais les membres de ma petite équipe reprendre leurs tâches quotidiennes tandis que je m'occupais des miennes. La nuit et les week-ends, je continuais toutefois à étudier les preuves que nous avions réunies. Seul au bureau ou bien chez moi, entouré par ma famille, je travaillais jusqu'à l'aube, fouillant chaque déclaration, chaque témoignage, cherchant des contradictions, des recoupements, encore et toujours.

Le fait que des coups de feu aient été tirés face à la limousine présidentielle m'avait convaincu que Lee Oswald n'avait pas tué John Kennedy tout seul. Le bulletin d'entrée au Parkland Hospital signé par le Dr Robert McClelland donnait pour cause de la mort « une blessure par balle à la tempe gauche ». Il était reconnu unanimement qu'Oswald se trouvait, au moment du coup de feu, dans le School

Book Depository situé *derrière* le Président. Comment aurait-il pu l'atteindre à la tempe ?

Je commençais à me demander si Oswald avait vraiment tué le Président. J'étudiais toutes les dépositions de témoins ayant remarqué une activité inhabituelle dans le Depository. Plus je lisais, plus mes doutes grandissaient.

A peu près quinze minutes avant l'arrivée du défilé, Arnold Rowland, un étudiant, et sa femme Barbara, se trouvaient sur Houston Street, de l'autre côté de Dealey Plaza. Arnold jeta un coup d'œil au dépôt de livres et vit à la fenêtre du sixième la plus à l'est (l'endroit qu'on nomma le « repaire » de l'assassin) un homme à la peau sombre qu'il décrivit comme un « nègre assez âgé ». Il aperçut aussi à la fenêtre opposée du bâtiment, à l'ouest, un homme avec un fusil à la main.

Barbara Rowland, à cet instant, contemplait un individu en proie à une crise d'épilepsie sur la place juste devant eux. Quand Arnold lui parla de l'homme au fusil, elle leva les yeux à son tour mais il avait disparu. Ils conclurent tous les deux qu'il devait s'agir d'un membre des Services de sécurité. Arnold assura que le lendemain, quand il mentionna la présence du deuxième homme à la peau sombre à la fenêtre du sixième aux agents du F.B.I., ceux-ci « me dirent qu'il n'avait rien à voir avec cette affaire. C'est tout juste s'ils ne m'ont pas demandé de l'oublier ».

Carolyn Walther, employée au Dal-Tex Building tout proche, se tenait aussi dans Houston Street. D'après sa déposition au F.B.I., elle vit l'ambulance arriver pour l'épileptique et regarda par hasard le Depository où elle aperçut un homme avec un fusil dans les étages supérieurs. Il gardait son arme pointée vers la rue en regardant approcher le défilé. Mrs Walther dit que ce fusil était différent de tous ceux qu'elle avait déjà vus et possédait un canon très court. L'homme était blond ou châtain clair. Il se trouvait à la fenêtre la plus à l'est, penché au-dehors. A côté de lui, légèrement en retrait, elle vit un deuxième homme qui portait un costume marron.

Puis le cortège de voitures arriva et elle ne fit plus attention à ces deux hommes. Après les coups de feu, elle ne songea pas à regarder vers eux. Elle ne fut pas appelée à témoigner par la commission Warren.

Toney Henderson de Dallas attendait le défilé sur Elm Street au coin de Houston. Après que l'ambulance fut partie avec l'épileptique, elle regarda vers le Depository. Elle se souvint de plusieurs personnes se tenant aux fenêtres dans l'attente du passage du Président. Elle remarqua deux hommes à l'un des étages supérieurs. L'un, aux cheveux noirs avec une chemise blanche, avait la peau sombre et pouvait bien être « un Mexicain ou alors un Nègre ». Mrs Henderson fut incapable de décrire l'autre homme mais précisa qu'il était le plus grand des deux. Elle ne savait pas exactement à quel étage ils se trouvaient. Le rapport du F.B.I. à propos de son témoignage ne localisait pas la fenêtre où elle les avait vus.

Ces témoignages à propos de deux hommes se trouvant dans le dépôt étaient assez troublants, mais la déposition d'un jeune garçon de seize ans, Amos Euins, me marqua profondément. Témoignant devant la commission Warren, Euins déclara avoir salué la limousine du Président quand celle-ci avait effectué son lent virage dans Elm. Il leva les yeux vers le dépôt et aperçut ce qui semblait être un tuyau émergeant de l'une des fenêtres. Plus tard, quand il fut interrogé par le sergent Harkness de la police de Dallas, Euins décrivit la fenêtre comme étant la plus à l'est sous le rebord, c'est-à-dire au fameux sixième étage.

Après le début de la fusillade, Euins put apercevoir la gâchette et la crosse d'un fusil. Il remarqua aussi que l'homme faisant feu avait une calvitie prononcée. Aussitôt après l'assassinat, il assura que l'homme était Noir. Plus tard, devant la commission, Euins indiqua qu'il ne pouvait jurer que l'homme fût Blanc ou Noir. Mais il resta inflexible sur deux points. Primo, l'individu avait le crâne dégarni et, secundo, Euins assura qu'il n'avait jamais dit à l'assistant du shérif que l'homme qu'il avait vu au sixième étage était Blanc. Ce qu'il avait dit, expliqua-t-il aux membres de la commission, c'est que le crâne chauve lui avait paru blanc.

Considérant qu'Euins se trouvait au sud du dépôt à midi et demi, le reflet du soleil sur le crâne a fort bien pu le lui faire apparaître comme blanc. En tout cas, l'observation d'Euins d'un homme chauve à la peau sombre semblait coïncider avec la description d'Arnold Rowland d'un « Nègre assez âgé ». Dans chaque cas, l'homme occupait la fenêtre est du dépôt — le « repaire » où Oswald était censé se trouver — à l'arrivée du défilé. Et leurs déclarations étaient confirmées par Toney Henderson qui avait vu un « Mexicain ou un Nègre ».

Deux autres hommes, tous deux considérablement plus observateurs que la moyenne des témoins, nous aidèrent à nous faire une idée très précise de ce qui se passait au sixième étage avant et pendant la fusillade. Roger Craig, qui s'était distingué en 1960 en tant que shérif assistant à Dallas, se souvint que quelques minutes après l'assassinat il avait observé des agents de police interroger un homme de type latin sur Elm Street. D'après Craig, les agents, frustrés que l'homme ne réponde pas à leurs questions parce qu'il ne comprenait pas l'anglais, le relâchèrent. Quelques minutes plus tard, Craig vit une camionnette Nash Rambler s'arrêter devant le dépôt de livres. Il reconnut le conducteur : c'était l'homme relâché par la police. Avant qu'il n'ait le temps de réagir, un jeune homme blanc — que plus tard, Craig identifia comme étant Lee Oswald — sortit en courant du Depository et sauta dans la camionnette qui partit aussitôt. Craig, voyant pour la deuxième fois — et dans des circonstances plus que suspectes — l'homme au type latin, le regarda plus attentivement. Il assura qu'il était Noir.

Pendant ce temps, Richard Randolph Carr apercevait un homme blanc au sixième étage du dépôt mais, cette fois-ci, à la fenêtre voisine du « repaire ». Quand les coups de feu furent tirés, Carr, un ancien soldat, observa le dépôt. Quelques minutes plus tard, il se tenait devant celui-ci quand il reconnut l'homme qu'il avait vu un peu plus tôt à la fenêtre du sixième. Carr le décrivit comme étant solidement bâti et portant des lunettes à monture en corne et une veste de sport.

Carr suivit l'homme jusqu'au carrefour suivant. Là, celui-ci monta dans une Nash Rambler (apparemment la même que celle décrite par Craig) qui semblait l'attendre et qui démarra rapidement. Comme Craig, Carr nota que le chauffeur avait la peau très sombre.

On pouvait donc conclure de tous ces témoignages qu'au moins trois hommes différents se trouvaient au sixième étage durant l'assassinat : deux Blancs, l'un jeune, blond ou châtain clair, et un autre plus solidement bâti portant lunettes, et un homme de couleur ou d'origine latine. On ne pouvait dire s'il y avait eu un ou deux fusils. Le plus jeune avait été vu avec une arme à la fenêtre *ouest*, c'est-à-dire à l'opposé de l'endroit supposé être celui d'où l'assassin avait tiré. L'homme de couleur avait été vu visant de celle-ci.

Après avoir lu ces témoignages, je savais que Lee Oswald ne pouvait avoir tiré sur John Kennedy depuis le « repaire de l'assassin » comme l'avait clamé la commission Warren. Oswald n'était pas chauve, il n'avait rien d'un « Nègre » ou d'un « Latin ». Dans mon esprit, à cette époque, Oswald était mêlé à ce crime mais il me semblait évident que d'autres que lui avaient ouvert le feu, que ce soit de la fenêtre ou de la butte se trouvant devant le Président.

Les fréquentes allusions des témoins à des hommes « au type latin », à la « peau sombre » ou bien à des « Nègres » ne cessaient de m'intriguer. Ces signalements me faisaient penser au groupe d'exilés anti-Castro qui fréquentaient Guy Banister et les camps d'entraînement à la guérilla du lac Pontchartrain. Il m'apparut que l'homme à la peau sombre que certains observateurs avaient aperçu pouvait très bien être cubain. De plus, connaissant Guy Banister et ses activités, les liens existant avec Lee Oswald, l'implication des Cubains anticastristes dans l'assassinat d'un Président qu'ils haïssaient pour les avoir « trahis » à la baie des Cochons en 1961 et pour avoir ordonné la fermeture de leurs camps d'entraînement me semblait fort possible.

En fait, les Cubains faisaient des suspects bien plus convaincants que Lee Harvey Oswald lui-même. En plus des témoignages oculaires, un autre fait plaidait en faveur d'Oswald. Ses empreintes ne furent jamais retrouvées sur le Mannlicher-Carcano qu'il était censé avoir utilisé.

Une grande confusion entourait d'ailleurs cette arme car ce n'était *pas* celle retrouvée dans le « repaire » tout de suite après l'assassinat. L'officier Seymour Weitzman, qui faisait partie de l'équipe de la police de Dallas dépêchée sur les lieux, décrivit plus tard la découverte du fusil l'après-midi du 22 novembre. Cette arme était si bien cachée, affirma-t-il, sous des cartons de livres, que les policiers passèrent plusieurs fois à côté d'elle sans la trouver. L'officier Weitzman était un expert en armes à feu. En conséquence, le chef de la police criminelle de Dallas, Will Fritz, qui était sur les lieux, lui demanda d'identifier l'arme. Weitzman dit que c'était un .7,65 Mauser, une arme allemande hautement sophistiquée. Le shérif adjoint Roger Craig se trouvait aussi sur les lieux et se rappela plus tard du mot « Mauser » gravé dans le métal du fusil. Dans la nuit du 22 novembre, le district attorney de Dallas annonça à la presse que l'arme trouvée était un Mauser.

Il existe, bien sûr, une différence significative entre une arme de très grande qualité comme le Mauser et un Mannlicher-Carcano commandé par correspondance. Il aurait dû être simple de savoir quelle arme avait été trouvée. Quoi qu'il en soit, et pour tout compliquer, trois douilles de Mannlicher-Carcano furent découvertes dans la même pièce que le Mauser. Elles étaient près de la fenêtre, proches et presque parallèles les unes des autres. Même si cette disposition les rendait faciles à trouver, elle défiait le sens commun. Tout homme ayant un peu d'expérience des armes vous le dira : quand on tire un coup de feu, la douille est violemment éjectée du fusil. Une disposition aussi nette que celle trouvée devant la fenêtre du sixième étage est virtuellement impossible. Cela signifiait qu'on avait volontairement placé là ces douilles.

Et pour corser encore un peu plus la chose, le Mannlicher-Carcano présenté triomphalement comme étant « l'arme de l'assassin » se révéla avoir un viseur complètement faussé. Si faussé que les experts du gouvernement durent effectuer un réajustement avant de pouvoir procéder à leurs tests de balistique. Même ainsi, aucun d'entre eux ne fut capable de rééditer l'exploit attribué à Oswald.

Malgré tous ces problèmes, quand les autorités de Dallas eurent concocté leur petite histoire, la position officielle fut que le fusil trouvé au sixième étage était le Mannlicher-Carcano, qui était plus ou moins lié à Lee Oswald, et non le Mauser qui disparut de la circulation peu de temps après avoir atterri dans les mains du capitaine Fritz.

Mais tout ceci n'explique pas la présence d'un troisième fusil. Un film tourné par la Dallas Cinema Associates, une compagnie indépendante, montre le Book Depository peu de temps après l'assassinat. Des officiers de police, descendant par l'escalier d'incendie, ramènent du toit situé au-dessus du sixième étage un fusil qu'ils manipulent avec les précautions d'une mère pour son nouveau-né. Quand ils arrivent au niveau de la rue, un officier de haut rang brandit l'arme à la vue de tout le monde. La caméra fait un zoom en très gros plan. L'image est sous-titrée « l'arme de l'assassin ». En voyant le film, je remarquai que le fusil ne possédait pas de viseur. Ce ne pouvait donc être ni le Mannlicher-Carcano, ni le Mauser.

Je n'étais pas surpris de constater que ce troisième fusil, comme le Mauser, avait disparu. Mais son existence prouvait que Lee Oswald ne pouvait avoir tué le Président Kennedy comme on l'avait dit au public américain. Sans parler des deux autres armes, on nous demandait de croire à un tir d'une incroyable précision effectué avec une arme incroyablement mal réglée dans un laps de temps incroyablement court. Voilà l'exploit qu'Oswald avait accompli.

Je savais par le témoignage de ses amis Marines

qu'Oswald était un piètre tireur. Mais ce prodige aurait été impossible même à un champion olympique.

De plus, Oswald avait été repéré dans la cafétéria au deuxième étage du dépôt moins de deux minutes après la fusillade. Non seulement il semblait parfaitement détendu et calme mais, de plus, il buvait un Coca-Cola qu'il venait de prendre à une machine. Il aurait donc accompli son exploit historique (provoquer huit blessures à deux hommes en moins de six secondes), caché son fusil sous la pile de cartons comme l'avait décrit l'officier Weitzman, dévalé quatre étages avant de s'arrêter pour siroter un Coca — tout cela en moins de deux minutes sans perdre sa respiration... Difficile à croire.

Et ce n'est pas tout ! On effectua sur Oswald, le soir de l'assassinat, le test au nitrate. Ce test révèle les traces de poudre sur les joues d'un individu quand il a fait usage d'un fusil. Le test révéla qu'Oswald n'avait pas tiré avec une arme à feu durant la journée du 22 novembre 1963. Quoi qu'il en soit, pour des raisons que seuls le gouvernement et ses enquêteurs connaissent, ce fait fut gardé secret pendant dix mois. Il fut finalement révélé dans le rapport de la commission Warren.

Je me rendis compte soudain que ma première conclusion selon laquelle Oswald n'avait pas tué seul le Président Kennedy n'était pas tout à fait correcte. A l'évidence, d'autres avaient pris part à la fusillade mais Lee Oswald lui-même n'avait jamais tiré sur John Kennedy. Il n'avait même jamais essayé.

L'homme que le monde entier considérait comme le criminel du siècle était innocent.

Le répit temporaire dans notre enquête ne dura pas longtemps. Pas plus que moi, Frank Klein ne parvenait à s'en détacher. Un matin, alors que je me trouvais dans mon bureau lisant et relisant un journal, je ne l'entendis pas entrer.

— Il a l'air vraiment très passionnant, dit-il.

— Ce n'est pas n'importe quel journal. C'est le *Dallas Morning News* du 22 novembre 1963.

— Et alors ? Qu'a-t-il de si fascinant ?

Je lui montrai le diagramme dessiné sur la première page, détaillant le trajet du cortège présidentiel.

— Je ne te l'ai jamais montré ? lui demandai-je.

Il secoua la tête.

Je retournai le journal sur le bureau afin qu'il puisse mieux le regarder. Le diagramme couvrait les trois quarts de la une.

— Frank, dis-je, je veux que tu suives le parcours du cortège avec moi. Prenons-le là, en bas de Main Street alors qu'il approche de Dealey Plaza. Tu me suis ?

— Oui, dit-il. Voilà, là ils arrivent à Dealey et...

Il s'arrêta.

— Et quoi ?

— Ce dessin indique que le cortège du Président devait continuer sur Main Street, traverser Dealey Plaza sans jamais quitter Main.

Incrédule, il fixait le journal.

— Alors, quel est le problème ? demandai-je.

Son doigt quittait Main pour suivre Elm jusqu'aux alentours du Depository vers l'endroit où le Président avait été assassiné.

— Si le trajet prévu passait par Main...

Je terminai sa question :

— ... comment ont-ils atterri dans Elm ?

Frank me regarda avant de contempler à nouveau le dessin. Son doigt revint vers Main Street puis continua jusqu'à Houston.

— Le cortège a tourné à droite dans Houston pour descendre vers Elm...

— Où il a effectué ce virage à 120 degrés qui l'a obligé à ralentir. La voiture du Président ne roulait pas à plus de vingt à l'heure à cet instant-là.

Frank contempla encore une fois le tracé gras qui indiquait l'itinéraire d'origine à travers Dealey Plaza qui menait à l'autoroute toute proche.

— Ici, sur Main Street, dit-il, ils n'avaient aucune chance de l'atteindre. Es-tu en train de me dire qu'au dernier moment quelqu'un a changé l'itinéraire du Président des États-Unis ? (Il gonfla les joues.) Bon Dieu, j'ai jamais rien lu à propos de ça nulle part. Comment ont-ils pu garder un secret pareil pendant des années ?

Je me renfonçai dans ma chaise sans répondre.

— Mais, bon sang, elle était où la police de Dallas quand ils ont décidé, au dernier moment, de changer de route ?

— Bonne question, répondis-je. Et que fabriquaient les Services de sécurité ? Et le F.B.I. ?

— Et les autorités de la ville ! Ils n'ont donc pas de maire dans cette foutue ville ?

— Si, ils en ont un. Le maire à l'époque était Earle Cabell.

J'appelai ma secrétaire, Sharon Herkes, par l'intercom. Je lui demandai de prendre un taxi et d'aller jeter un coup d'œil sur le *Who's who in the Southwest*.

— Je suis certain que vous y trouverez Earle Cabell. Essayez de voir s'il possède des liens avec Washington.

— Washington ? répéta Frank.

— Bien sûr, répondis-je. Tu ne vas pas me dire qu'il est possible de détourner le Président de son itinéraire devant les caméras du monde entier sans que les autorités de la ville et le gouvernement fédéral se soient mis d'accord.

Frank attrapa le journal et me montra la une.

— Bon sang, fit-il, ils étaient aveugles à la commission Warren ? Ils n'ont pas vu ça ?

J'ouvris un de mes tiroirs et en sortis l'exemplaire qui avait été présenté à la commission. Je le tendis à Frank et allumai ma pipe. Je n'avais pas encore tiré ma première bouffée qu'il hurlait.

— Les salauds ! Ils ont tout enlevé !

C'était vrai. Sur les trois quarts de la première page du *Dallas Morning News*, là où se trouvait le diagramme du trajet, s'étalait un gros carré gris.

— Et ceci a été accepté comme preuve officielle par la commission Warren ? s'étrangla Frank.

Je hochai la tête.

— Et comment on appelle un truc pareil ? murmura-t-il en secouant le journal.

J'aspirai un peu de fumée.

— On appelle ça un coup d'État.

Un peu plus d'une heure plus tard, Sharon revenait, une grande photocopie à la main.

— Il n'y avait rien sur le maire Cabell dans le *Who's who*, annonça-t-elle, mais il y avait pas mal de choses sur un général Charles Cabell.

Je parcourus l'article. Immédiatement, un fait me sauta aux yeux : ce Charles Cabell avait été directeur adjoint de la Central Intelligence Agency. Il me suffit d'un coup de fil à un ami attorney à Dallas pour déterminer que le général Charles Cabell était le frère de Earle Cabell, ancien maire de Dallas.

Je me ruai à la bibliothèque municipale. Avant la fin de la journée, je savais tout ou presque sur le général Cabell qui, alors qu'il en était le numéro deux, avait été renvoyé de la C.I.A. par le Président Kennedy. Cabell avait dirigé la désastreuse opération de la baie des Cochons. Dans les dernières heures de l'invasion, tandis que les ridicules forces aériennes de Castro anéantissaient les forces de débarquement, Cabell était parvenu à joindre le Président Kennedy par téléphone. A quelque distance de la baie, se trouvaient des porte-avions chargés de chasseurs et de bombardiers prêts à décoller. Le général Cabell informa le Président que ces avions pouvaient inverser le rapport de forces et assurer le succès de l'invasion. Tout ce dont ils avaient besoin c'était de l'autorisation du Président.

La veille, Kennedy avait assuré devant tous les médias réunis que si quelqu'un envahissait Cuba (et la rumeur d'une invasion se faisait persistante) il ne recevrait aucune aide des forces armées américaines. Il laissa tomber Cabell. L'invasion échoua et la carrière du général cessa aussitôt. Le Président Kennedy demanda sa démission et celui-ci fut remplacé dès le 1er février 1962. La haine du général Cabell à l'égard de Kennedy était un secret de Polichinelle à Washington.

Dans la plupart des pays, si le Président vient à être assassiné, on s'intéresse d'abord à ceux qui étaient en conflit ouvert avec lui. En commençant par les individus disposant de puissants moyens d'action, sans parler d'une organisation d'espionnage dont on sait que le meurtre fait partie de ses méthodes. Un homme qui a été à la tête d'une telle organisation serait sûrement en tête de liste des suspects.

Quoi qu'il en soit, le général Cabell ne fut jamais appelé à témoigner devant la commission Warren. La raison en est peut-être qu'Allen Dulles, l'ancien chef de la C.I.A. (lui aussi renvoyé par Kennedy), faisait partie de cette commission. Au cours des neuf années durant lesquelles Dulles avait dirigé la C.I.A., le général Charles Cabell avait été son adjoint.

8

Toile d'araignée

En 1963, Clinton était un hameau rural du fin fond de la Louisiane. Il avait autrefois connu une certaine prospérité au temps du coton roi. A présent, Clinton ne continuait d'exister que parce qu'il avait toujours été là. Mais en 1967, nous découvrîmes un fait qui le rendit excessivement important à nos yeux.

A la fin de l'été ou au début de l'automne 1963, Lee Oswald y avait été vu en compagnie de deux hommes plus âgés. Les signalements de ces hommes correspondaient parfaitement à Clay Shaw, dont la ville natale, Hammond, était voisine, et à David Ferrie, qui avait longuement fréquenté le camp d'entraînement anti-Castro de Guy Banister sur le lac Pontchartrain tout proche.

Ces trois hommes se retrouvèrent à Clinton lors d'une occasion mémorable. Pour la première fois dans l'histoire de cette bourgade, un effort massif de la part des autorités avait été entrepris afin d'inscrire les Noirs sur les listes électorales. Cette initiative avait reçu le soutien des Noirs de la ville et l'opposition des Blancs. Les uns veillaient à ce que ces inscriptions ne soient pas empêchées, les autres s'assuraient qu'aucun « étranger » ne venait se glisser dans les rangs de la population locale. Dans ces conditions, la présence d'Oswald, de Shaw et de Ferrie ne passa pas inaperçue.

Shaw et Ferrie utilisaient une grosse limousine noire. Tous les témoins se souvenaient de la perruque extravagante et des sourcils peints de Ferrie ainsi que des cheveux gris et des manières très distinguées de Shaw qui restait au volant de la voiture. Quant à Oswald, on le vit plusieurs fois en discussion avec eux, penché à la fenêtre de la limousine. Il passa aussi entre les mains du coiffeur de Clinton à qui il expliqua qu'il était ici afin de trouver du travail à l'hôpital voisin de Jackson. Quand le coiffeur lui annonça qu'il s'agissait d'un hôpital psychiatrique, Oswald parut sincèrement étonné mais affirma être toujours intéressé par ce travail.

Andrew Sciambra mena l'enquête à Clinton. En compagnie du lieutenant Frugé, il interrogea plus de trois cents personnes. Quand ils revinrent à La Nouvelle-Orléans, je rassemblai Frank Klein, Jim Alcock et Lou Ivon dans mon bureau. Je demandai aussi à D'Alton Williams de se joindre à nous afin d'étoffer notre petit groupe travaillant sur l'affaire Kennedy. D'Alton, à la différence des autres, n'avait pas suivi une formation de droit pénal. Il s'était spécialisé dans les affaires civiles. Mais il était d'une intelligence remarquable et se passionnait pour notre enquête. De toute manière, je n'avais plus d'assistants procureurs disponibles.

Tandis que tout ce petit monde prenait place autour de la longue table, il me vint à l'esprit que, pour la première fois, nous avions ce qu'on pouvait nommer une « équipe ». Nous écoutâmes le rapport de Sciambra à propos de Clinton. Alcock voulut savoir quel pouvait bien être l'intérêt pour Shaw et Ferrie de faire embaucher Oswald dans un hôpital psychiatrique. Sciambra répliqua qu'il s'était aussi posé la question. En conséquence, il s'était rendu à Jackson pour voir si Oswald avait rempli un formulaire de demande d'emploi.

— L'a-t-il fait ? demandai-je.

Scambria hocha la tête.

— Oui. J'ai rencontré la dame du service du personnel qui l'a reçu. Mais quand elle a été rechercher son formulaire dans ses dossiers, elle ne l'a plus trouvé... alors qu'elle se souvient parfaitement le lui avoir fait remplir.

Nous commencions à être habitués à la disparition systématique de toutes les preuves. Personne ne fit le moindre commentaire. Le fait restait qu'Oswald avait cherché à travailler dans un hôpital psychiatrique. Cela ne faisait que renforcer l'image de paumé que ses tuteurs lui avaient fabriquée : un être instable qui ne cessait de passer d'un petit boulot à un autre. Avec un peu de chance et de subtilité, on aurait sûrement pu expliquer que la différence n'est pas si grande entre un pensionnaire et un employé d'asile psychiatrique.

Mais le résultat essentiel de notre enquête à Clinton était que nous étions parvenus à établir un lien entre David Ferrie et Clay Shaw. Enquêter sur Shaw — un homme discret et influent — était difficile. A présent, nous avions un moyen de pression sur lui. Ce moyen, c'était David Ferrie.

Quand j'arrivai au Pete Marquete Building, Wray Gill vint à ma rencontre. C'était l'un des meilleurs avocats de la ville. Il me salua avec chaleur et me conduisit à son bureau dominant le Mississippi au dix-huitième étage. J'étais ici parce que David Ferrie avait travaillé pour son compte en tant qu'enquêteur à temps partiel en 1962 et 1963.

Une fois assis, j'allai droit au but.

— Wray, dis-je, j'ai besoin que tu me fasses une petite faveur.

— Pas de problème.

— Mon intuition me dit que David Ferrie a effectué quelques appels longue distance quand il travaillait pour toi.

Ses sourcils se haussèrent.

— *Quelques* appels ? Dieu tout-puissant. Ce type a failli me mettre sur la paille.

— Peux-tu me donner une copie de ses appels ?

Il envoya sa secrétaire chercher les factures téléphoniques de 1962 et 1963.

— C'est tout ce que nous avons, M. Gill, dit-elle en revenant. Vous l'avez renvoyé en janvier 64, vous vous rappelez ?

— Comment pourrais-je l'oublier ? marmonna-t-il. Je lui ai dit de plier bagage. Il m'a coûté une fortune.

Gill demanda à sa secrétaire d'éliminer tous les appels effectués par le bureau afin de déterminer ceux de Ferrie. Ils étaient faciles à repérer. Quatre-vingt-dix pour cent des affaires de Gill concernaient uniquement La Nouvelle-Orléans. La plupart des appels passés dans d'autres villes étaient donc le fait de Ferrie.

Tandis qu'elle étudiait les notes de téléphone, la secrétaire découvrit que celle du mois de novembre 1963 — le mois de l'assassinat du Président Kennedy — manquait. Elle n'avait aucune idée de qui avait pu la subtiliser mais elle fit remarquer que Ferrie avait encore accès au bureau à cette époque.

Cette nuit-là, je commençai à étudier les listes des appels longue distance de Ferrie pour 1962 et 1963. La première chose que je remarquai fut leur grande diversité. Il avait appelé un grand nombre de villes des États-Unis mais aussi des endroits aussi variés que le Guatemala, le Mexique ou le Canada. Une agence fédérale telle que le F.B.I. n'aurait eu aucun mal à découvrir qui étaient ses correspondants. Mais il était évident qu'aucune de ces agences n'avait la moindre envie de nous aider.

Ne possédant aucun contact avec les compagnies téléphoniques, j'en fus réduit à m'armer de patience. Je commençai par noter tous les numéros de téléphone contenus dans les nombreuses pages des dossiers de la commission Warren en liaison avec l'affaire Kennedy, puis je les comparai avec ceux appelés par Ferrie.

Après plusieurs longues soirées, je trouvai enfin un indice. La note de téléphone indiquait que Ferrie avait appelé Chicago le 24 septembre 1963. C'était, d'après les conclusions de la commission Warren, la veille du jour où Oswald avait quitté La Nouvelle-Orléans. Le numéro que Ferrie avait appelé dans l'Illinois était le WH 4-4970. La facture n'indiquait pas le nom du correspondant.

Dans le dossier 2350 de la commission (page 335 du volume XXV) je trouvai un appel effectué exactement au même numéro : WH 4-4970 à Chicago, Illinois. Le dossier indiquait : « Appel fait à 9 : 09. Paiement par carte de crédit de Kansas City, Missouri, à Miss A. Asie, Chambre 1405. » On ne donnait pas l'identité de celui qui avait passé l'appel. Mais j'avais à présent un nom à mettre sur le numéro composé par Ferrie.

Quelques nuits plus tard, je retrouvai Miss Asie — qui était devenue *Aase* — dans le dossier 2266 de la commission. Là, un rapport du F.B.I. l'identifiait plus précisément en tant que « Jean Aase » de Chicago, Illinois. Ce rapport, daté du 4 décembre 1963, décrivait comment elle avait accompagné « Lawrence V. Meyers » pour un voyage d'affaires à Dallas, Texas, où ils étaient arrivés le 20 novembre 1963, soit deux jours avant l'assassinat du Président

Kennedy. Ils avaient réservé au Ramada Motel, poursuivait le rapport, où ils avaient passé la nuit. Le lendemain, ils avaient déménagé pour le Cabana Motel.

D'après le rapport du F.B.I., Aase avait déclaré qu'au soir du 21 novembre, Meyers l'avait emmenée au Carousel Club, où il l'avait présentée à Jack Ruby « et tous les trois nous nous sommes installés à une table près de la sortie et nous avons bavardé ».

Considérant que le nouvel ami de Lee Oswald à La Nouvelle-Orléans, Dave Ferrie, l'avait appelée à Chicago, je me demandai quelle fut la réaction de Miss Aase quand trois jours plus tard Jack Ruby, avec qui elle avait si aimablement discuté, avait tué Oswald.

A mesure que je fouillais dans les volumes de la commission Warren ma curiosité à l'égard de Jean Aase augmentait. Dans aucun des index le nom de Jean Asie ou Aase n'apparaissait.

Puis, dans un interrogatoire du F.B.I. avec Lawrence Meyers, j'appris qu'elle était devenue Jean *West*. Je parcourus la déposition de Meyers devant la commission Warren. Il avait tout de l'homme d'affaires moyen, réussissant plutôt bien dans la vie. Il avait rencontré Jack Ruby plusieurs années auparavant et s'était pris d'affection pour le futur meurtrier de Lee Oswald. Les membres de la commission Warren furent évidemment satisfaits de son témoignage. Ils ne demandèrent pas à Meyers s'il connaissait David Ferrie. Pas plus qu'ils ne l'interrogèrent à propos de la mystérieuse Miss Aase.

Miss Aase, ou Miss West, ou quel que soit son nom, n'était jamais apparue devant la commission. Je trouvai néanmoins une troisième mention de la femme mystérieuse dans les dossiers du F.B.I. en tant que « Jean West » mais elle ne me fut d'aucun secours. On ne lui avait pas demandé si elle connaissait David Ferrie ni si elle savait comment il avait pu obtenir son numéro de téléphone à Chicago. Le rapport ne témoignait pas non plus la moindre curiosité à propos de sa discussion avec Jack Ruby quelques heures avant qu'il ne commette son meurtre.

Tandis que je ruminais ce problème, il me vint soudain à l'idée que j'étais tombé sur une « boîte aux lettres ». Ou plus exactement une boîte à messages. Dans ce cas, le message avait abouti à une rencontre avec Jack Ruby.

L'utilisation de « boîtes aux lettres » est fort courante dans les organisations d'espionnage. Elles permettent à leurs agents de communiquer entre eux ou de recevoir des directives. Ici, Jean West, contactée par Ferrie, avait rencontré Jack Ruby la veille de l'assassinat.

L'heure était venue de rassembler à nouveau ma petite équipe. J'utilisai un tableau noir pour illustrer mes propos : Ferrie appelle le numéro de West à Chicago ; West et Meyers s'envolent pour Dallas le 20 novembre ; West et Meyers rencontrent Ruby la veille de l'assassinat.

D'Alton Williams, notre dernière recrue, désigna ce diagramme.

— Votre idée de boîte aux lettres me semble être une bonne probabilité, dit-il, mais je pense qu'on pourrait éclaircir encore un peu la situation.

Nous attendîmes qu'il continue.

— Ruby était de Chicago, n'est-ce pas ?

— Oui, répondis-je. Tout comme Jean West et Lawrence Meyers. Ces gens se sont peut-être connus. C'est pour cela que l'idée de « boîte aux lettres » marche aussi bien.

— Mais il y a un problème, remarqua D'Alton. Et si nous avions affaire en l'occurrence à une boîte aux lettres de la C.I.A. ? Je ne pense pas que David Ferrie ait été un personnage assez important pour donner des ordres. Rappelez-vous que nous supposons que cet appel a abouti à Jack Ruby.

— Ruby n'était pas un gros ponte, intervint Ivon.

— Ce n'est pas là qu'il veut en venir, dit Klein. D'Alton est en train de nous dire que quelqu'un — l'instigateur de ce coup de téléphone — connaissait les projets de Ruby.

— Exact, dit D'Alton. Alors, pourquoi ne nous demandons-nous pas qui était le chef de Dave Ferrie ?

Il observa une pause avant d'ajouter d'une voix innocente :

— Guy Banister n'a-t-il pas été le chef d'antenne du F.B.I. à Chicago ?

— Que je sois damné ! dit Ivon. Chicago, encore Chicago, toujours Chicago.

— Est-ce que j'ai droit à une médaille en chocolat pour avoir découvert que Banister connaissait Jack Ruby ?

— Non, répondis-je, car Ruby a quitté Chicago pour l'Air Force à la fin des années 40 et rien n'indique que Banister l'ait connu si tôt. Mais tu as gagné notre reconnaissance.

J'allai au tableau où j'effaçai le nom de Ferrie pour le remplacer par celui de Banister.

— Il est *probable*, continuai-je, qu'ils avaient des relations communes à Chicago.

— Mais comment être certains, demanda Alcock, que cette histoire de boîte aux lettres est vraie ?

C'était du Jim Alcock tout craché. Les incertitudes lui donnaient des ulcères.

— Je n'en sais rien, dis-je. Pour l'instant, tout ce que nous avons c'est une hypothèse. Il faudra faire avec.

A peu près à cette époque, nous reçûmes une aide inattendue. Dick Billings, un rédacteur en chef de *Life*, passa nous rendre visite au bureau. C'était un homme mince doté d'un esprit rapide et d'un délicieux sens de l'humour. Nous discutâmes longuement. Il ne tarda pas à me confier que son magazine avait mené sa propre enquête. Ils avaient abouti à la conclusion que l'assassinat du Président Kennedy était le fruit d'une conspiration et ils pensaient que mes efforts allaient dans le bon sens. Billings suggéra une collaboration entre nos deux équipes. Le journal pouvait nous fournir une assistance technique et nous échangerions nos informations.

Cette offre arrivait au bon moment. Je voulais accroître la surveillance sur le domicile de Ferrie mais je ne disposais pas du personnel suffisant, ni surtout d'un bon photographe. Nous avions établi des relations cordiales avec un couple demeurant dans Louisiana Avenue Parkway juste en face de chez Ferrie. J'en informai Billings. Quelques jours après, un photographe de premier ordre arrivait en ville. Nous l'installâmes rapidement dans la maison du couple.

Pendant ce temps-là, au New Orleans Lakefront Airport, Lou Ivon avait retrouvé un certain Jimmy Johnson. C'était un mécanicien d'avion qui avait travaillé autrefois pour Ferrie. Ivon le convainquit de reprendre du service auprès de ce dernier tout en restant en contact avec nous. Cette initiative produisit un résultat spectaculaire et immédiat. Ferrie annonça à Johnson qu'un paquet allait arriver pour lui très bientôt. Il devait guetter une voiture de sport blanche qui serait garée dans le parking des employés de l'aéroport. Quand il la repérerait, il irait chercher le paquet placé sous le siège avant. Les portières seraient ouvertes.

La voiture arriva et Johnson suivit les instructions. Quand il ramena le paquet dans le bâtiment, Ferrie l'emporta aux toilettes pour l'examiner. Il revint tout excité et annonça qu'il allait s'acheter une voiture neuve.

Cet argent provenant d'une source mystérieuse corroborait un autre fait découvert par Jim Alcock. En produisant une assignation à la banque de Ferrie, Alcock apprit que celui-ci avait déposé plus de 7000 dollars en liquide sur son compte dans les semaines précédant immédiatement l'assassinat de Kennedy.

Par ailleurs, Ferrie, autrefois pilote à Eastern Airlines, avait fait l'objet d'une enquête par un détective privé. J'obtins une copie de son rapport. Il révélait que Ferrie recevait souvent la visite d'un dénommé Dante Marachini.

Un coup d'œil sur l'annuaire m'apprit que Dante Marachini demeurait au 1309 Dauphine Street. Détail prodigieusement intéressant pour moi qui savais que la maison voisine était occupée par Clay Shaw. Vérifiant dans l'annuaire par rues, j'appris qu'au 1309 Dauphine Street demeurait aussi un certain James Lewallen. Je me souvins que ce Lewallen avait autrefois partagé un appartement avec David Ferrie dans Kenner, un faubourg de La Nouvelle-Orléans.

Je me retrouvais devant deux nouveaux personnages, Marachini et Lewallen, qui avaient été tout deux associés à Ferrie dans le passé et qui vivaient à présent dans la maison voisine de celle de Clay Shaw. Voilà qui donnait à penser.

Quelque temps plus tard, je tombais à nouveau sur le nom de Dante Marachini. Désirant discuter avec les employés de la Reily Coffee Company qui avaient travaillé avec Lee Oswald, j'y envoyai Frank Klein.

Il revint très vite.

— Ils sont tous partis, annonça-t-il. Tous ceux qui ont eu un rapport quelconque avec Oswald ont quitté la Reily Company quelques semaines après lui... (Il me tendit une feuille de papier.) Voilà leurs noms et leurs nouveaux boulots.

Je jetai un coup d'œil à la liste. Un nom me sauta immédiatement au visage : Dante Marachini. Il avait commencé à travailler à la Reily Company le même jour exactement que Lee Oswald. Quelques semaines après le départ de celui-ci, Marachini démissionna pour aller travailler dans une branche de la NASA, à l'est de La Nouvelle-Orléans.

Je remarquai alors qu'Alfred Claude, qui avait embauché Oswald pour Reily, était lui aussi parti travailler dans la même filiale de la NASA.

John Branyon, qui avait fréquenté Oswald à la Reily, avait trouvé un job à la NASA.

Emmett Barbee, le supérieur hiérarchique d'Oswald chez Reily, avait lui aussi quitté la compagnie de café pour démarrer une nouvelle carrière à la NASA.

Après avoir constaté ce qui était arrivé à tous ces hommes liés à Oswald, je m'intéressai d'autant plus au 1309 Dauphine Street. J'appelai Lou Ivon et lui demandai d'en apprendre un peu plus sur le compte de James Lewallen. Il lui fallut deux jours mais il rapporta une information qui ne me surprit guère : Lewallen travaillait pour le compte de Boeing à la NASA. Lou et moi fûmes soudain curieux de savoir ce qu'il était advenu de Melvin Coffee qui avait accompagné David Ferrie au Texas la veille de l'assassinat.

Ivon revint le lendemain. Melvin Coffee travaillait aux Opérations Aérospatiales à Cap Canaveral.

Tous ces hommes liés à Lee Oswald, David Ferrie et Clay Shaw avaient abouti à la NASA. C'était peut-être une coïncidence mais je n'y croyais guère. Ces hommes étaient les pions d'une puissante organisation qui avait tissé une énorme toile d'araignée autour d'eux, les attirant finalement tous au même endroit. Cette toile d'araignée devenait lentement mais sûrement visible.

9

Les liens de l'amitié

A Clinton, nous avions eu la confirmation qu'il existait un lien étroit entre Clay Shaw et David Ferrie. Mais qui, en dehors de nous, aurait pu croire que le très mondain, le très sophistiqué Clay Shaw fût en relation avec le bizarre, l'échevelé David Ferrie ? Nous devions trouver d'autres témoins qui connaissaient cet étrange couple. Ceci nous prit plusieurs mois.

Nous dénichâmes un certain Jules Ricco Kimble, membre de groupuscules d'extrême droite tels que le Ku Klux Klan, dont le nom fut cité quelques années plus tard lors de l'assassinat du pasteur Martin Luther King. Même pas âgé de vingt ans en 1960, Kimble buvait un verre au Golden Lantern quand Dave Ferrie le présenta à Clay Shaw. Après cela, il rencontra ce dernier en diverses occasions. A la fin de 1961 ou au début de 1962, il reçut un coup de fil de Ferrie lui proposant une petite virée nocturne au Canada. Kimble accepta avec joie. Il retrouva Ferrie à l'aéroport où il apprit que Shaw les accompagnait. Ils allaient chercher quelqu'un au Canada.

D'après Kimble, Shaw resta tout au long du trajet assis à l'arrière de l'avion, somnolant ou bien feuilletant un livre. Il portait une petite mallette marron.

Ferrie se posa à Nashville, Louisville et Toronto pour refaire le plein, payant avec une carte de crédit Gulf. Leur destination était Montréal (la ville du major L.M. Bloomfield). Shaw disparut dès l'atterrissage et ils ne le revirent pas avant le lendemain matin huit heures, heure à laquelle ils s'envolèrent à nouveau vers La Nouvelle-Orléans.

Shaw ne revint pas seul mais accompagné d'un « Mexicain ou un Cubain » selon Kimble : un homme lourdement charpenté, à la peau sombre, au front dégarni, ayant dépassé la trentaine. Il s'installa à l'arrière avec Shaw et s'exprimait dans un très mauvais anglais. L'avion était un Cessna 172. Quand ils arrivèrent au New Orleans Lakefront Airport, Kimble conduisit tout ce petit monde en ville. A peu près un mois ou deux plus tard, Ferrie lui proposa un voyage similaire au Canada mais, cette fois-ci, Kimble déclina l'invitation.

Son histoire offrait quelques aspects intéressants. Tout d'abord, nous savions que Shaw détestait l'avion. Pourtant, voilà qu'il s'embarquait à bord d'un minuscule Cessna pour un long voyage. Seule une raison majeure pouvait l'y avoir poussé. Par ailleurs, Ferrie ne remplissait jamais de plan de vol : un détail non négligeable pour Shaw qui ne désirait pas que soit conservée trace de ses déplacements.

Nous pûmes rassembler d'autres témoignages prouvant que Shaw et Ferrie étaient étroitement associés. Le plus captivant fut celui de Raymond Broshears, un vieil ami de Ferrie demeurant à Long Beach, Californie, qui venait à l'occasion lui rendre visite. Nous retrouvâmes la trace de Broshears, un garçon prolixe, peu de temps après la mort de Ferrie. Ce fut en 1965, nous dit-il, chez Dixie, un bar du Vieux Carré, qu'il rencontra Shaw pour la première fois. Plus tard, ce soir-là, Shaw dîna en compagnie de Ferrie dans un restaurant.

Une autre fois, Broshears se trouvait en compagnie de Ferrie dans Bourbon Street quand une longue limousine s'arrêta à leur hauteur. Ferrie alla bavarder un moment avec Shaw installé à l'arrière. Des « conversations » du même type se produisaient fréquemment selon Broshears. Un jour, Shaw donna une enveloppe brune à Ferrie et l'informa que le F.B.I. recherchait son ami. Après son départ, Ferrie déchira l'enveloppe, en sortit de l'argent et donna quelques billets à Broshears.

A jeun, Ferrie refusait d'évoquer son implication dans l'assassinat du Président Kennedy. Il n'en allait pas de même quand il avait bu.

D'après Broshears, Ferrie s'était rendu en voiture à Houston, Texas, l'après-midi du meurtre. Sa mission était d'attendre là-bas deux des assassins. Ces deux hommes devaient arriver de Dallas dans un petit monomoteur piloté par l'un d'entre eux, un dénommé Carlos que Ferrie connaissait bien.

Ferrie respecta à la lettre ses consignes, se rendant notamment à la patinoire de Houston pour y attendre Carlos, mais celui-ci ne se montra pas. Il apprit plus tard qu'un changement de dernière minute avait été décidé en haut lieu.

Ferrie ne révéla jamais à Broshears de qui il tenait ses ordres. Il assura connaître les deux hommes, deux Cubains qu'il avait rencontrés à La Nouvelle-Orléans. Il fit d'eux le portrait d'hommes persuadés que le Président Kennedy les avait vendus au communisme.

C'est du moins ce que nous dit Broshears. Quoi qu'il en soit, son récit cadrait bien avec ce que nous savions déjà. Ferrie avait notamment été instructeur au camp de Guy Banister fréquenté par bon nombre de Cubains.

Tandis que nous rassemblions patiemment tous ces témoignages, nous ne nous doutions pas le moins du monde que Shaw et Ferrie étaient avertis de nos efforts. Mais, en septembre 1967, un homme dont les services avaient été longuement courtisés par ces deux-là trouva le chemin de notre bureau et fit une longue déposition à Jim Alcock.

Edward Whalen, de Philadelphie, était un criminel professionnel. Il avait passé la majeure partie de sa vie d'adulte au pénitencier. Un ami dont il préférait taire le nom le mit en contact téléphonique avec Ferrie au début de l'année 1967 alors qu'il se trouvait à Columbus, Ohio, temporairement « en liberté ». Ferrie demanda à Whalen de venir le rejoindre à La Nouvelle-Orléans où il avait une affaire à lui proposer. Une affaire juteuse.

Whalen vola une voiture pour descendre en Louisiane. Il abandonna sa récente acquisition dans une ruelle et rencontra Ferrie à l'Absinthe House dans Bourbon Street. Ferrie, qui portait ses habituelles nippes extravagantes, lui parut ivre. Whalen tira une chaise et s'installa à sa table.

Ferrie entama la discussion en vantant ses qualités de pilote. N'ayant rien d'un garçon sentimental, Whalen le coupa net pour lui dire qu'étant recherché par la police il avait besoin d'argent. Ferrie lui assura qu'il y avait beaucoup d'argent à se faire et que, si besoin était, il l'emmènerait hors du pays en avion. Au cours de cette première entrevue qui dura environ une demi-heure, Ferrie ne lui donna aucun détail sur son plan.

Cette nuit-là, Whalen la passa dans un appartement fourni par Ferrie qui lui procura aussi une Ford noire en piteux état pour ses déplacements en ville. Il fut convenu que Whalen retrouverait Ferrie et une autre personne le lendemain à l'Absinthe House.

Lors de cette deuxième rencontre, Ferrie lui présenta un certain Clay Bertrand et fit les frais de la conversation tandis que Whalen, sceptique, le jaugeait. De temps en temps, Ferrie sollicitait l'approbation de l'autre homme dont le signalement confirmait qu'il s'agissait bien de Clay Shaw. Shaw semblait irrité mais ne fit pas la moindre remarque à Ferrie.

Les trois hommes quittèrent le bar pour se rendre dans l'appartement de Ferrie dont Whalen nous donna une description détaillée.

Là, Ferrie aborda enfin le cœur du sujet. Shaw et lui voulaient éliminer quelqu'un. Shaw avancerait 10000 dollars à Whalen avant le travail. Celui-ci effectué, Whalen recevrait encore 15000 dollars. Shaw lui fournirait un faux passeport et Ferrie l'emmènerait en avion jusqu'au Mexique. L'objet du contrat était un témoin qui pouvait envoyer Shaw en prison pour un bon moment en raison d'une vieille histoire. Il ne précisa pas l'identité de la victime. Whalen ne voyait pas cette affaire d'un bon œil mais prétendit avoir besoin de réfléchir. Shaw lui donna 300 dollars pour ses menus frais. Whalen passa cette nuit-là dans un motel sur Tulane Avenue. Il ne signa pas le registre de son vrai nom mais ne se souvenait pas de celui qu'il utilisa.

Le lendemain matin, il retrouva Ferrie dans un restaurant. Après le petit déjeuner, celui-ci proposa d'aller faire un tour. Quand ils furent en voiture, Ferrie lui demanda s'il avait jamais entendu parler de Jim Garrison. Whalen répondit que non. Ferrie lui apprit que Garrison était le district attorney et que c'était de lui qu'ils voulaient se débarrasser. Whalen annonça alors qu'il ne voulait pas de ce contrat. Ferrie insista. Ils se séparèrent en convenant de se retrouver le lendemain soir à l'Absinthe House. Whalen passa la nuit dans un motel près de l'aéroport. Il avait oublié le nom de l'hôtel et le pseudonyme sous lequel il s'était enregistré.

Whalen et Ferrie se retrouvèrent comme prévu au bar. De là, ils se rendirent directement à l'appartement de Shaw sur Dauphine Street. Whalen en donna une bonne description.

Shaw et Ferrie essayèrent encore de convaincre Whalen. Une demi-heure plus tard, un petit homme grassouillet portant des lunettes noires arriva. Shaw présenta Dean Andrews. Puis, ces deux-là se retirèrent à l'écart pour bavarder. Peu après, Andrews repartait.

Shaw tenta encore de faire revenir Whalen sur sa décision. Il lui dit qu'il avait fait quelques recherches sur son compte et savait que sa fille souffrait de la polio. Si Whalen acceptait le contrat, il procurerait à la gamine le meilleur des traitements et veillerait à ce qu'elle aille au collège. Mais Whalen persista : il ne voulait pas tuer un district attorney. Finalement, il partit avec Ferrie.

Dehors, celui-ci lui dit qu'il commettait une erreur. Clay Bertrand avait le bras long et pouvait lui être très utile. Pour la première fois, il mentionna Lee Oswald, expliquant que Bertrand avait beaucoup fait pour lui et que, si Oswald avait été tué, c'était uniquement de sa faute. Oswald était un agent de la C.I.A., proclama Ferrie, et Shaw lui avait donné de l'argent. Il ajouta qu'ils savaient de « source sûre » — par Andrews — que Garrison allait rouvrir l'enquête sur le meurtre de Kennedy. Ferrie se vanta d'avoir organisé l'assassinat du Président Kennedy et prononça le nom de gens importants qu'il prétendait connaître. Whalen dit qu'il n'en croyait pas un mot, qu'il racontait tout ça pour le convaincre et qu'il ne voulait pas se coller un meurtre de D.A. sur le dos.

Malgré sa tendance à rester vague sur les noms et les dates, Whalen avait fait, à mon avis, un témoignage très exact à Jim Alcock. Le détail déterminant à mes yeux était le rôle qu'il attribuait à Dean Andrews. A cette époque-là, la seule personne extérieure à mon équipe à qui j'avais parlé de mon enquête était justement Dean Andrews lors de notre mémorable déjeuner.

Je fus surpris d'apprendre que j'étais devenu un obstacle dont il fallait se débarrasser. Mais, en y réfléchissant, il m'était facile de me mettre à la place de Shaw et de Ferrie. Leur désarroi, surtout après ma rencontre avec Andrews, était parfaitement compréhensible. Mais cela ne me faisait pas peur et il n'était pas question de reculer.

Il était fort possible que Shaw possédât les contacts suffisants à la C.I.A. pour demander mon élimination. Mais l'Agence, comme je m'en suis aperçu depuis, disposait de moyens bien plus subtils pour se débarrasser des gêneurs. Shaw et Ferrie, en contactant Whalen, avaient pris une initiative personnelle.

Nous étions parvenus à prouver de façon irréfutable que Shaw et Ferrie étaient liés. Nous ignorions encore le but qu'ils poursuivaient. Mais s'ils avaient pris le risque de mettre un contrat sur un D.A., ce devait être sacrément important.

10

Février noir

J'aurais dû me douter que tout allait trop bien pour nous. Depuis ce jour où j'avais découvert l'importance de l'adresse d'Oswald, nous avions réuni énormément de preuves et de témoignages que la commission Warren et les médias avaient, volontairement ou non, ignorés. Lentement mais sûrement, avec obstination et un peu de chance, nous avions toujours avancé.

Mais en ce mois de février 1967, les premières difficultés apparurent. Elles ne tardèrent pas à remettre en cause notre enquête.

Le premier problème que j'eus à affronter fut complètement inattendu: il s'était développé au sein même de mon équipe. Il mettait aux prises Frank Klein, mon premier assistant, et Pershing Gervais, le chef de ma brigade d'enquêtes. Klein était un juriste de première force, méticuleux et précis. C'était un homme blond, aux yeux bleus, très fier de son ascendance germanique et qui croyait fortement aux vertus de l'ordre et de la loyauté. Pour toutes ces raisons, j'en avais fait rapidement le numéro deux de mon service.

Pershing Gervais était l'antithèse de Klein. Comme lui, il possédait une intelligence aiguë et un sens de l'humour dévastateur mais là s'arrêtaient les ressemblances. D'origine française, Gervais avait les cheveux noirs, des yeux sombres toujours sur le qui-vive. Il avait un tempérament bouillonnant, explosif parfois.

La plus grande différence entre les deux résidait sans nul doute dans leur rapport avec l'autorité. Pour Klein, elle était la bienvenue : il y voyait le mortier qui scelle les liens entre les hommes. Gervais, lui, s'en méfiait comme de la peste. Il avait tendance à la rejeter. Il y était rebelle, viscéralement rebelle... et cela je m'en aperçus trop tard.

Je le connaissais depuis 1941. Nous avions fait l'armée ensemble, servant dans la même unité d'artillerie en Allemagne et gagnant ensemble nos galons de sergent. Quand je quittai notre unité pour suivre l'entraînement de l'école d'officiers, nous étions devenus amis.

Bien des années plus tard, quand je fus élu district attorney, je plaçai ce vieil ami à la tête de mon service d'enquêtes (mais il ne participa jamais aux travaux de l'enquête sur Kennedy). Je savais alors qu'il avait pris part à des activités douteuses du temps où il était officier dans les rangs notoirement corrompus de la police de La Nouvelle-Orléans. Mais le témoignage de Gervais avait largement contribué à mettre un terme à cette situation malsaine. A l'époque où je l'engageai, il était devenu une source de renseignements inépuisable pour la Metropolitan Crime Commission. Je pensais qu'une équipe telle que la nôtre, composée uniquement de gens scrupuleux, n'ayant jamais fréquenté les allées sombres du crime, avait besoin d'un homme comme Gervais qui avait mal tourné et s'était « racheté ». Nous avions besoin de sa connaissance des bas-fonds. Gervais semblait savoir tout ce qui se passait en ville depuis Bourbon Street jusqu'aux faubourgs les plus reculés.

Rien, au cours de mes premières années de service, ne me laissa supposer que tout ne se passait pas très bien entre mon bras droit et mon chef enquêteur. Durant tout ce temps, Gervais avait été une sorte de guide pour nous et nous avions pu frapper les clubs de jeu clandestins, les racketteurs, et tous les autres truands qui avaient trouvé à La Nouvelle-Orléans une sorte de paradis. Nous avions fermé la dernière maison de passe de la ville. Pour la première fois depuis un siècle, nous avions stoppé les loteries qui se développaient sur le dos des pauvres. La ténacité de Klein, jointe à l'expérience de Gervais, avait rendu cela possible.

En 1966, même si j'avais conscience de difficultés entre eux, je pensais qu'elles disparaîtraient bien vite. Mais quand l'enquête sur Kennedy commença, leur conflit prit rapidement des proportions inquiétantes. Je savais, parce qu'il me l'avait dit, que l'assassinat du Président laissait Gervais indifférent. Ce que j'ignorais à l'époque, c'est qu'il faisait pression sur Klein pour que celui-ci tente de me faire arrêter l'enquête. Klein, qui partageait mon besoin de vérité sur cette affaire, acceptait fort mal ces intrusions.

Je découvris l'étendue des dégâts en rentrant au bureau un après-midi de la mi-février 1967. Je revenais poussiéreux et fatigué après trois jours de service spécial dans la National Guard. Portant toujours mon uniforme, je trouvai sur mon bureau une brève note de Frank Klein. Il ne pouvait plus supporter d'appartenir au même service que Pershing Gervais. Il m'informait à regret que si je ne me débarrassais pas de Gervais, il serait alors dans l'obligation de me présenter sa démission.

J'ai bien peur d'avoir été trop conditionné par mes années passées au sein de l'armée. La seule chose qu'un chef ne tolère pas c'est de recevoir un ultimatum de la part d'un de ses subordonnés. Je laissai tomber la note, fouillai dans mon bureau et examinai les dossiers de mes assistants procureurs. Charles Ward possédait un taux de réussite supérieur à tous les autres. Je l'appelai aussitôt pour lui proposer le poste de Klein. Quoique surpris, il accepta. Là-dessus, je récupérai le reste de mon courrier et rentrai chez moi.

Je n'y pensai plus, satisfait d'avoir résolu ce problème de la seule façon possible. Ce n'est que le lendemain matin que je réalisai mon erreur. Cédant à un réflexe malheureux, je m'étais séparé de mon meilleur adjoint.

Il me fallut quelques jours pour que la raison prenne le pas sur la fierté. J'appelai Frank Klein pour lui proposer un repas. C'était toujours le même vieux Frank, un peu déçu par moi mais comprenant mon dilemme. J'admis m'être trompé et lui demandai de revenir au bureau mais il refusa tant que Gervais s'y trouverait. Je ne saurai jamais pourquoi il ne m'a pas avoué alors les pressions dont il était l'objet de la part de ce dernier. Mais Frank était fermement décidé à continuer à collaborer à notre enquête.

Je lui assurai que je trouverais un *modus vivendi* afin de poursuivre notre collaboration sur le cas Kennedy. Il resterait en contact avec nous par Lou Ivon. Le repas se termina et, assez étrangement, les liens d'amitié qui nous unissaient Frank et moi semblaient s'être renforcés.

Quant à Pershing Gervais, il garda son poste. Aveuglé par ma sentimentalité, je ne vis pas jusqu'à ce qu'il soit trop tard où son amour de l'argent pouvait le conduire.

Peu après, le 17 février 1967, je reçus un nouveau coup. Ce jour-là, inoubliable entre tous, le *New*

Orleans States-Item publia son « scoop ». Jim Alcock était en train de me montrer comment nous pouvions utiliser les ordinateurs pour diminuer les coûts de notre enquête quand le Lou Ivon des mauvais jours fit irruption dans le bureau. Il m'offrit le journal avec cérémonie.

— Joyeuse Saint-Valentin ! dit-il.

Même si je savais que cela allait arriver car un journaliste m'avait contacté, je reçus le titre en pleine figure comme un jet d'eau glacée.

LE D.A. ENQUÊTE SUR LA MORT DE KENNEDY

DE MYSTÉRIEUX VOYAGES QUI COÛTENT TRÈS CHER

Le district attorney de La Nouvelle-Orléans a lancé une vaste enquête sur les circonstances de la mort du Président Kennedy.

Notre journal a appris que le bureau du D.A. consacre des sommes inhabituelles à la recherche de preuves d'un complot contre le Président.

Le district attorney, Jim Garrison, refuse de confirmer ou de nier l'existence d'une telle enquête. Il refuse même de commenter les informations reçues par notre journal...

Lui et ses assistants ont dépensé plus de 8 000 dollars en voyages inexpliqués et « frais d'enquête » depuis le 25 novembre 1966.

— Malédiction, marmonna Alcock.

Pour lui, ce mot équivalait à un abominable juron.

— Je me demande, grogna Lou Ivon, si ces types réalisent ce qu'ils ont obtenu avec ces 8 000 dollars.

Nous continuâmes à lire en silence. La journaliste, Rosemary James, ayant remarqué une activité étrange dans nos bureaux, était allée examiner nos notes de frais au greffe. Nous avions opéré le plus discrètement possible mais ces notes étaient légalement à la disposition du public.

Ayant terminé leur lecture, Ivon et Alcock me dévisagèrent, attendant ma réaction.

Je voyais la fureur qui les animait. Je haussai les épaules.

— C'est *tout* ? explosa Ivon.

— Ils cherchent des informations, dis-je calmement. C'est leur métier. Se mettre en colère ne servirait à rien.

Jim Alcock me fixa d'un air éberlué.

— Excuse-moi un moment. Il faut que j'aille vérifier le nom sur la porte de ce bureau. J'ai dû me tromper de D.A.

Le lendemain matin, je vis de loin la foule des journalistes qui m'attendait devant le Criminal District Court Building où se trouvaient nos bureaux. Je dis à mon chauffeur de passer derrière le bâtiment. Nous empruntâmes une autre entrée située au sous-sol. Là, un petit ascenseur privé me mena directement dans la salle de bains de mon bureau. En douze années de service en tant que D.A., les journalistes ne furent jamais capables de comprendre comment je pouvais gagner mon bureau et le quitter sans qu'ils en sachent rien.

L'édition du matin se trouvait sur mon bureau et je lus immédiatement l'éditorial intitulé « Garrison cherche le complot ». Il rappelait au lecteur que le gouvernement fédéral avait déjà mené de longues et coûteuses recherches sur ce sujet. Puis je tombai sur le passage suivant :

Le silence de M. Garrison est en soi significatif, sur tout si l'on songe que 8000 dollars ont été dépensés en moins de trois mois en « frais divers ».

Le district attorney a-t-il découvert un nouvel élé-

ment ? Dans ce cas pourquoi ne dit-il rien ? Peut-être cherche-t-il à monnayer sa « découverte » auprès d'un magazine renommé ?

M. Garrison, il semble que vous ayez quelques explications à fournir.

Je relus ces lignes plusieurs fois. Pendant un bref instant, j'eus envie de tout plaquer pour de bon. Puis je m'emparai d'un des longs stylos en or qui m'avaient été offerts lors de mon élection à ce poste. Tandis que Ivon et Alcock me contemplaient, je le tordis en un U parfait. Puis, sans un mot, je le lâchai dans la poubelle.

— J'ai dû rêver, fit Ivon. Hier, j'ai cru entendre quelqu'un dire qu'il ne servait à rien de s'énerver.

— C'était hier, dis-je.

Jusqu'à présent, j'avais espéré que les médias comprendraient ma démarche. Plus important encore, j'avais supposé qu'ils sentaient ce qu'il y avait de terriblement faussé dans les conclusions de la commission Warren. A présent, je voyais à quel point j'avais été naïf.

Un déluge de publicité suivit la parution de ces articles. J'étais enseveli sous les demandes d'interviews. Dans la rue, les gens m'arrêtaient jour après jour. Des lettres de soutien affluèrent du monde entier. Apparemment, le scepticisme à propos de la commission Warren était bien plus répandu que je ne l'avais imaginé.

Une lettre extraordinairement chaleureuse nous parvint d'un certain John Miller. Il se décrivait comme un industriel du pétrole de Denver. Son papier à lettres était bleu et portait les mentions « Pétrole et Essence » sous son nom. Miller laissait entendre qu'il était prêt à nous offrir une aide financière pour poursuivre notre enquête.

Très vite, il nous rendit visite. Quand il arriva, ma secrétaire le fit entrer dans mon bureau où nous l'attendions, Andrew Sciambra et moi.

Notre visiteur portait un élégant costume de gabardine taillé sur mesure. C'était un homme sûr de lui, impressionnant, un peu plus âgé que moi.

Sharon apporta du café pour tout le monde. Il savoura le sien.

— Il est très fort ici, dit-il, mais je crois que je pourrais très vite y prendre goût.

Puis il me dévisagea.

— Vous savez, je suis un de vos premiers admirateurs.

Il ne semblait voir aucune objection à la présence de Sciambra. En fait, il ne lui accordait aucune attention.

J'avais rassemblé, pour les lui montrer, quelques clichés photographiques traités d'une façon révolutionnaire. Ils montraient de façon incroyablement précise — et douloureuse — la façon dont le Président Kennedy avait été atteint. Les préliminaires terminés, je lui en tendis un.

— Ils ont été agrandis et traités de façon à montrer des détails jusque-là indiscernables.

— Splendide, dit-il, j'aimerais beaucoup les voir.

Mais il était déjà à l'autre bout de la pièce, contemplant mes photos de guerre.

— Où étiez-vous ? En Europe ou dans le Pacifique ?

— En Allemagne, répondis-je.

— Vous avez eu de la chance. J'ai passé trois ans dans le Pacifique.

— Je doute que vous ayez vu ces détails auparavant, repris-je en montrant de nouveaux clichés. Nous venons de les recevoir de New York.

A présent, il se trouvait à la fenêtre. Il écarta les lamelles des stores pour contempler Tulane Avenue.

— Je n'ai jamais vu une avenue, remarqua-t-il, avec autant de prêteurs sur gages. C'est déprimant Pourquoi sont-ils tous ici ?

— J'imagine que c'est parce que ce bâtiment est celui de la cour de justice criminelle, répliquai-je. Les gens ont besoin qu'on leur prête de l'argent pour payer leur caution.

Je n'avais jamais reçu un visiteur qui tenait aussi peu en place. Il commençait à me donner le tournis.

— Toutes ces boutiques, toutes ces pancartes. Oui, c'est vraiment déprimant.

Par hasard, il se retrouva assis en face de moi. Je sortis un grand cliché montrant le moment du coup de feu fatal et le lui fourrai dans les mains.

— Vous aurez peut-être envie de voir celui-ci, dis-je. Sur cet agrandissement, l'explosion semble avoir été provoquée par une balle à fragmentation.

— Je sais... je sais, dit-il en repoussant le cliché sur mon bureau. Une terrible tragédie.

Il se pencha au-dessus de la table et ramassa les épreuves pour en faire une pile bien nette. Puis il se rassit et me dévisagea.

— Inutile de me montrer ces choses, affirma-t-il. Je sais que vous avez mené une enquête très efficace, si l'on considère le peu de moyens dont vous disposiez.

Il m'étudiait d'un air pensif.

— J'ai remarqué que la presse locale ne vous a pas épargné ces derniers jours, reprit-il. Cela ne vous blesse-t-il pas ?

— Bien sûr.

— Combien avez-vous pour mener votre enquête ?

Je ne m'attendais pas à un tel aplomb.

— Si vous voulez le savoir, répondis-je, pratiquement rien.

— Combien d'hommes travaillent avec vous là-dessus ?

— Moins que ce que vous croyez. Deux assistants procureurs, parfois trois. Et une poignée d'enquêteurs.

— C'est tout ? fit-il, incrédule.

— C'est tout.

— Alors, comment avez-vous fait pour remonter jusqu'à Guy Banister ? demanda-t-il.

J'hésitai. Il n'y avait rien eu sur Guy Banister dans la presse. Je n'avais jamais parlé de Banister. Cet homme en savait beaucoup plus long qu'il n'aurait dû. Je sentis le regard de Sciambra posé sur moi.

— En usant quelques paires de chaussures, dis-je aussi normalement que possible.

Je me renfonçai dans mon siège, attendant sa prochaine initiative. J'étais soudain très curieux de savoir à qui j'avais affaire.

Il se leva une nouvelle fois et fit les cent pas dans la pièce. Il continuait à n'accorder aucune attention à Sciambra. Ce qui ne gênait nullement ce dernier qui l'observait ouvertement. Finalement, Miller reprit la parole.

— Je vais être très franc avec vous, dit-il. Vous avez fait un boulot formidable compte tenu de vos ressources limitées. Mais tout ce que vous pouvez espérer c'est créer encore plus de confusion. Vous ne ferez aucun bien à ce pays. Et vous ne vous ferez aucun bien.

Il revint s'asseoir.

Je ne dis rien.

— Votre place n'est pas ici, poursuivit-il. Vous êtes trop bon pour cette besogne. Dans cette rue déprimante avec ces boutiques de prêteurs sur gages alignées les unes à côté des autres.

— Mon travail m'occupe beaucoup. Je n'ai pas le temps d'admirer le paysage.

— Ridicule. Vous devriez occuper un poste digne

de vous, où vos décisions auraient une réelle importance. Ici, vous vous attaquez à la face nord de l'Everest.

Il se pencha vers moi et affirma en martelant le bureau de son doigt impeccablement manucuré :

— Je suggère que vous acceptiez de devenir juge fédéral, un poste à la hauteur de vos talents.

Il se renfonça dans son fauteuil, un demi-sourire satisfait aux lèvres.

Je restai muet et l'observai.

— Je ne suis pas en train de dire que vous pourriez devenir juge fédéral, reprit-il. Je vous *garantis* que vous aurez ce poste.

— Et que dois-je faire en échange ?

Il ne parut nullement démonté.

— Arrêter votre enquête.

Pendant un instant, personne ne dit rien. Miller brisa à nouveau le silence.

— Vous avez fourni, avec votre équipe, un effort magnifique. Mais tout ceci est fini et bien fini. Même les journaux de votre ville sont déjà après vous et ce n'est que le commencement, mon garçon, seulement le commencement.

— Quand pensez-vous m'obtenir ce poste ?

— Ordinairement, ces choses prennent du temps. Mais dans votre cas, avec votre dossier, ce sera rapidement expédié. Croyez-moi.

Je me renversai en arrière et posai mes deux pieds sur le coin de mon bureau. Je le fixai droit dans les yeux avant de parler.

— Mr Miller, dis-je, nous nous sommes très mal compris. Je n'ai pas la moindre envie de devenir juge fédéral. Et rien ne pourra m'empêcher de poursuivre mon enquête sur le meurtre de John Kennedy.

Je ne bougeai pas d'un pouce de façon qu'il ne puisse me serrer la main. Je me tournai vers Sciambra.

— Andrew, M. Miller et moi avons terminé notre conversation. Pouvez-vous le faire escorter jusqu'à la porte de service ?

Miller était stupéfait. Je le voyais serrer les mâchoires.

Sciambra l'accompagna dehors et revint une minute plus tard.

— Les salauds, ricana-t-il. Ils croient pouvoir acheter tout le monde... (Il fit une pause et me regarda.) Bon, ils vous ont offert la carotte et vous l'avez refusée. Vous savez ce qui vous attend maintenant ?

11

Échec et mat

C'était le 22 février 1967. L'équipe spéciale, comme nous l'appelions désormais entre nous, se réunissait dans ma maison de Lakeview, le long du bayou St. John, à l'est de La Nouvelle-Orléans. Jim Alcock, Andrew Sciambra, D'Alton Williams, Lou Ivon et moi prenions le café autour d'une table ronde dans le coin-repas de ma cuisine-salle à manger. De temps en temps, on voyait détaler mon gros boxer, Touchdown, poursuivi par mes enfants, qui étaient eux-mêmes pris en chasse par trois chats et par ma vaillante épouse, Liz, qui tentait désespérément de canaliser les ébats de la ménagerie vers la cour.

Moins d'une semaine s'était écoulée depuis la fracassante et prématurée divulgation de notre enquête par la presse. Les événements se précipitaient. Par ma faute, notre meilleur cerveau, Frank Klein, n'était pas avec nous, mais nous ne pouvions plus attendre. Il nous fallait prendre une décision. A savoir : le moment était-il venu de convoquer David Ferrie devant le grand jury ?

Le résultat inattendu des révélations journalistiques de la semaine précédente avait été la soudaine détérioration du self-control de David Ferrie. Le jour où la nouvelle avait fait la une du *States-Item*, Lou Ivon, qui bénéficiait de la confiance et de l'admiration de Ferrie comme de tous ceux qui le connaissaient, avait reçu un étrange coup de téléphone. Lou Ivon avait mis quelque temps à reconnaître la voix de son correspondant. C'était David Ferrie, qui lui demandait si notre bureau était à l'origine de la fuite qui s'étalait en première page des journaux du matin.

— Dave, lui avait répondu Ivon, est-ce que vous nous prenez pour des imbéciles ? Cet immeuble est bourré de reporters qui se jettent sur vous dès que vous essayez de traverser le hall.

Ferrie avait accepté de croire Ivon, mais celui-ci avait eu le sentiment que son interlocuteur était dans un état d'excitation inhabituel.

— Vous savez ce que ces articles signifient pour moi, n'est-ce pas ? avait dit Ferrie. Je suis un homme mort. A partir d'aujourd'hui, je suis un homme mort.

— Qu'est-ce que vous racontez, Dave ? Vous ne trouvez pas que vous allez un peu vite en besogne ?

— Vous comprendrez bientôt. Vous verrez.

Le lendemain, Ivon reçut un nouvel appel de Ferrie. Cette fois, il semblait un peu plus calme, mais sa nervosité était toujours perceptible. Il demanda sans ambages à Ivon comment évoluait l'enquête. Comme Lou, gêné, essayait d'éluder la question, Ferrie s'emporta :

— Vous vous imaginez que vos travaux sont encore secrets ? Quand on se met à parler à des gens, ils parlent à d'autres, vous savez.

— Bien sûr, je m'en doute.

Alors, Ferrie lui demanda si nous interrogions encore des Cubains.

Ivon décida de jouer franc-jeu.

— Vous savez bien que oui, Dave, répondit-il. Vous savez bien que la piste nous ramène à eux. Je regrette que vous ne soyez pas de notre côté pour nous servir de guide. Je vous assure que le patron donncrait son bras droit pour quc vous fassicz équipe avec nous.

Je ne sais pas si ce sont les mots exacts employés par Ivon, mais le fait est que, vingt-quatre heures plus tard, Ferrie rappela — cette fois pour demander de l'aide. Les médias avaient flairé qu'il était l'une des cibles de notre enquête et ils encerclaient son appartcmcnt dc Louisiana Avcnuc Parkway comme des mouches un sucre d'orge.

Ivon lui dit de rester près du téléphone. Il le rappellerait dix minutes plus tard avec une solution à son problème. Lou réserva aussitôt une chambre de première classe au Fontainbleau Motel sous un faux nom, puis recontacta Ferrie pour lui dire de s'y rendre. Quand Ferrie voulut lui exprimer sa gratitude, il l'interrompit :

— Ne me remerciez pas. Chaque fois que vous aurez besoin de nous, appelez-nous et nous vous donnerons un coup de main.

Plus tard, quelques jours avant notre réunion, Ferrie avait à nouveau appelé Ivon pour lui dire que son appartement était toujours assiégé. Ivon lui avait donné rendez-vous dans un bar de Tulane Avenue et l'avait conduit une nouvelle fois au Fontainbleau Motel, en lui recommandant d'essayer de se détendre.

Inutile d'être psychiatre pour comprendre que l'état de Ferrie se dégradait rapidement. Son équilibre émotionnel semblait si précaire que nous devions nous occuper d'urgence de la situation.

— Nous avons à prendre une décision, dis-je aux autres réunis autour de la table. (Je me tournai vers Ivon.) Tu as vu Frank Klein. Qu'est-ce qu'il pense d'une convocation immédiate de Ferrie devant le grand jury ?

— Il pense qu'il vaut mieux attendre. Il a le sentiment que Ferrie va finir par craquer et que nous pourrons bientôt obtenir davantage de lui. Il craint également que Dave ne se rebiffe si nous le convoquons maintenant. Nous risquerions de le perdre.

— Quel est ton vote, Jim ? demandai-je à Alcock.

Alcock, toujours sur la réserve, hocha solennellement la tête.

— En tant que juriste, je ne pense pas qu'une convocation maintenant nous avancerait beaucoup.

— Andrew ? dis-je à Sciambra.

— Si je m'écoutais, répondit-il, je le convoquerais immédiatement. J'ai cinquante questions à lui poser et je suis impatient de voir comment il y répondra. Mais, si j'envisage la question en tant que juriste, moi aussi, je crois que c'est prématuré.

Je consultai D'Alton Williams. Il secoua la tête.

— Je n'aime pas me défiler, mais j'avoue que je n'ai pas encore pu cerner la personnalité de Ferrie et, en l'espèce, je préfère m'abstenir.

— Lou ? demandai-je.

— Tu sais d'avance quel sera mon vote, fit-il avec un petit sourire inattendu. Je suis désolé pour Dave et je commence sincèrement à le trouver sympathique. Je l'ai vu l'autre nuit, je peux vous assurer qu'il est sous pression et... eh bien, je ne suis pas juriste comme vous. Je pense que si nous continuons à gamberger sur des finasseries juridiques, il sera trop tard. Je suis partisan de le convoquer sans plus attendre.

— O.K., chef, dit Sciambra en me regardant. Quel est le résultat du vote ?

— On ne bouge pas pour le moment, répondis-je. On attend encore un peu.

Le téléphone sonna et Liz alla décrocher.

— Lou, dit-elle, c'est pour vous.

Lou prit la communication. Il parlait à voix basse

mais je vis, à l'expression de son visage, qu'il se passait quelque chose de grave. Il se tourna vers nous.

— Dave Ferrie est mort, annonça-t-il posément. Le médecin légiste a déjà procédé à la levée du corps.

Il nous fallut un certain temps pour accuser le coup.

— Reste en ligne, Lou, dis-je. Avant de raccrocher, envoie cinq ou six de tes meilleurs policiers chez Ferrie. On y va tout de suite. Et précise bien que cette affaire est sous notre juridiction. Je ne veux pas voir un seul fédéral sur les lieux sans une commission rogatoire explicite.

Nous nous entassâmes dans nos voitures et arrivâmes chez Ferrie dix minutes après nos propres enquêteurs. Aucun risque de voir débarquer un fédéral indésirable: nos hommes avaient bouclé le secteur et même un char d'assaut n'aurait pas pu approcher à moins de cinquante mètres de l'appartement de feu David Ferrie.

La première chose qui me frappa quand je franchis la porte fut l'odeur des souris blanches. Il y en avait eu des centaines, confinées dans des cages dans le living-room et la salle à manger, pour les expériences sur le cancer que Ferrie avait entreprises avec un médecin local. Le médecin était parti depuis longtemps, de même que les souris blanches, mais les cages étaient encore là et l'odeur était tenace.

L'appartement était crasseux. Le ménage n'avait pas dû être fait depuis des années. Il y avait une accumulation de meubles hétéroclites et une bibliothèque tentaculaire qui débordait jusque dans la cuisine. Dans la salle de bains, nous trouvâmes des restes de cosmétique que Ferrie utilisait pour coller sa perruque et, dans le placard de sa chambre, au milieu d'un fouillis de vieux vestons, des vêtements sacerdotaux dont la découverte nous laissa pantois.

Le corps de Ferrie avait été enlevé depuis lontemps par les hommes du médecin légiste. Il avait été trouvé gisant nu sur le divan du living-room, avec un drap sur la tête. Près de lui, deux lettres de suicide, l'une sur la table, l'autre sur le vieux piano droit contre le mur. Sur la table, il y avait également une série de flacons de médicaments, vides pour la plupart. Je ne comprenais pas comment l'équipe du légiste avait pu traiter ces éventuelles pièces à conviction avec une pareille désinvolture.

Les deux lettres étaient dactylographiées. Aucune ne portait la signature de Ferrie. La première commençait par : « Quitter la vie est pour moi une douce perspective. Je n'y trouve plus rien de désirable. Au contraire, tout m'y paraît détestable. » A partir de là, le texte devenait incohérent, se perdait dans une amère diatribe contre l'injustice et mentionnait au passage un « messianique district attorney ». La seconde, tout aussi lugubre, était adressée à un ami personnel. Les premiers mots étaient : « Quand tu liras ceci, je serai complètement mort et tu ne pourras plus me répondre. »

Peu après notre arrivée dans l'appartement, Lou Ivon était parti pour la morgue. L'une des nombreuses légendes sur les aventures de Ferrie en tant que pilote au service des forces anticastristes évoquait un décollage en catastrophe qu'il aurait effectué après avoir livré des armes dans les montagnes de Cuba. La légende disait qu'il avait été pris dans une échauffourée et avait reçu un coup de couteau au ventre avant de pouvoir s'échapper aux commandes de son avion. Quand Lou Ivon revint de la morgue, il nous montra une photo du cadavre sur laquelle on voyait nettement la cicatrice d'une estafilade traversant l'abdomen.

La mort inattendue de Ferrie et les deux lettres de suicide provoquèrent un véritable déchaînement médiatique, non seulement national mais même mondial. Des reporters déboulèrent à La Nouvelle-Orléans pour attendre le verdict du légiste. Chaque jour, la foule des journalistes grossissait, envahissant les couloirs devant mon bureau pour essayer de glaner des informations.

Cette évolution me stupéfiait. Depuis quelque temps, les médias laissaient entendre que l'assassinat du Président Kennedy était le résultat d'une conspiration tenue secrète par le gouvernement fédéral. Tout à coup, les journaux, les télévisions et les radios voyaient dans la mort de Ferrie une confirmation de mes investigations.

Le 25 février, le légiste déclara — avec un peu de retard, me semblait-il — que la mort de Ferrie était due à des « causes naturelles ». Aussitôt, l'engoue ment des journalistes retomba et on les vit s'attrouper à l'aéroport international pour quitter la ville. A mes yeux, ce départ précipité était aussi étonnant que leur arrivée soudaine. Car, en dépit des déclara tions du légiste, nous avions toujours sur les bras deux lettres de suicide laissant à penser que Ferrie était, pour le moins, terrorisé.

Contrairement aux médias, mon équipe spéciale voulut immédiatement en savoir plus sur cette mort J'envoyai le groupe au complet passer l'appartement de Ferrie au peigne fin.

Entre-temps, je décidai d'examiner de plus près, dans le secret de mon bureau, les flacons de médicaments retrouvés sur la table. Je voulais connaître les effets exacts de ces produits et je me plongeai dans un épais volume de pharmacologie.

Il y avait là, notamment, un flacon de Proloïd qui m'intrigua beaucoup. En effet, quelques années auparavant, j'avais souffert d'un déficit thyroïdien qui avait amené mon médecin traitant à me prescrire du Proloïd. Or, vérification faite, ce médicament était prescrit uniquement dans les pathologies de ce type. D'où mon étonnement, car David Ferrie souffrait, lui, d'hypertension.

Je reposai mon gros livre pour consulter l'annuaire téléphonique. Je connaissais l'un des pathologistes de la faculté de médecine de la Louisiana State University, qui avait partagé la même résidence que moi lorsque nous faisions nos études — lui de médecine et moi de droit. En quelques minutes, je lui exposai le problème au téléphone.

Je lui demandai ce qui se passerait si un homme souffrant d'hypertension était amené — ou forcé — à ingurgiter un flacon entier de Proloïd. Il me répondit sans hésiter. La personne en question mourrait peu après de crise cardiaque ou de rupture d'anévrisme. Les conclusions du légiste parlaient de « causes naturelles », mais le rapport détaillé de l'autopsie spécifiait que la mort avait été provoquée par la rupture d'un vaisseau dans le cerveau.

Je demandai donc à mon ami pathologiste s'il y avait un moyen de déceler une overdose de Proloïd dans une autopsie. Il me répondit qu'une autopsie ordinaire ne le permettait pas mais qu'une analyse de sang ou de moelle épinière pouvait fournir les indications nécessaires. Il me conseilla d'appeler le bureau du légiste pour leur demander s'ils avaient conservé des prélèvements de ce type au réfrigérateur.

Je téléphonai immédiatement. On me répondit qu'aucun échantillon de sang ou de moelle épinière n'avait été conservé après l'autopsie. Je me retrouvai donc avec un flacon vide et une foule de questions sans réponse. Ferrie avait-il absorbé une overdose de Proloïd ? Si oui, l'avait-il fait de son plein gré ? Etait-il possible qu'une tierce personne ait rédigé les lettres et lui ait donné ce médicament ? Plus j'y réfléchissais et plus j'étais troublé. Pourquoi un homme choisirait-il de se donner la mort au moyen d'un produit qui ne laisse pas de trace si, dans le même temps, il prend la peine d'écrire deux lettres motivant son suicide ? D'un autre côté, n'étais-je pas en train de couper les cheveux en quatre ? Peut-être était-il tout simplement mort de « causes naturelles », comme disait le légiste.

Je rangeai le flacon de Proloïd dans un tiroir, espérant que cet indice nous serait utile un jour pour reconstituer le puzzle. En fait, bien des années plus tard, comprenant que mes questions resteraient à jamais sans réponse, je l'ai jeté à la poubelle. Je ne voulais pas garder ce genre de souvenir.

La mort soudaine de David Ferrie était pour nous une catastrophe. Je n'arrivais pas à oublier la remarque prophétique que Ferrie avait faite à Lou Ivon à propos des articles de journaux le concernant : « Je suis un homme mort. » Et je n'arrivais pas non plus à me sortir de l'idée qu'il s'agissait peut-être d'un meurtre. De toute façon, nous venions de perdre notre meilleure chance de boucler l'affaire.

Avec le concours, conscient ou non, de David Ferrie, qui nous orientait vers Clay Shaw et ses compagnons, nous aurions pu constituer un dossier en béton contre Shaw. Sans Ferrie, ce serait beaucoup plus difficile.

En outre, je commençais à me faire du souci sur le sort de Clay Shaw — qui en savait certainement autant, sinon plus, que Ferrie. Il avait fallu cinq jours à peine pour que Ferrie, émotionnellement déstabilisé, se retrouve à la morgue. Combien de temps Shaw tiendrait-il ? Pouvions-nous nous permettre d'attendre encore ?

Quelques heures seulement après notre réunion chez moi, nous étions de nouveau au pied du mur. Je pensais que nous avions un dossier suffisamment solide contre Clay Shaw pour obtenir du grand jury une inculpation de complicité dans l'assassinat du Président Kennedy. Mais mon intuition me soufflait que notre bureau avait été infiltré et je jugeai préférable de n'informer personne de mes intentions.

Nous avions déjà interrogé Shaw, au moment où nous avions établi qu'il était le « Clay Bertrand » qui avait appelé Dean Andrews pour représenter Lee Oswald. A l'époque, il avait répondu impeccablement à toutes les questions. Non, il ne connaissait pas Lee Oswald. Non, il n'avait jamais vu ce jeune homme. Connaissait-il un certain David Ferrie ? Non, ce nom ne lui disait rien. Après son départ, nous avions dû nous rendre à l'évidence : il ne nous avait absolument rien appris.

A présent, il me semblait que nous devions l'interroger à nouveau. Il fut convoqué à notre bureau et nous le questionnâmes longuement. Cette fois, peut-être grâce à tous les faits que nous avions pu rassembler, il apparut clairement qu'il mentait. Je pris la décision de l'arrêter dans un avenir proche, mais sans en informer personne dans l'équipe.

Le 1er mars 1967, le jour que j'avais choisi, je demandai aux principaux membres de l'équipe spéciale de venir me trouver dans mon bureau à 17 h 30. Là, nous avons revu ensemble le dossier Shaw.

Puis, au moment opportun, je me rendis dans le hall où m'attendait un juge et obtins un mandat d'arrêt contre Shaw et un mandat de perquisition de son domicile. Tandis que les autres patientaient dans mon bureau, j'emmenai Lou Ivon et une poignée d'autres membres de l'équipe triés sur le volet dans un autre bureau. Je leur donnai instructions d'arrêter Shaw et de perquisitionner à son domicile, conformément aux mandats. Alors seulement, je revins dans le bureau pour informer le reste du groupe de ce que j'avais fait.

Quand Ivon et ses hommes revinrent avec Shaw, je convoquai son avocat, Salvadore Panzeca, pour qu'il vienne s'entretenir avec son client. Puis, convaincu qu'il était inutile d'interroger Shaw plus avant, je le fis escorter jusqu'au bureau du shérif.

C'est alors qu'il se passa quelque chose d'intéressant. L'officier de police Aloysius Habighorst, en remplissant les formulaires d'usage pour l'arrestation de Shaw, lui demanda s'il avait d'autres noms. Et Shaw répondit par ces deux mots : « Clay Bertrand. » Habighorst ne se doutait pas que ce simple détail avait des conséquences énormes : cela confirmait que Shaw était bien l'homme qui avait appelé Dean Andrews pour représenter Lee Oswald à Dallas.

Beaucoup plus tard, grâce à l'excellente mémoire d'Habighorst, cet incident allait avoir une suite mémorable. (Voir chapitre 16.)

L'objet le plus intéressant saisi dans le cadre de l'arrestation de Shaw fut probablement son carnet d'adresses, qui montrait son étonnante propension à nouer des liens d'amitié dans les plus hautes sphères de l'aristocratie européenne. Combien d'Américains peuvent-ils se targuer d'avoir dans leur carnet d'adresses des noms tels que : marquis Giuseppe Rey (Vicenza, Italie), baron Rafaelo de Banfield (Villa Tripcovich, Trieste), sir Stephen Runciman (66 Whitehall Court, Londres), princesse Jacqueline Chimay (2, rue Albert-Thomas, Paris), lady Margaret D'Arcy (109 Earl's Court Road, Londres), sir Michael Duff (Bangor, Pays de Galles) et lady Hulse (7 Culross Street, Londres) ?

Il est vrai que cette liste peut paraître anachronique dans la mesure où la plupart des pays du monde sont aujourd'hui républicains. Mais il est vrai aussi que la C.I.A. a un penchant romantique pour les régimes désuets et que Clay Shaw, avec ses manières « vieille Angleterre », était précisément le type d'individu que les Services de renseignements convoitaient pour infiltrer les familles royales étrangères — comme en Italie en 1962, par exemple. (Voir chapitre 6.)

Parmi les noms de la société du sang bleu internationale, on trouvait dans le fameux carnet les coordonnées suivantes :

« LEE ODOM, BP 19106, Dallas, Texas. »

L'existence de ce carnet d'adresses fut révélée publiquement lorsque les avocats de Shaw tentèrent de le récupérer. Notre bureau s'y opposa, en mettant officiellement l'accent sur un détail intéressant : la mention « BP 19106 » apparaissait également dans le carnet d'adresses de Lee Oswald.

Après plusieurs jours de silence, les avocats de Shaw sortirent de leur chapeau un homme nommé Lee Odom, qui louait à l'époque la boîte postale numéro 174 à Irving, un faubourg de Dallas. Il déclara qu'il était de Dallas et que la boîte postale 19106 n'avait jamais été à son nom mais avait été utilisée pendant plusieurs mois par une compagnie de barbecues dans laquelle il avait des parts.

Les avocats de Shaw, Panzeca et Edward Wegmann entre autres, expliquèrent qu'Odom avait rencontré Clay Shaw pour discuter avec lui des possibilités d'organiser une corrida à La Nouvelle-Orléans.

Cette explication, dont le but était de justifier la présence de la fameuse « BP 19106 » dans le carnet d'adresses de Shaw, était fumeuse à plus d'un titre. Tout d'abord, il aurait fallu être bien naïf ou ignorant des traditions pour croire qu'une corrida pouvait passionner les foules de La Nouvelle-Orléans. Ensuite, ainsi que nous le savions pour avoir soigneusement épluché son curriculum vitae, Clay Shaw n'avait jamais participé, ni de près ni de loin, à une organisation de spectacle quelle qu'elle fût.

Enfin, une telle explication semblait dérisoire si l'on songeait que les mêmes mots, « BP 19106 », figuraient dans le carnet d'adresses de Lee Oswald. La coïncidence était encore plus troublante quand on réfléchissait au fait que Lee Oswald n'avait pas pu noter ces coordonnées avant 1963, l'année où il avait été assassiné, et qu'à cette époque la ville de Dallas ne possédait pas assez de boîtes postales pour atteindre le numéro 19106.

Pour moi, tout cela dépassait les limites du bon sens. Une fois de plus, on demandait aux citoyens de ce pays d'avaler un morceau gros comme un boulet de canon.

Nos enquêteurs découvrirent encore d'autres objets étonnants dans la luxueuse résidence de Shaw, située dans le quartier français, parmi lesquels cinq fouets, plusieurs chaînes, une cape et une cagoule noires. On trouva également deux grands crochets fixés au plafond dans la chambre à coucher. Ces objets n'étaient toutefois pas délictueux en eux-mêmes. Chacun a le droit d'avoir les hobbies qui lui plaisent. Si Shaw avait vécu à une autre époque, son carnet d'adresses aristocratiques aurait sûrement inclus le nom du marquis de Sade.

Mais ledit carnet ne comportait pas que des adresses et des numéros de téléphone. Il y avait une exception. On lisait, sur une page blanche, de la main de Shaw, les mots « oct. » et « nov. » — signifiant vraisemblablement octobre et novembre. Suivait, après un indéchiffrable griffonnage, le mot : « Dallas ».

12

Confrontation

Quand nous arrêtâmes Shaw, le gouvernement des États-Unis se réveilla comme un lion en furie. La taupe infiltrée dans mon bureau avait été prise par surprise. Il s'ensuivit des cris de protestation de Washington, dont la presse se fit l'écho.

Ramsey Clark, l'attorney général des États-Unis, déclara que le gouvernement fédéral avait d'ores et déjà lavé Shaw de toute accusation de complicité dans l'assassinat de Kennedy. A l'occasion d'une conférence de presse des plus amicales, Clark affirma que le F.B.I. avait procédé à une enquête approfondie qui innocentait formellement Clay Shaw. Inutile de dire que je n'étais pas en odeur de sainteté dans les hautes sphères de l'Etat.

Cependant, la déclaration selon laquelle Shaw, dont le nom n'apparaissait nulle part dans les vingt-six volumes de la commission Warren, avait fait l'objet d'une enquête fédérale pouvait intriguer. En effet, si Shaw n'avait aucun rapport avec l'assassinat, pourquoi enquêter sur son compte ? Ce paradoxe sembla inquiéter Washington autant que moi et Clark dut bientôt battre en retraite. Un porte-parole officiel rectifia sa déclaration. L'attorney général aurait dit en fait : « Aucun élément n'a donné lieu au déclenchement d'une enquête contre Mr. Shaw. »

Peu après la déclaration de Clark, toutefois, un officiel anonyme du département judiciaire annonça que le F.B.I. savait depuis longtemps que Clay Shaw et Clay Bertrand étaient une seule et même personne et avait effectivement procédé à une enquête sur Clay Bertrand. Cela confirmait les faits que nous avions découverts mais, malgré le rétropédalage du département judiciaire, seule la première déclaration de l'attorney général avait fait les gros titres de la presse. Tout cela jetait un sérieux discrédit sur l'intégrité de notre enquête.

Entre-temps, les choses allaient vite à La Nouvelle-Orléans. En principe, c'était moi qui présentais les affaires importantes au grand jury. Ici, les choses étaient différentes. J'avais en effet été soumis aux feux d'une campagne de presse qui me présentait comme un politicien dévoré d'ambition, briguant la vice-présidence. Je décidai donc de ne pas entrer dans la salle d'audience du grand jury et d'envoyer à ma place un district attorney assistant de l'équipe spéciale. Il présenta notre dossier et le grand jury rendit un arrêt favorable. Clay Shaw fut inculpé de complicité dans le meurtre de John F. Kennedy.

Ensuite, je demandai une audience préliminaire. Normalement, ce sont les avocats de la défense qui requièrent cette procédure, afin de forcer le district attorney à démontrer qu'il existe une base solide pour déférer l'inculpé devant le tribunal. Le but de cette démarche est d'abréger la durée de l'inculpation préventive.

En l'occurrence, j'agissais ainsi par loyauté envers Shaw, à cause de l'extraordinaire gravité des charges pesant contre lui. Ma demande visait à réunir un panel de trois juges mandatés pour statuer sur le non-lieu ou le maintien de l'inculpation. C'était la première fois dans l'histoire de la Louisiane qu'une telle motion était initiée par un procureur en lieu et place du défenseur.

L'audience préliminaire de quatre jours commença le 14 mars 1967. La grande salle d'audience était pleine à craquer de reporters et de spectateurs. Bien que présentant moi-même une partie du dossier, j'étais déterminé à ne pas laisser les médias personnaliser l'affaire. J'avais donc délégué deux de mes assistants — Charles Ward, nouveau D.A. assistant, et Alvin Oser — pour interroger nos premiers témoins importants. Je voulais que tout le monde sache que c'était un travail d'équipe et non une entreprise destinée à me mettre en vedette.

Nous n'appelâmes que deux témoins principaux. Le premier était Perry Russo, vingt-cinq ans, un agent d'assurances de Baton Rouge qui avait bien connu David Ferrie. En entendant parler de notre enquête, Russo nous avait écrit une lettre que nous n'avons jamais reçue. Par la suite, il avait contacté un journaliste du *Baton Rouge State-Times* pour lui parler d'une réunion à laquelle il avait assisté dans l'appartement de Ferrie et où l'on avait discuté de l'assassinat du Président Kennedy. Dès que j'eus pris connaissance de l'article du *State-Times*, j'avais envoyé Andrew Sciambra à Baton Rouge.

Vers 8 heures du matin, Sciambra était arrivé chez Russo et lui avait montré une douzaine de photographies. Russo avait reconnu plusieurs Cubains puis, devant la photo de Clay Shaw, s'était exclamé : « Je le connais, je l'ai rencontré chez Ferrie ! » Evidemment, il ne le connaissait que sous le nom de Bertrand, mais l'identification était formelle.

C'est dire que nous étions relativement sûrs de nous en convoquant Perry Russo à l'audience préliminaire. Après les premières questions d'usage, Ward et Oser l'interrogèrent sur cette réunion dans l'appartement de David Ferrie.

Russo répondit qu'elle avait eu lieu vers la mi-septembre 1963. C'était une réunion d'amis, parmi lesquels se trouvaient de nombreuses filles. Russo était arrivé à l'improviste, au moment où les convives s'en allaient. Seuls s'attardèrent une poignée de Cubains anticastristes qui, d'après Russo, rendaient occasionnellement visite à Ferrie.

Il y avait aussi, avec eux, un homme d'apparence distinguée, aux « cheveux blancs ». En disant cela, Russo jeta un œil vers Shaw, qui continuait à contempler imperturbablement le mur en face de lui. Ferrie l'avait présenté à Russo sous le nom de « Clem Bertrand ».

Russo se rappelait avoir vu l'homme quelque temps auparavant, lorsque le Président Kennedy était venu à La Nouvelle-Orléans pour l'inauguration de Nashville Street Wharf. Russo l'avait remarqué parce qu'il était le seul qui ne regardât pas Kennedy. Il observait la foule et Russo en avait déduit qu'il était un agent des Services secrets.

Lors de cette réunion, on présenta également à Russo un jeune homme nommé « Leon Oswald ». Mais il ne put l'identifier formellement comme l'homme qu'il avait vu par la suite à la télévision : Lee Harvey Oswald.

Après le départ des autres convives, seuls restèrent « Oswald », Bertrand, Ferrie, Russo et quelques Cubains. La conversation, très anti-Kennedy, tourna bientôt autour d'un projet d'assassinat de Fidel Castro. Chacun craignait que le gouvernement Kennedy, après avoir décrété un embargo pour endiguer les livraisons d'armes en Afrique du Sud, ne décide d'adopter une attitude semblable à l'égard de Cuba.

L'homme appelé Bertrand était réticent. Il pensait que la cible était trop difficile à atteindre. Après un débat fort animé sur les éventuelles stratégies à suivre, les Cubains s'en allèrent. Dès lors, déclara

Russo, on changea d'objectif. Ferrie se mit à faire les cent pas en expliquant que la meilleure solution était d'éliminer Kennedy en faisant accuser Castro. Ce serait, disait-il, une excellente excuse pour envahir Cuba. Tout était simple : il leur suffisait d'expédier Kennedy dans l'autre monde.

Ferrie s'emportait. Et, quand il s'emportait, il hypnotisait son auditoire. Tous les regards étaient braqués sur lui. Son idée était le « feu croisé triangulaire ». Tirer sur Kennedy de trois points différents. Ainsi, on pouvait être à peu près assuré de ne pas le rater.

Plus tard, continua Russo, en mars 1964, il avait revu Bertrand en conversation avec Ferrie dans la nouvelle station-service de celui-ci. A la fin de son témoignage, on demanda à Russo d'identifier l'homme. Sans hésiter, il désigna l'inculpé, Clay Shaw.

Au contre-interrogatoire, les avocats de Shaw tentèrent de discréditer Russo. Ils nous accusèrent notamment de lui avoir fait prendre du penthotal, dit sérum de vérité, ce qui était exact : nous l'avions effectivement soumis à ce traitement quelque temps auparavant pour nous assurer nous-mêmes qu'il disait vrai et nous ne l'avions pas caché. Leurs efforts pour faire croire que nous avions tenté de procéder à un lavage de cerveau échouèrent cependant. Nous appelâmes le Dr Esmond Fatter, un éminent médecin spécialiste de l'hypnose, et le Dr Nicholas Chetta, médecin légiste de La Nouvelle-Orléans, pour qu'ils expliquent en détail le traitement qu'ils avaient fait subir à Russo. Ils affirmèrent tous deux sous serment que Russo disait vrai et que son témoignage n'avait jamais varié, ni sous hypnose ni sous sodium-penthotal.

Plus de deux décennies plus tard, la sincérité de Russo était encore frappante. « Des gens m'ont remercié, a-t-il dit, pour avoir aidé Kennedy en témoignant. Je n'ai pas fait ça pour la mémoire de Kennedy. La vérité est que je le haïssais pour ce qu'il avait fait aux Cubains qui voulaient combattre Castro. Si j'ai témoigné contre Clay Shaw, c'est tout simplement parce que je l'avais vu chez David Ferrie lors de cette fameuse réunion et que je ne voulais pas mentir. »

L'autre témoin clé que nous appelâmes à la barre fut Vernon Bundy, un pensionnaire noir de la prison de New Orleans Parish. Bundy, qui approchait de la trentaine, était un trafiquant de drogue récidiviste. Nous avions été mis en rapport avec lui par l'intermédiaire de l'administration pénitentiaire, Bundy ayant dit à un gardien qu'il avait des révélations à faire sur Lee Oswald. Nous le « cuisinâmes » sérieusement pour nous assurer de sa fiabilité et, finalement, je décidai de procéder moi-même à l'interrogatoire devant le tribunal.

Le jour de l'audience, à cause de la publicité qui avait été faite à l'événement, on se serait cru dans un cirque. Il y avait même un marchand de ballons de couleur en forme de lapins.

J'étais en bons termes avec les trois juges mais, pour bien montrer mon indépendance dans l'affaire, je mis un point d'honneur à ne pas leur parler avant l'audience, contrairement aux habitudes des prétoires.

Les juges étaient Bernard Bagert, Matthew Braniff et Malcolm O'Hara. Ils comptaient parmi les meilleurs magistrats en activité. Shaw était sur le banc des accusés avec ses avocats, Irvin Dymond, Edward Wegmann et William Wegmann.

J'appelai donc Vernon Bundy à la barre et commençai par les questions préliminaires. Quand les avocats de la défense comprirent que je voulais l'amener à identifier Shaw comme l'une des relations de Lee Oswald, ils commencèrent à s'impatienter et, quand Bundy avoua qu'il était héroïnomane et qu'il était allé sur le rivage du lac Pontchartrain pour « se faire un fixe », ce fut l'esclandre. Ils se levèrent comme un seul homme pour objecter. L'un d'eux parla même, pour des raisons obscures, de faire annuler le procès.

J'adressai un petit sourire à Bundy pour le rassurer. Toutes les objections de la défense s'écroulèrent d'elles-mêmes et Bundy put finalement témoigner — dans un style très personnel.

Voici son récit : un matin de juillet 1963, il se trouvait derrière un mur en béton, face au rivage, au lac Pontchartrain. Il se tenait légèrement en contrebas pour être à l'abri des regards, parce qu'il était occupé à se préparer une injection d'héroïne.

« Je regardais partout parce que j'suis méfiant, expliqua-t-il. A ce moment-là, je vois venir une grosse bagnole noire à quatre portes. Y a un type qui en descend et qui se pointe vers moi. J'étais méfiant, je vous dis. J'savais pas si c'était la police ou quoi. Le type passe derrière moi... et il me dit comme ça qu'il fait drôlement chaud. »

L'individu, grand et aux cheveux blancs, marcha de long en large pendant quelque temps et, « au bout de cinq ou sept minutes », fut rejoint par un jeune homme. Les deux personnages bavardèrent pendant un quart d'heure environ.

« Le plus vieux a refilé quelque chose à l'autre. Je suis pas sûr, mais ça ressemblait à de l'argent. Le jeune l'a fourré dans sa poche arrière. »

D'après des photos, il identifia le jeune homme comme Lee Oswald et l'autre comme Clay Shaw. Il affirma sans hésitation devant les juges qu'il s'agissait bien des deux personnes qu'il avait vues en conversation près du rivage.

Après leur départ, il avait ramassé plusieurs feuillets jaunes. (On se rappellera que Lee Oswald avait distribué des tracts castristes jaunes depuis son adresse, 544 Camp Street.) Bundy dit avoir utilisé l'un de ces bouts de papier pour emballer son héroïne après usage.

Quand je lui demandai de désigner l'homme qu'il avait aperçu en compagnie d'Oswald, il pointa aussitôt le doigt vers l'accusé. Le public, qui jusque-là était plutôt dissipé, sembla pétrifié. On aurait entendu voler une mouche.

Après une interruption de séance, vint le moment du contre-interrogatoire. Evidemment, les avocats de la défense se jetèrent sur Bundy comme des loups enragés. D'abord déconcerté, il parut se détendre peu à peu et leur refit exactement le même récit que précédemment. Quant à moi, je gardai mon calme. Je savais d'avance les questions qu'ils lui poseraient (toujours les mêmes) et je n'intervins pas. J'ai pour habitude d'éviter autant que possible d'opposer des objections aux contre-interrogatoires de la défense. J'étais convaincu qu'ils finiraient par se lasser. Et je ne me trompais pas.

A la conclusion de l'audience préliminaire du 17 mars, les trois juges estimèrent que le parquet avait présenté un dossier suffisamment étoffé et ordonnèrent que Clay Shaw soit déféré devant le tribunal.

13

L'assaut

Le 4 septembre 1967, Earl Warren annonça de Tokyo que je n'avais « absolument rien » présenté qui vînt contredire le rapport de la commission Warren sur l'assassinat du Président Kennedy. Warren, qui s'exprimait devant le Club des correspondants étrangers du Japon, déclara qu'il n'avait pas entendu « le moindre fait » susceptible de réfuter les conclusions de la commission selon lesquelles Lee Oswald était le seul et unique meurtrier.

C'était une curieuse attitude pour le chef de la Justice des États-Unis. Le procès de Clay Shaw n'avait pas commencé. Le premier juré n'avait pas encore été choisi. Et cependant, le premier magistrat de notre pays avait déjà « témoigné » contre nous. Il ne témoignait pas sous serment, ce qui lui donnait une liberté sans limites puisqu'il ne risquait pas le parjure. Et il se prononçait clairement en faveur de Shaw ! Après cela, qui allait oser clamer à la face du monde que le chef de la Justice avait menti, ou s'était pour le moins fourvoyé ?

Mais les déclarations de Warren n'étaient rien encore en comparaison des attaques médiatiques dont l'équipe, et moi en particulier, fut l'objet. Depuis l'arrestation de Shaw, la presse était déchaînée.

Les illusions que j'avais longtemps chéries sur la liberté de la presse dans notre pays en prirent un sérieux coup. Le devoir de réserve que doit s'imposer tout journaliste dans un souci de justice, non seulement pour l'inculpé lui-même mais au service de la vérité, n'existait pas. Non plus que la pluralité des opinions que j'avais toujours crue fondamentale en Amérique. Les articles et éditoriaux parus dans *Newsweek*, *Time*, le *New York Times*, le *New York Post*, le *Saturday Evening Post* et compagnie étaient tous coulés dans le même moule. Tous partageaient l'idée que j'étais un fou assoiffé de pouvoir qui avait inventé une histoire à sensation à des fins électorales.

Dans un article de *Newsweek* daté du 15 mai 1967, Hugh Aynesworth affirmait carrément, sous le titre « La conspiration JFK », que j'avais tenté de soudoyer des témoins et menacé de représailles physiques ceux qui refusaient de déposer à ma convenance. Inutile de dire qu'il n'avançait aucune preuve à l'appui de ses allégations.

James Phelan, qui avait précédemment écrit dans le *Saturday Evening Post* des articles fort élogieux sur les succès de mes services dans la répression du crime à La Nouvelle-Orléans, y alla lui aussi de son délire. Il prétendait, lui, que Perry Russo n'avait jamais parlé de conspiration à Andrew Sciambra, D.A. assistant, avant d'avoir été « drogué ». En d'autres termes, notre bureau lui aurait inculqué une histoire inventée de toutes pièces en profitant de son état de faiblesse. En réalité, Phelan savait pertinemment que la vérité était tout autre, car Russo avait déjà donné des interviews à la presse où il évoquait une conspiration avant même d'avoir rencontré Sciambra.

Faut-il être naïf — ou menteur ! — pour croire qu'un district attorney peut bâtir une carrière en droguant des témoins ! C'est vraiment prendre les gens pour des imbéciles. Et, sur ce point, je tiens à rendre justice aux citoyens de La Nouvelle-Orléans, qui ne se sont pas laissé influencer par ces contes à dormir debout. Ils ont préféré s'en remettre à l'avis des experts qu'étaient les docteurs Esmond Fatter et Nicholas Chetta sur le rôle véritable de l'assistance médicale dans un interrogatoire préalable. Et, à l'échéance de mon investiture en 1969, je fus réélu à mon poste. Au premier tour. Jamais auparavant un district attorney n'avait été réélu à La Nouvelle-Orléans.

Les attaques ne s'achevèrent pas avec Phelan. Sans avertissement, Dick Billings, l'aimable directeur de la publication de *Life Magazine*, arriva par avion de New York. Il avait l'air bien disposé mais semblait avoir perdu beaucoup de poids. Il avait de profonds cernes sous les yeux. Il m'informa que *Life* ne pourrait plus continuer à me soutenir. Son magazine, disait-il, ne me considérait plus comme le valeureux adversaire du crime qu'il avait d'abord vu en moi.

— Mais, bon sang, de quoi parlez-vous ? lui dis-je.

Il me cita alors le nom d'un homme, en me demandant si je le connaissais. Je répondis que je n'avais jamais entendu parler de lui.

— Eh bien voilà, nous y sommes ! fit-il en levant les mains au ciel. Vous devriez déjà avoir un dossier sur lui.

J'ouvris un annuaire téléphonique et repérai le nom qu'il avait mentionné dans la petite ville de Covington.

— C'est de lui que vous parlez ? dis-je.

— Tout à fait. C'est l'un des gros bonnets du racket dans la région.

— Ben voyons. Et vous, vous êtes le trois-quarts aile des Green Bay Packers, rétorquai-je.

Si ce type avait été impliqué dans quelque activité criminelle de grande envergure à La Nouvelle-Orléans, j'aurais évidemment connu son nom. Renseignements pris, personne dans mes services n'avait entendu parler du « dangereux malfaiteur ». Et son nom ne réapparut d'ailleurs jamais dans la moindre affaire.

J'observai mon visiteur. Il était clair qu'il était en train d'exécuter à contrecœur une basse besogne sur un ordre venu d'en haut. J'étais en colère, mais pas contre lui. Il était beaucoup plus intelligent et plus fin que la plupart des responsables médiatiques que j'avais rencontrés. Bientôt, il en serait réduit à écrire des articles sur la naissance de quintuplés dans le Maine ou sur quelque révolutionnaire découverte scientifique permettant d'améliorer la fécondité des lapins.

Apparemment, la stratégie de *Life* avait été préparée de longue date, sinon depuis le tout début. Quelques semaines plus tard, mon nom apparut dans un article sur le crime organisé. J'étais présenté comme un joueur occasionnel qui aimait faire un saut de temps en temps dans les casinos de Las Vegas. L'auteur avait dû avoir quelque difficulté à m'intégrer dans son scénario, parce que je ne joue jamais. Non que je sois plus vertueux qu'un autre, mais simplement parce que j'ai remarqué depuis longtemps que c'était toujours le casino qui gagnait.

Néanmoins, ces considérations n'arrêtèrent pas la rédaction de *Life*. Au contraire, le ton monta d'un cran. Je fus bientôt un habitué des tripots en cheville avec le « lieutenant » d'un redoutable « gangster » de La Nouvelle-Orléans. J'avais, paraît-il, un crédit permanent de 5 000 dollars à la caisse. Il est vrai que je me rendais à Las Vegas environ deux fois par an, mais simplement pour prendre des vacances parce que j'aime le climat sec de l'Ouest. Eh bien, il n'en fallait pas plus à *Life* pour faire de moi « L'Homme qui a fait sauter la banque à Monte-Carlo ».

Vers la même époque, *Time Magazine* — une publication jumelle de *Life* dans l'empire Luce — publia une série d'articles sur notre enquête. Celle-ci était dénoncée comme un indéfendable tissu d'insanités et moi comme un bouffon dément, avide de gros titres.

Aucun de ces articles ne voulait admettre que notre équipe s'appuyait sur des bases solides pour étayer l'hypothèse selon laquelle l'assassinat de John Kennedy était dû à une conspiration. Le *New York Times Magazine* finit pourtant par y faire une allusion, sous ce titre accrocheur : « Pas de conspiration, mais... deux assassins, peut-être ? » L'auteur, un Anglais nommé Henry Fairlie, commençait par écrire que l'éventualité d'une erreur dans les conclusions de la commission Warren n'intéressait pas grand monde, pas plus en Amérique qu'en Europe, puis exposait cette thèse à peine croyable :

> *Le fait que plus d'une personne soit engagée dans une entreprise n'implique pas nécessairement une conspiration. C'est cette déduction hâtive qui m'inquiète, une déduction (qui, j'espère, n'obéit pas à des motifs cachés) que semblent affectionner un peu trop certains auteurs ambitieux.*

Si je comprends bien, ce raisonnement consistait à dire : le fait que plusieurs personnes aient tiré en même temps sur le Président Kennedy ne signifie pas nécessairement qu'il y ait eu complicité.

Après le feu roulant auquel nous avait soumis la presse écrite, les gros calibres de la télévision entrèrent en action. Au printemps 1967, nous apprîmes de source locale qu'une équipe de journalistes d'investigation de N.B.C. était arrivée à La Nouvelle-Orléans. Leur patron était un nommé Walter Sheridan. Il avait établi son quartier général au Royal Orleans et, de toute évidence, il n'était pas venu pour faire du tourisme.

Sheridan était un homme posé, d'une certaine trempe, que je croisais de temps à autre dans le hall de l'hôtel. Nous échangions un rapide signe de tête en guise de salut. Au bout d'un certain temps, il m'apparut assez clairement qu'il n'était pas là simplement pour réunir des informations. Cela ne cadrait pas avec le personnage. Par la suite, j'allais apprendre que notre visiteur avait des relations en haut lieu, non seulement à New York mais à Washington. Il faisait souvent référence à son passé dans l'O.N.I. (contre-espionnage naval), une organisation chère à Guy Banister.

L'équipe de N.B.C. ne semblait guère désireuse d'interviewer des membres de mon service, ce qui ne nous gênait pas a priori. Nous avions la naïveté de croire qu'ils enquêtaient sur le meurtre du Président. Leur totale indifférence aux faits entourant l'assassinat nous donnait à penser qu'ils étaient en train de préparer une nouvelle histoire cousue de fil blanc pour conforter la thèse du « tueur solitaire ».

Nous commencions toutefois à nous demander pourquoi Sheridan et ses collaborateurs restaient si longtemps en ville. On voyait continuellement les voitures bleu et blanc de W.D.S.U. — la filiale locale de N.B.C. — garées dans les parages du tribunal, où était situé notre bureau.

Finalement, nous apprîmes que les enquêteurs de N.B.C. avaient pu pénétrer dans le pénitencier d'État d'Angola, où ils avaient interrogé Miguel Torres, un voleur professionnel, et d'autres détenus.

Nous comprîmes alors brusquement que N.B.C. n'enquêtait pas du tout sur l'assassinat de Kennedy mais *sur nous* — moi, mon service, mon équipe et nos travaux L'une des personnes qui nous avertit des intentions de N.B.C. fut Marlene Mancuso, ex-épouse de Gordon Novel. Elle rédigea pour nous un mémo expliquant comment elle avait été contactée par un reporter de N.B.C. :

Richard Townley m'a dit qu'il avait essayé de me joindre depuis plusieurs semaines. Il travaille pour N.B.C. et m'assure que, d'après lui, je serai impliquée un jour ou l'autre...

Il pense que Mr Garrison veut faire de moi son témoin vedette et m'utiliser pour discréditer Gordon et le présenter comme un second Oswald. Il a insisté pour obtenir de moi une interview enregistrée afin, disait-il, de me montrer sous un jour favorable, expliquant que, dans le cas contraire, je serais assaillie par les journalistes et obligée de répondre au pied levé dans des conditions désavantageuses...

Townley n'a cessé de me répéter que ce serait plus intelligent de ma part de collaborer avec lui que de comparaître devant un tribunal... Il a dit que Mr Garrison allait être accusé de prévarication et que N.B.C. travaillait sur la question par le truchement de W.D.S.U...

Plus audacieuse encore fut l'attitude de N.B.C. à l'égard de Perry Russo. Celui-ci déclara à Andrew Sciambra que l'équipe de télévision n'avait cessé de le harceler, avant l'émission, pour qu'il accepte de revenir sur son témoignage concernant la conversation entre Clay Shaw et David Ferrie au sujet de l'assassinat du Président Kennedy.

Sciambra rédigea un mémorandum montrant les pressions éhontées auxquelles Russo avait été soumis. Townley avait expliqué à Russo que N.B.C. travaillait en collaboration avec l'avocat de Clay Shaw pour démonter notre dossier. Walter Sheridan lui avait même affirmé que le président de N.B.C. avait personnellement téléphoné au directeur de la société Equitable (l'employeur de Russo), lequel lui avait assuré qu'une éventuelle rétractation de Russo serait bien vue par la hiérarchie. Mieux encore : Sheridan raconta à Russo que, s'il acceptait de coopérer pour essayer de me détruire, ils lui procureraient un logement en Californie, où son emploi serait garanti par la direction nationale d'Equitable, ainsi qu'un avocat car, disait-il, *il serait obligé de fuir la Louisiane pour échapper à mes griffes*.

Ce n'était pas la première fois que les médias nous prenaient pour cible et nous commencions à être habitués à leurs exagérations et affabulations, pour ne pas dire leurs machinations. Mais là, ils avaient dépassé les bornes. Non seulement ils essayaient de saper les travaux officiellement mandatés des services du district attorney d'une grande ville, mais ils utilisaient pour ce faire des méthodes inadmissibles, essayant de fabriquer de faux témoignages et allant même jusqu'à tenter de déplacer un témoin principal dans une autre partie du pays.

Quand l'émission « Carte Blanche », intitulée « L'Affaire Jim Garrison », fut diffusée devant des millions de téléspectateurs en juin 1967, il ne fallut que quelques minutes pour comprendre que N.B.C. me considérait comme un criminel et avait décidé de jouer le rôle de procureur.

Leurs trois témoins étaient John Cancler, un cambrioleur doublé d'un maquereau, plus connu de la police sous le nom de « Saint Jean Baptiste » ; Miguel Torres, autre malfrat incarcéré au pénitencier d'État d'Angola; et un homme nommé Fred Leemans, dont je n'avais jamais entendu parler, qui s'avéra être le propriétaire d'un bain turc à La Nouvelle-Orléans.

« Saint Jean Baptiste » déclara à l'antenne qu'il avait été un compagnon de cellule de Vernon Bundy, lequel lui aurait confié que son histoire concernant Clay Shaw et Lee Oswald était fausse. C'était évidemment un mensonge caractérisé, qui allait malheureusement être suivi de beaucoup d'autres. Cancler prétendit également que les hommes du district attorney lui avaient demandé de placer des faux indices au domicile de Clay Shaw — ce qu'il avait bien entendu refusé au nom du civisme.

Torres, quant à lui, affirma que les services du D.A. l'avaient incité à faire un faux témoignage à l'encontre de Clay Shaw et lui avaient même offert, en récompense, une provision d'héroïne et une permission de trois mois en Floride. Torres, bien sûr, avait préféré retourner couper de la canne à sucre au pénitencier d'État de Louisiane plutôt que d'accepter une permission aussi immorale.

Vint alors le dénommé Leemans. Il expliqua, lui, que le bureau du D.A. lui avait proposé 2 500 dollars pour raconter que Clay Shaw avait rencontré Lee Harvey Oswald dans son établissement thermal. Il avait d'abord accepté puis, vaincu par ses scrupules, avait fini par décliner l'offre avec horreur.

Enfin, le visage rondouillard de Dean Andrews apparut sur l'écran. Il déclara solennellement que ce n'était pas Clay Shaw qui l'avait appelé, le lendemain de l'assassinat, pour être l'avocat de Lee Oswald. En fait, poursuivit-il, il n'aurait même pas reconnu Clay Shaw s'il avait buté sur son cadavre dans la rue.

A l'issue de l'émission, le grand jury voulut entendre Cancler sous serment. Ses membres lui demandaient de répéter officiellement ce qu'il avait dit à N.B.C. Cancler se réfugia derrière le Cinquième Amendement pour refuser de répondre. Il fut alors déféré devant le tribunal, persista dans son refus et fut condamné à six mois de prison pour entrave à la justice.

Miguel Torres fut convoqué à son tour. Lui aussi recourut au Cinquième Amendement et fut finalement condamné à une peine de prison pour les mêmes motifs.

Fred Leemans s'en tira mieux: ses allégations semblaient tellement tirées par les cheveux que le grand jury ne prit même pas la peine de l'appeler. Mais il en alla autrement pour Dean Andrews. Il fut inculpé de parjure et, en août 1967, condamné par un jury populaire de La Nouvelle-Orléans.

Quelques jours après la diffusion de l'émission, j'envoyai une véhémente lettre de protestation à la Commission fédérale de la communication. J'exigeais un droit de réponse d'une durée égale.

La commission ordonna à N.B.C. de me réserver une demi-heure d'antenne pour répliquer aux quatre heures de « Carte Blanche ». Ce n'était pas exactement un temps de parole égal, mais cela me suffisait. Je répondis en direct des studios de W.D.S.U. L'émission fut diffusée nationalement.

Il me restait pourtant un sentiment d'insatisfaction. Je ne cessais de me demander pourquoi N.B.C. s'était à ce point acharnée à démolir notre enquête, pour ne pas dire mon service tout entier.

Je savais depuis longtemps, sans y avoir jamais attaché d'importance particulière, que N.B.C. était une filiale de R.C.A. (Radio Corporation of America). A présent, je voulais savoir ce qu'était au juste R.C.A.

A la bibliothèque publique, j'appris que R.C.A. avait été partie intégrante de la structure de défense américaine durant la Seconde Guerre mondiale, en raison du développement des moyens radio dans les forces armées. C'est ainsi que la compagnie était passée progressivement du stade de simple producteur-diffuseur à celui de géant économique. Le montant de ses contrats militaires avait notamment augmenté d'un milliard de dollars entre 1960 et 1967. Ce n'était plus une banale firme radiophonique mais un rouage important de la machine de guerre et son P.-D.G., le général en retraite David Sarnoff, était connu pour ses prises de position belliqueuses favorables à une intensification de la guerre froide.

Fort de ces considérations, je commençais à mieux comprendre pourquoi R.C.A. et sa filiale N.B.C. tenaient tant à discréditer un district attorney qui tentait de prouver que le Président des États-Unis avait été assassiné sous l'impulsion du lobby des partisans de la guerre froide.

Comparé à la grossière désinformation de N.B.C., le documentaire de C.B.S. fut civilisé — bien qu'émaillé d'inexactitudes. Il fut diffusé quatre soirs de suite en juin et, contrairement à « Carte Blanche » de N.B.C., fut centré sur l'assassinat plutôt que sur moi et mon bureau.

J'avais été invité par C.B.S. pour participer à l'émission. Malgré mes réticences (car j'étais certain que les médias allaient à nouveau me prendre pour tête de Turc), je finis par accepter, sachant que, si je me défilais, il n'y aurait personne pour contredire la thèse de l'assassin solitaire.

A ma grande surprise, la chaîne m'interrogea longuement, pendant une bonne demi-heure, ce qui me permit d'expliquer que le Président Kennedy avait peut-être bien été victime d'une conspiration et d'en exposer les raisons probables.

Quand C.B.S. diffusa l'émission à l'échelle nationale, ma demi-heure avait été réduite à une trentaine de secondes. De la sorte, je passais pour un trublion tout juste bon à glisser une petite fausse note dans leur concert de louanges à la commission Warren.

14

La Compagnie

Dès le début, l'insuffisance de mon personnel et de mon budget pour enquêter sur l'assassinat de JFK m'avait donné des inquiétudes. Plus tôt, j'aurais peut-être eu une chance d'obtenir une augmentation exceptionnelle de nos crédits mais, après les ravages causés par la presse locale et nationale, il ne fallait plus y compter.

Le dilemme fut résolu de façon inattendue. Comme par magie, des volontaires ayant entendu parler de l'enquête se proposèrent de nous aider. Certains se présentèrent en personne, d'autres écrivirent ou appelèrent. Au printemps 1967, nous avons pu former une « équipe spéciale de complément », composée de bénévoles. Cette aide supplémentaire nous remonta le moral à tous.

L'un de ces volontaires était un jeune Anglais qui avait travaillé aux Archives nationales de Washington. Il nous envoya la copie d'un remarquable travail de recherche qu'il avait effectué et, comme nous n'avions personne à Washington pour éplucher les archives — surtout celles de la commission —, nous l'inclûmes dans l'équipe. Par la suite, nous l'avons fait venir à La Nouvelle-Orléans pour gérer nos propres dossiers qui s'accumulaient et que nous appelions nous-mêmes pompeusement « les Archives ».

Arriva ensuite un personnage impressionnant, un ancien chargé de mission de la C.I.A. nommé William Wood, aux larges épaules et à la mâchoire carrée. Estimant que c'était pour nous une chance unique de comprendre le fonctionnement interne et la mentalité de l'Agence, nous avons sauté sur l'occasion. Toutefois, avant de l'intégrer à l'équipe, nous avons voulu nous assurer qu'il avait effectivement travaillé pour la C.I.A.

Il nous expliqua qu'il avait été employé par l'Agence pendant sept ans, puis licencié pour cause d'alcoolisme. Bien qu'il n'éprouvât aucun ressentiment à l'égard de la « Compagnie » (terme généralement utilisé par les agents de renseignements pour désigner la C.I.A.), il était enthousiasmé par notre enquête sur Kennedy et désirait nous aider. C'était un journaliste d'Austin, au Texas, jouissant d'une excellente réputation dans la presse d'investigation.

Voyant que nous étions encore méfiants, il nous proposa un test. Il appela devant nous un agent officiel de la C.I.A., un médecin responsable du dispensaire de l'Agence à Langley en Virginie. Leur conversation ne laissait aucune place au doute : les deux hommes se connaissaient parfaitement et avaient de toute évidence travaillé ensemble.

En raison de la curiosité des médias à notre propos, nous préférâmes ne pas ébruiter la présence à bord de cet ancien de la C.I.A. Nous décidâmes donc de l'appeler « Boxley » au lieu de Wood.

D'autres volontaires encore vinrent grossir nos rangs. Parmi eux, un brillant jeune homme fort courtois qui, ayant grandi en Amérique latine, parlait espagnol sans accent et fut très utile pour interroger les exilés cubains. Jim Rose, un autre ancien de la C.I.A., fut accepté sur la recommandation expresse de Boxley, qui l'avait connu durant ses années de service. Rose avait entraîné des commandos anticastristes en Floride au début des années 60. Il y avait aussi un détective privé, qui put nous fournir l'assistance technique dont nous avions besoin, et un homme de la côte Ouest qui, grâce à sa fortune personnelle, bénéficiait de larges loisirs et de grandes possibilités de déplacement.

Avec l'enthousiasme et l'inventivité de ces volontaires, notre productivité promettait de s'accroître dans des proportions intéressantes. Le seul ennui, ainsi que nous allions l'apprendre plus tard, était qu'un grand nombre d'entre eux nous avaient rejoints pour le compte de la C.I.A. En fait, à une certaine époque, il y eut dans notre équipe spéciale autant de taupes au service du gouvernement fédéral que d'hommes travaillant réellement pour le district attorney de La Nouvelle-Orléans. Le tri s'est opéré au fil du temps.

Dès le début de l'enquête, j'avais eu le pressentiment que certains services de renseignements fédéraux avaient été mêlés de près ou de loin à l'assassinat, mais je ne savais pas lesquels. Plus nos travaux avançaient et plus les indices nous orientaient vers la C.I.A.

Ainsi, Guy Banister, un des acteurs principaux, avait certes des liens avec l'O.N.I. et le F.B.I., mais le rôle qu'il avait joué à La Nouvelle-Orléans dans le cadre de la guérilla cubaine le rattachait à la C.I.A. De même pour David Ferrie, qui avait entraîné des commandos pour l'invasion de la baie des Cochons — encore une opération de la C.I.A. Et Jules Ricco Kimble, qui s'était envolé pour une étrange mission à Montréal avec Shaw et Ferrie, reconnaissait que ses ordres venaient également de la C.I.A. (Voir chapitre 9.)

Dans les préparatifs de l'invasion de la baie des Cochons, on retrouvait en outre Lee Oswald et le maire de Dallas, Earle Cabell, ainsi que son frère Charles, ancien directeur adjoint de la C.I.A. licencié à la suite du fiasco de l'opération. Autant de pistes qui ont été soigneusement étouffées par la commission Warren et son spécialiste des affaires d'espionnage, l'ancien directeur de la C.I.A. Allen Dulles.

Mais pourquoi la C.I.A., dont le rôle était de veiller à la Sécurité nationale, aurait-elle voulu assassiner son propre Président ? Telle était la question que je ne cessais de me poser. Je passai des nuits entières à lire et à relire tout ce que je pouvais trouver sur la guerre froide et, peu à peu, un début d'explication possible commença à se faire jour.

On sait que la C.I.A. était, en grande partie, favorable à une intensification de la guerre froide. Or, non seulement Kennedy (partisan de la détente) s'était démarqué de la C.I.A. dans la désastreuse invasion de la baie des Cochons, mais encore il avait autorisé son ministre Dean Rusk à signer un traité de limitation des essais nucléaires avec l'URSS et, lors de la crise des missiles soviétiques à Cuba, avait refusé d'écouter ses conseillers qui lui recommandaient de bombarder et d'envahir l'île, préférant la solution du blocus naval. Pire encore, il était parvenu à un degré d'entente tacite avec le n° 1 soviétique Nikita Khrouchtchev qui signifiait l'abandon de tout projet américain d'invasion de Cuba. Enfin, pour mettre un terme définitif à la guerre froide, il s'était clairement prononcé, lors d'un célèbre discours devant l'American University de Washington, pour la coexistence pacifique des États-Unis et de l'Union soviétique.

Mais le revirement le plus significatif de la politique étrangère américaine (et le plus catastrophique aux yeux de la C.I.A.) se situait ailleurs : dans l'intention déclarée de Kennedy d'effacer toute présence militaire U.S. du Vietnam.

Pour préserver les intérêts américains en Asie du Sud-Est, la C.I.A. cherchait à favoriser l'établissement d'une dictature de pacotille (contre Hô Chi Minh au Nord et les forces du Vietcong au Sud) afin d'empêcher l'unification du pays, séparé par le 17e parallèle depuis les Accords de Genève, que seuls les États-Unis n'avaient pas signés. Cependant, en octobre 1963, Kennedy, hostile à toute intervention armée et notamment à l'envoi du contingent, ordonnait à son ministre de la Défense, Robert MacNamara, de retirer immédiatement mille conseillers militaires américains et prévoyait un retrait total des forces U.S. pour la fin de 1965.

Cette décision rompait définitivement avec la politique de la guerre froide, qui avait été le « fonds de commerce » de la C.I.A. En outre, Kennedy commençait à critiquer ouvertement le « pouvoir exorbitant » de l'Agence et se proposait de le limiter sensiblement. Il allait ainsi se faire des ennemis implacables, tels qu'Allen Dulles, le général Cabell et Richard Helms, sans parler des exilés anticastristes qui ne lui pardonnaient pas son attitude dans l'affaire de la baie des Cochons.

Il est difficile de croire qu'une institution aussi gigantesque que la C.I.A. ait pu, tout entière, décréter la mort du Président et organiser son assassinat, mais il est certain que les ressentiments s'étaient accumulés au sein de la Compagnie. L'esprit de revanche pouvait rassembler un grand nombre de personnes, parmi lesquelles Clay Shaw, Guy Banister, David Ferrie et tous les guérilleros qui avaient été entraînés au nord du lac Pontchartrain.

J'ai déjà dit que la C.I.A. avait infiltré mes services. Ses tentatives d'obstruction à notre encontre furent particulièrement sensibles à l'occasion de l'affaire Gordon Novel.

Une agence d'espionnage sophistiquée évite autant que possible de laisser traîner derrière elle des fusils encore fumants. C'est ce qui expliquait la visite clandestine de quelques associés de Guy Banister à la base d'Houma en Louisiane. (Voir chapitre 3.) Ils avaient nuitamment retiré des munitions du bunker Schlumberger pour les transporter à La Nouvelle-Orléans.

Or, quelque temps après, un informateur nous prévint que Novel avait pris une photo du camion utilisé pour ce transport et l'avait vendue à Walter Sheridan de N.B.C. Le district attorney d'Houma, contacté par moi, m'assura que le retrait de ces munitions était légalement considéré comme un vol dans le cadre de sa juridiction. Par conséquent, le transport était également frauduleux et, puisque le matériel dérobé avait été introduit à La Nouvelle-Orléans, il s'agissait d'un délit entrant aussi dans le cadre de *ma* juridiction.

Cependant, avant que j'aie pu l'interroger, Novel fut averti de mes intentions (probablement par l'un des hommes de la C.I.A. que j'avais naïvement attachés à notre équipe) et prit la poudre d'escampette.

Nous retrouvâmes sa trace en Ohio et demandâmes son extradition en avril 1967. Nous voulions savoir pourquoi les munitions avaient été retirées du bunker Schlumberger, pourquoi elles avaient été transportées à La Nouvelle-Orléans et pourquoi la photo du camion avait été vendue à Walter Sheridan.

Dans les semaines qui suivirent, Gordon Novel, toujours en Ohio, donna des interviews et des conférences de presse qui apportaient au public davantage d'éclaircissements sur certains agissements de la C.I.A. que nous n'avions pu en réunir en plusieurs mois d'investigations. Il déclara notamment que la C.I.A. était directement mêlée à l'affaire du bunker Schlumberger depuis le début.

Même le *New Orleans States-Item*, qui n'avait pas manifesté beaucoup d'intérêt pour nos travaux, intitula un article : « La C.I.A. impliquée dans l'enquête du D.A. ». L'article stipulait que « la piste Gordon Novel menait à la C.I.A. », Novel ayant avoué à plusieurs personnes de son entourage qu'il avait été au service de l'Agence afin de se laver des charges pesant contre lui au sujet du cambriolage du bunker Schlumberger.

« Le cambriolage n'en était pas un, écrivait le journal, car Novel agissait sur instructions de son correspondant à la C.I.A. » Novel précisait que le bunker Schlumberger était en réalité « une réserve de munitions de la C.I.A. destinée à appuyer l'attaque avortée de la baie des Cochons ».

Novel identifia ses « complices » comme étant tous membres de la Compagnie. Parmi eux se trouvaient David Ferrie, Sergio Arcacha Smith (ancien chef du Front révolutionnaire cubain à La Nouvelle-Orléans) et plusieurs Cubains anticastristes qu'il ne connaissait pas.

Environ un mois plus tard, d'autres indices prouvèrent encore plus nettement les liens de Novel avec la C.I.A. Quelques semaines après que Novel eut quitté La Nouvelle-Orléans, deux jeunes femmes s'installèrent dans son appartement du quartier français. En faisant le ménage, elles découvrirent près de l'évier le brouillon au crayon d'une lettre sous emballage plastique. La chose vint aux oreilles d'Hoke May, un reporter du *States-Item*, qui me montra la lettre en me demandant la permission de la publier. Je lui donnai le feu vert.

L'authenticité de la lettre fut confirmée par l'avocat de Novel, Steven Plotkin, ainsi que par Gilbert

Fortier, un expert en graphologie. Elle était adressée à un mystérieux « M. Weiss », le contact C.I.A. de Novel à La Nouvelle-Orléans. Il convient d'ajouter qu'elle fut rédigée en janvier 1967, c'est-à-dire avant que notre enquête ne soit révélée. En voici un extrait :

J'ai pris la liberté de vous écrire directement pour vous mettre au courant de la situation, espérant que vous ferez suivre à qui de droit. Nos liens et notre activité durant cette période mettent en cause des individus actuellement sur le point d'être accusés de conspiration dans l'enquête de Garrison... Garrison m'a convoqué, ainsi qu'un associé, pour témoigner devant son grand jury sur des sujets qui peuvent être classés TOP SECRET...

La lettre demandait ensuite que l'Agence prenne « des mesures appropriées pour contrer les investigations de Garrison nous concernant ». Novel suggérait pour ce faire de passer par la filière militaire, sachant que j'étais colonel de réserve dans la Louisiana Army National Guard. En d'autres termes, il proposait mon renvoi en service actif afin de m'écarter de son chemin.

Je ne fus pas muté, mais nous nous trouvâmes dans l'impossibilité de faire extrader Novel de l'Ohio, et ce malgré un appel personnel du gouverneur de Louisiane au gouverneur de l'Ohio. Notre demande fut déboutée au nom de prétendues « complications juridiques ».

C'était la première fois qu'une extradition était refusée à notre bureau. Hélas ! ce ne fut pas la dernière. Parmi les autres fins de non-recevoir que nous avons essuyées ultérieurement figure celle concernant Allen Dulles. J'avais une foule de questions à lui poser. Entre autres : Clay Shaw, Lee

Oswald, David Ferrie, Gordon Novel et Guy Banister étaient-ils, oui ou non, des agents de la C.I.A., et pourquoi le général Cabell n'avait-il pas été interrogé par la commission Warren ?

J'envoyai une convocation officielle à Washington. L'attorney des États-Unis me répondit simplement, par retour du courrier et sans autre explication, qu'il refusait de donner suite.

Entre-temps, des parents de Richard Case Nagell, un agent de renseignements fédéral, étaient entrés en contact avec moi. Ils disaient que, au milieu de l'année 1963, celui-ci avait découvert un complot visant à assassiner le Président Kennedy. Lorsqu'il avait tenté d'en avertir le gouvernement, il avait été envoyé au pénitencier fédéral pour trois ans. Il était sur le point d'être relaxé et souhaitait me rencontrer dans une autre ville. Si je ne pouvais pas aller le voir, sa famille viendrait me rendre visite.

J'acceptai et deux membres de sa famille arrivèrent de New York pour organiser l'entrevue. Leur histoire était convaincante. Comme Nagell, qui venait d'être libéré, refusait de s'éloigner de New York, je leur proposai de les revoir le lendemain pour discuter plus avant de la question.

Je profitai de ma soirée pour me replonger dans le rapport de la commission Warren. Le nom de Nagell ne figurait nulle part dans l'index des audiences. Je finis néanmoins par tomber sur un rapport du F.B.I. le concernant. Trois lignes à peine (à propos de ses relations avec Lee Oswald), mais c'était un indice. C'était la preuve que Nagell avait bel et bien levé un lièvre — car, sinon, pourquoi le F.B.I. aurait-il pris la peine de faire un rapport sur lui ? Cela dit, je ne trouvai aucune allusion aux charges fédérales pesant contre lui à l'époque, des charges pourtant réelles et relativement conséquentes puisqu'il était resté emprisonné trois ans.

Le lendemain, je rencontrai donc à nouveau la famille Nagell dans mon bureau. Au bout de quelques minutes, je pus entrer en communication téléphonique avec lui personnellement. Il fut très ferme sur les conditions d'un éventuel rendez-vous. Il ne voulait parler qu'à moi et à New York même. En outre, l'entretien devait avoir lieu en plein air.

Nous convînmes d'un endroit dans Central Park et je pris l'avion pour New York. Cinq minutes avant l'heure du rendez-vous, je sortis de l'hôtel Plaza et traversai la rue animée pour me rendre dans le parc. L'endroit était désert. Un homme seul, cheveux blonds, mains dans les poches, me regarda approcher.

Nous nous serrâmes la main et nous assîmes sur un banc côte à côte. Il était difficile de croire que nous fussions en plein cœur de New York. Il n'y avait personne dans les parages. C'était une belle journée ensoleillée ; une légère brise faisait frissonner les arbustes. Il allait s'ensuivre l'une des conversations les plus frustrantes que j'aie jamais eues. Mais je dois avouer qu'il m'avait prévenu d'entrée.

— Je n'identifierai pas l'organisation pour laquelle je travaillais en 1963, dit-il. Ce sera à vous de tirer vos propres conclusions. Je ne vous dirai pas non plus sur quoi je travaillais exactement. Je suis lié par certaines lois et j'ai déjà eu assez de problèmes avec le gouvernement.

Je ne pus néanmoins m'empêcher de lui demander :

— Vous étiez dans la Compagnie ?

— Je ne peux pas répondre à cette question.

— Alors, quelles informations pouvez-vous me fournir ?

Je n'avais pas fait tout ce chemin pour l'entendre me parler de l'obligation de réserve à laquelle tous les agents de renseignements doivent se soumettre.

— Je suis déjà fiché pour avoir dépisté le projet d'attentat et avoir essayé d'en avertir le F.B.I. J'estime avoir aujourd'hui le droit d'en parler à une tierce personne, parce que mes révélations ne peuvent plus être considérées comme secrètes. Mais c'est tout, je n'irai pas plus loin. Est-ce que ça vous intéresse toujours ?

J'acquiesçai.

Voici son histoire. En 1963, il travaillait pour le gouvernement des États-Unis dans une organisation qu'il refusa d'identifier. Ses supérieurs, intrigués à l'époque par un projet impliquant un nommé Lee Oswald et quelques autres personnes, lui ordonnèrent d'établir les contacts nécessaires pour surveiller l'évolution de l'affaire. Vers la fin août ou le début septembre 1963, il devint clair (pour des raisons qu'il n'explicita pas) qu'une gigantesque opération visant à assassiner le Président Kennedy était engagée. Au même moment, la personne qui lui donnait ses ordres fut mutée dans une autre partie du pays et Nagell se retrouva sans contact direct.

Bizarre. Nagell était « mis au frigo » par l'agence même qui lui avait commandé d'infiltrer le complot. Je tiens à préciser que Nagell me fit l'effet d'un homme parfaitement crédible et sincère.

Sachant ce qui allait se produire mais sans en connaître la date, poursuivit-il, il décida d'en référer à J. Edgar Hoover, directeur du F.B.I., à qui il envoya une lettre avec accusé de réception révélant l'existence d'un complot. Ne recevant aucune réponse, il en conclut que ses efforts avaient été vains et commença à craindre un piège: après tout, il avait côtoyé Oswald et les autres pendant presque tout l'été 1963.

Finalement, en désespoir de cause, il se dit que le seul moyen d'assurer ses arrières était de se trouver entre les quatre murs d'une prison fédérale le jour où l'attentat surviendrait. Il préférait être un condamné de droit commun plutôt que de se voir mêlé à l'assassinat d'un Président des États-Unis d'Amérique. Il se rendit donc dans une banque fédérale d'El Paso, tira cinq coups de feu au plafond et attendit sagement sur le trottoir que la police vienne l'embarquer.

Il s'attendait à être inculpé de désordre dans un lieu public, mais fut en fait condamné à dix ans d'emprisonnement pour vol à main armée ! (Deux ans plus tard, la sentence fut révisée, puisque aucun fait n'établissait qu'il y ait eu tentative de vol.)

Nagell voulut bien répondre à quelques questions. Avait-il réellement fréquenté Lee Oswald ? Oui, dit-il. D'autres hommes en cheville avec Oswald ? Oui. Où ? A La Nouvelle-Orléans et au Texas.

Je lui demandai ensuite si, d'après lui, ces autres hommes travaillaient en accord avec Lee Oswald ou s'ils le manipulaient. Après un instant de réflexion, il me dit que, sans pouvoir rien affirmer, il avait le net sentiment qu'Oswald avait été manipulé depuis le début.

Je l'interrogeai sur les noms de ces hommes. Il hésita, puis cita nommément Guy Banister, Clay Shaw et David Ferrie.

De quelle organisation dépendaient-ils ? Il me regarda avec un demi-sourire et hocha lentement la tête. J'insistai. Etait-ce la C.I.A. ?

— Je ne peux ni trahir ni nommer aucune organisation gouvernementale, répondit-il.

Malgré les ennuis qu'il avait essuyés, il se refusait à dire un mot sur les Services de renseignements en général, à la seule exception du F.B.I. qui avait « négligé » de prendre en compte sa lettre d'avertissement sur le projet d'assassinat du Président Kennedy. Je ne pus rien tirer d'autre de Nagell.

Pendant mon voyage de retour, je repensai à notre entretien. J'avais bien étudié Richard Case Nagell durant les trois heures que nous avions passées ensemble à Central Park, et j'avais acquis la conviction qu'il n'était pas homme à inventer des histoires. D'un autre côté, j'étais obligé de reconnaître que son récit était un peu dur à avaler.

Plusieurs années plus tard, j'appris par hasard que Nagell avait été arrêté par la police d'Allemagne de l'Est tandis qu'il essayait de franchir la frontière vers la R.F.A. Décidément, Richard Case Nagell n'était pas un père tranquille.

Nagell était-il venu vers moi spontanément ou avait-il été envoyé par quelque obscure organisation pour m'égarer dans des eaux troubles ? Je n'ai jamais pu le savoir. En revanche, un autre incident me fit bientôt comprendre que je pouvais être piégé ou discrédité à tout moment.

J'avais entrepris une série de conférences dans diverses universités, espérant trouver un meilleur auditoire parmi les étudiants que parmi les journalistes, dont les attaques étaient de plus en plus hystériques. En outre, mes économies s'amenuisaient dangereusement et les cachets que me procuraient ces conférences me permettaient de continuer à financer nos investigations.

J'étais donc souvent en déplacement. Ce fut à l'occasion d'une visite à l'Université du Nouveau-Mexique (à Albuquerque) que nos chers Services secrets me tendirent leur premier piège.

Immédiatement après ma conférence (qui fut chaleureusement accueillie par les étudiants, comme d'habitude), Bill Boxley, l'ancien de la C.I.A. qui avait bénévolement rejoint nos rangs, vint me trouver dans le hall de mon motel. Le croyant à La Nouvelle-Orléans, je fus surpris de le voir.

Il me prit à part pour m'informer avec gravité d'une rumeur selon laquelle on allait essayer de me tuer. Dès qu'il avait été mis au courant, il avait pris l'avion pour le Nouveau-Mexique afin de me servir de garde du corps. Il se déclara soulagé d'être arrivé à temps.

J'avais toujours eu beaucoup de considération pour l'intelligence et la compétence de Boxley mais, cette fois, j'étais furieux.

— Je remarque que vous portez toujours un .45, dis-je. Comme les militaires. (Il acquiesça en tapotant son holster.) Dans quelle branche de l'armée étiez-vous avant d'entrer à la C.I.A. ?

Il hésita, ne comprenant pas où je voulais en venir.

— Dans l'infanterie, fit-il. Puis dans le contre-espionnage militaire. Et enfin à l'Agence. Pourquoi ?

— Quand vous étiez à l'armée, est-ce qu'on vous a appris ce qu'était un ordre ? (Il inclina la tête.) Avez-vous déjà oublié que j'ai donné l'ordre à tous les membres de l'équipe de ne tenir aucun compte de ce genre de rumeurs ?

— Non, mais...

— Il n'y a pas de mais. Je n'apprécie pas beaucoup de vous voir tremper dans cette paranoïa et j'entends que mes ordres soient respectés. Surtout, ajoutai-je, que je vais probablement être obligé de payer de ma poche votre aller-retour en avion.

Je lançai cette dernière remarque assez méchamment, car Boxley était perpétuellement fauché et je passais mon temps à signer des chèques pour lui.

En dépit de mes véhémentes objections, Boxley, répétant ingénument que j'avais besoin de protection, resta toute la nuit dans ma chambre de motel. Il dormit sur le divan, avec son énorme .45 automatique posé sur la table à côté de lui. Le lendemain, il m'accompagna à l'aéroport et m'escorta presque jusque dans l'avion de Los Angeles, ville où je devais rencontrer certaines personnes pour les besoins de notre enquête.

A mon arrivée à Los Angeles Airport, je me rendis directement dans un kiosque pour acheter un magazine. Il n'y a pas de sièges dans la salle de réception des bagages de l'aérogare et je déteste rester debout en perdant mon temps. Par conséquent, ainsi que je l'avais expliqué à Boxley un mois plus tôt en préparant ce voyage, chaque fois que j'atterris à L.A. Airport, je vais dans les toilettes et je m'assois dans un cabinet pour lire pendant une dizaine de minutes en attendant l'arrivée des bagages. Puis, je prends un taxi.

Cette fois-ci, il se produisit quelque chose d'inhabituel. J'allai m'enfermer dans les toilettes avec un exemplaire de *Life.* Au moment où j'ouvrais le magazine à la page qui m'intéressait (un article du général James Gavin recommandant une nouvelle tactique de défense dans la guerre du Vietnam), j'entendis la porte du cabinet voisin s'ouvrir et se fermer. Étant donné qu'il y avait toute une rangée de cabinets vides, le fait que quelqu'un s'installe juste à côté de moi et juste après mon arrivée me parut anormal. Je prêtai l'oreille.

J'entendis des voix qui murmuraient près de la porte. Je n'attendis pas une seconde de plus. Je sortis du cabinet en coup de vent. Deux gros policiers en uniforme, plantés devant l'entrée, s'éclipsèrent en me voyant. Nous sortîmes ensemble.

Alors, j'aperçus une bonne demi-douzaine d'autres policiers en tenue, rassemblés en demi-cercle devant les toilettes. Je flairai le traquenard. Leur sergent m'interpella sèchement.

— Hé vous, là ! lança-t-il d'un ton accusateur. Depuis combien de temps vous êtes dans ces toilettes ?

Cela devait faire deux ou trois minutes au maximum, mais là n'était pas la question. Non loin, deux employées d'un service de location de voitures, intriguées par l'esclandre, me toisèrent et me reconnurent. Depuis que les médias se déchaînaient contre moi, on voyait régulièrement mon portrait sur les écrans de télévision. Pour une fois, cela s'avéra utile.

— Qu'est-ce que ça peut vous foutre ? rétorquai-je.

Je me dirigeai illico vers la rampe des bagages. Du coin de l'œil, je vis le sergent hocher la tête et les policiers s'écartèrent pour me céder le passage.

En montant dans mon taxi, je me dis que je l'avais échappé belle. Le piège était beaucoup plus vicieux qu'il n'y paraissait, et préparé de longue date. Trois semaines auparavant, j'avais reçu un curieux coup de téléphone de Los Angeles. On m'avait appelé chez moi, alors que mon numéro est sur liste rouge. Mon interlocuteur était un homme que je n'avais pas revu depuis des années, un vague client que j'avais défendu devant le tribunal. Pour autant que je m'en souvenais, c'était un type falot et sournois, un homosexuel débraillé qui gagnait sa vie en vendant des photos pornographiques.

Et voilà que, des années plus tard, cet individu m'appelait à mon domicile, comme si nous nous étions quittés la veille. Quand je lui avais demandé de quelle manière il s'était procuré mon numéro, il m'avait répondu évasivement qu'il avait des relations. Quant à la raison de son appel, elle était franchement tordue. Il disait avoir l'intention de visiter La Nouvelle-Orléans pour Mardi gras et voulait savoir s'il m'était possible de lui servir de guide. Je lui avais raccroché au nez.

Maintenant, je savais qui était entré juste après moi dans le cabinet voisin du mien à l'aéroport de

Los Angeles. J'ai une assez longue expérience de procureur pour imaginer ce qui se serait passé si je n'étais pas sorti précipitamment des toilettes au nez et à la barbe des policiers qui m'attendaient. Mon sinistre ancien client se serait arrangé pour émerger de son cabinet en même temps que moi et me compromettre dans une affaire de mœurs. J'aurais été poursuivi pour attentat à la pudeur et me serais retrouvé sur le banc des accusés pour subir un contre-interrogatoire. Au moment propice, un procureur m'aurait demandé si j'avais conservé des liens avec mon ancien client. J'aurais évidemment répondu non et il aurait alors sorti la facture téléphonique du type, montrant que celui-ci avait récemment appelé mon numéro personnel, qui figurait sur la liste rouge. Et je n'aurais plus eu qu'à aller me faire cuire un œuf.

Ma condamnation pour attentat à la pudeur aurait fait les gros titres des journaux, les autorités louisianaises auraient été obligées de me démettre de mes fonctions et la C.I.A. se serait, une fois de plus, rendue coupable d'une belle saloperie au nom de la Sécurité nationale.

Mais j'eus beau ressasser inlassablement l'affaire durant mon séjour à L.A. et mon voyage de retour, je n'arrivais pas à comprendre comment la police de Los Angeles avait pu savoir avec précision dans quel vol je me trouvais.

La réponse vint beaucoup plus tard, quand Vincent Salandria, un éminent avocat de Philadelphie qui fut l'un des plus virulents critiques de la commission Warren, exprima le désir de voir notre équipe en action. Le jour où arriva Salandria, Bill Boxley était en train de présenter au groupe les indices qu'il avait glanés à Dallas lors d'un récent voyage.

A la fin de la réunion, Salandria voulut consulter

les autres rapports rédigés par Boxley. Je lui remis quelques dossiers et il passa le reste de la journée à les compulser. Quand nous rentrâmes chez moi, il me proposa une conversation en tête à tête dans le living-room.

— Vous m'avez fait part, un jour, de vos craintes au sujet d'éventuelles infiltrations de votre service, dit-il en feuilletant négligemment les dossiers sur ses genoux.

Salandria avait une voix extrêmement douce, qui évoquait le frou-frou de la soie.

— C'est exact, avouai-je. On devient facilement paranoïaque dans ce genre d'affaire. Mais ce n'était qu'un pressentiment.

— Jim, reprit-il, j'ai peur que votre ami Billy Boxley ne travaille pour le gouvernement fédéral.

Un frisson me parcourut le corps.

Salandria entreprit alors de m'expliquer méthodiquement ses raisons. Les rapports de Boxley qui, pris séparément, étaient chacun fort bien conçus, formaient un ensemble incohérent lorsqu'on les mettait bout à bout. Il était clair, pitoyablement clair, que les mémos de Boxley étaient destinés en premier lieu à m'intriguer et en second à m'embrouiller.

Salandria décrocha le téléphone et appela Boxley.

— Bill, dit-il, Jim et moi venons d'avoir une petite conversation. Nous sommes chez lui. Vous pourriez faire un saut jusqu'ici ?

Deux heures plus tard, il n'était toujours pas là.

— Il ne viendra plus, fis-je.

— Je crains que Mr Boxley n'ait fait sa valise, répondit Salandria.

Je téléphonai à Lou Ivon pour lui dire de nous rejoindre. Puis nous nous rendîmes chez Boxley, un meublé dans Canal Boulevard. La logeuse nous reçut sur le pas de la porte.

— Non, dit-elle, je n'ai pas revu votre homme depuis qu'il a loué la chambre en début d'année. Il se contente de m'envoyer un chèque chaque mois.

Elle me montra la chambre. Une chemise sortant de la blanchisserie était jetée sur le lit.

— Il a déposé cette chemise ici il y a six mois, expliqua-t-elle.

Je lui lus le numéro de téléphone de Boxley que j'avais dans mon carnet d'adresses. Elle secoua la tête.

— Il n'y a aucun téléphone avec ce numéro ici.

— Non loin d'ici, susurra Salandria, le gouvernement doit avoir une maison très confortable et très bien gardée. Mais je doute que nous puissions jamais la voir.

Je ne répondis pas. Je repensais à l'incident de Los Angeles Airport. Je venais enfin de piger. C'était Boxley qui avait donné à la police les coordonnées de mon vol. Il les avait appelés du Nouveau-Mexique après m'avoir conduit dans l'avion. Sa prétendue rumeur au sujet d'un attentat contre moi n'était que de la poudre aux yeux. Sa mission réelle n'était pas de me protéger mais de me tendre un piège.

Je me dégoûtais moi-même. Comment avais-je pu être aussi aveugle ? Il avait suffi à Vincent Salandria d'une petite visite de politesse à La Nouvelle-Orléans pour découvrir le pot aux roses pratiquement au premier coup d'œil.

Le lendemain, nous apprîmes que Boxley était parti pour Beaumont, dans le Texas, juste après le coup de fil de Salandria. De là, sous le nom de Wood, il envoya des télégrammes au journal *Times-Picayune* et à toutes les stations de télévision régionales pour déclarer qu'il avait quitté notre équipe après avoir découvert que j'étais toxicomane.

Un reporter d'une des télévisions montra le télégramme à Lou Ivon et lui demanda qui était ce nommé Wood. Mais l'histoire n'alla pas plus loin. La ridicule riposte de Boxley tomba à l'eau sans faire de vagues, comme un caillou jeté dans lc lac Pontchartrain.

Et pourtant, le personnage avait siégé dans nos réunions les plus secrètes pendant des mois. Avec le gros porte-documents dont il ne se séparait jamais, il était allé et venu des centaines de fois dans notre cabinet d'archives. Je dois reconnaître que j'avais été roulé dans la farine. Désormais, nous pouvions considérer que tous nos dossiers avaient été photocopiés par le gouvernement fédéral.

15

Jeu de balles

Prés de deux ans s'écoulèrent entre l'arrestation de Clay Shaw, le 1er mars 1967, et le début de son procès. Pendant ce laps de temps, mes services se consacrèrent principalement à expédier les affaires de criminalité courantes, à contrer les manœuvres des avocats de Shaw et à peaufiner notre dossier contre lui. Nos pistes nous menaient dans de nombreuses directions, quelquefois sans rapport direct avec Shaw. Pour moi, l'aspect le plus fascinant de ces recherches portait sur les entreprises de dissimulation des autorités pour « couvrir » l'assassinat.

La manière dont la commission Warren et la police criminelle de Dallas avaient manipulé les faits dans l'enquête sur le meurtre de J.D. Tippit en était un exemple criant. Tippit, on s'en souvient, était cet agent de police de Dallas qui avait été tué environ une demi-heure après l'assassinat du Président. Le meurtre avait eu lieu de l'autre côté du fleuve asséché Trinity, dans le faubourg d'Oak Park, non loin de la pension de Lee Oswald. Bien que l'affaire ne fût jamais jugée, la commission Warren et la police criminelle de Dallas considérèrent que le tueur, qui avait quitté les lieux avec une insolente nonchalance en éparpillant ses douilles vides, était Lee Oswald.

C'était une conclusion commode. Elle évitait notamment de s'interroger sur le mobile de l'attentat contre Kennedy : puisque Lee Oswald était un jeune homme caractériel au tempérament si violent qu'il était capable d'abattre un agent de police de sang-froid et sans raison, il était également capable d'assassiner le Président sans mobile apparent. Comme l'a si complaisamment expliqué un conseiller juridique de la commission : « Comment savons-nous que Lee Oswald a tué le Président Kennedy ? Parce qu'il a tué l'agent Tippit. » Car la réciproque était tout aussi opérante : seul un homme qui venait de tuer le Président et se savait traqué avait une raison de tirer sur un agent en plein midi dans un paisible faubourg.

L'ennui avec ce scénario était que, comme toujours ou presque, les faits démentaient les conclusions.

D'abord, compte tenu de ce qu'on savait des déplacements d'Oswald, il était hautement improbable qu'il fût physiquement présent sur les lieux au moment du meurtre de Tippit. D'après plusieurs témoins oculaires, Tippit fut tué entre 13 h 06 et 13 h 10. Le shérif en second Roger Craig le confirma. Quand il fut informé par radio de la mort de Tippit, il regarda sa montre ; il était 13 h 06. Or Oswald était rentré dans sa pension vers 13 heures. Il en était reparti aussitôt et Earline Roberts, le concierge, l'avait vu attendre à l'arrêt de bus de Beckley Avenue, direction nord, à 13 h 04. L'endroit où Tippit fut tué se situait dans la direction opposée, à plus d'un kilomètre de là au sud. Même en voyant large et en supposant qu'Oswald ait brusquement changé d'avis quant à sa destination, il lui était virtuellement impossible d'arriver sur les lieux avant le crime.

La commission Warren ignora superbement ces anomalies et présenta divers témoins oculaires dont les dépositions s'écroulèrent rapidement. Domingo Benavides, qui n'avait pourtant été qu'à quelques mètres de la scène, fut incapable d'identifier Oswald.

Warren Reynolds, qui avait vu un homme armé courir dans Jefferson Street, déclara, lui, que l'homme était bien Oswald. Mais son témoignage est largement sujet à caution. En effet, il avait d'abord dit au F.B.I. qu'il ne pouvait rien affirmer avec certitude. Puis, peu de temps après, Reynolds avait reçu une balle dans la tête, dans un parking souterrain. Après une guérison miraculeuse à l'hôpital, il avait eu une illumination et avait finalement attesté que l'homme était effectivement Oswald.

Ces témoignages inconséquents contraignaient le gouvernement à se rabattre sur Helen Markham. En lisant les minutes de son interrogatoire, il m'apparut que peu de procureurs avaient dû être confrontés dans leur carrière à un témoin aussi empressé de servir leur cause et aussi prompt à la démolir malgré lui.

Alors que les autres témoins déclaraient unanimement que Tippit était mort sur le coup, Markham prétendait avoir essayé de lui parler vingt minutes avant l'arrivée de l'ambulance. Malgré les tentatives éhontées des avocats de la commission pour l'inciter à identifier Lee Oswald (un assez grand jeune homme maigre au cheveu rare et châtain clair), elle informa Mark Lane, un célèbre contradicteur de l'enquête du gouvernement, que le tueur de Tippit était trapu et avait une épaisse chevelure. A l'audience, elle nia avoir tenu ces propos, puis finit par le reconnaître en entendant une bande enregistrée de sa conversation avec Mark Lane. Puis, plongeant une fois de plus le gouvernement dans l'embarras, elle décrivit le tueur comme un homme « aux cheveux noirs ».

Avant la fin de sa déposition, certains observateurs commençaient déjà à douter qu'elle eût même été sur les lieux du crimc. D'aillcurs, dcux témoins ne se rappelaient pas l'avoir vue.

Pourtant, malgré tout cela, Markham fut le témoin vedette du gouvernement, la personne qui identifia Lee Oswald. Et voici comment cette identification fut obtenue :

MR BALL : Madame, quand vous êtes entrée dans la salle, avez-vous regardé ces quatre hommes ici présents ?

MRS MARKHAM : Oui, monsieur.

MR BALL : Avez-vous reconnu l'un d'eux ?

MRS MARKHAM : Non, monsieur.

MR BALL : Vraiment ? Avez-vous vu quelqu'un — je vous ai déjà posé cette question —, avez-vous reconnu quelqu'un d'après son visage ?

MRS MARKHAM : D'après le visage, non.

MR BALL : Avez-vous identifié quelqu'un parmi ces quatre hommes ?

MRS MARKHAM : Je ne connaissais personne.

MR BALL : Je sais que vous ne les connaissez pas, mais n'y a-t-il personne dans ce groupe qui ressemble à quelqu'un que vous ayez déjà vu ?

MRS MARKHAM : Non. Je n'ai jamais vu aucun d'eux.

MR BALL : Aucun des quatre ?

MRS MARKHAM : Aucun.

MR BALL : Vraiment aucun des quatre ?

MRS MARKHAM : Non, monsieur.

Finalement, en désespoir de cause, l'avocat de la commission dut se résoudre à poser une question orientée à son propre témoin — une façon de faire absolument inadmissible devant un tribunal digne de ce nom — pour lui téléphoner ce qu'il voulait entendre :

MR BALL : Vous l'avez reconnu à son apparence ?

MRS MARKHAM : J'ai demandé... je l'ai regardé. Quand j'ai vu cet homme, je n'étais pas sûre, mais j'ai eu des frissons dans le dos.

Ce bref échange constituait la totalité du témoignage identifiant Lee Oswald comme le meurtrier de Tippit.

Il y avait d'autres témoins significatifs, bien sûr. Parmi eux : l'ambulancier et son assistant, qui auraient pu préciser l'heure de la mort de Tippit et dire quels étaient les témoins réellement présents : Mr et Mrs Donald Higgins, qui habitaient en face du lieu du crime, et T.F. Bowley, qui s'était servi de la radio de l'agent décédé pour prévenir le central. Mais aucun d'eux ne fut convoqué par la commission Warren.

Il y eut aussi trois importants témoins oculaires, qui changeaient complètement la face de l'affaire à mes yeux. Mark Lane, celui-là même qui viendra plus tard rejoindre nos rangs à La Nouvelle-Orléans, retrouva et put interroger l'un d'entre eux : Acquilla Clemons. Avant le premier coup de feu, elle avait observé deux hommes debout près de la voiture de police de l'agent Tippit. Elle vit l'un d'eux, armé d'un pistolet, faire signe à l'autre de s'en aller et de partir en courant vers Jefferson Street.

Celui qui courait et qui, disait-elle, avait tiré sur l'agent de police, était, selon ses propres termes, « plutôt petit, genre costaud ». L'autre homme était un grand maigre vêtu d'un pantalon de toile kaki et d'une chemise blanche. (Aucun témoin n'avait vu Oswald habillé ainsi ce jour-là.) Clemons rapporta que des policiers de Dallas lui avaient dit de ne répéter à personne ce qu'elle avait vu si elle tenait à sa peau — apparemment une technique courante de maintien de l'ordre à Dallas à l'époque.

Lane me révéla aussi l'existence de Frank Wright. Lui, il avait vu la fin de la scène décrite par Clemons. C'était l'épouse de Wright qui avait appelé l'ambulance.

Wright, qui se trouvait chez lui, était sorti au moment où l'agent Tippit roulait à terre. Il aperçut un homme penché sur le mourant. L'individu contourna la voiture de police, sauta dans une vieille auto grise garée de l'autre côté de la rue et démarra sur les chapeaux de roues.

Selon toute probabilité, il s'agissait de l'homme à qui le tireur trapu avait fait signe de s'en aller avant de s'enfuir en courant, dans la version de Clemons. Ce qui était sûr, c'était que ces témoignages contenaient un élément absolument nouveau, à savoir : l'agent Tippit avait été tué par deux hommes et aucun d'eux n'était Lee Oswald. Un élément lourd de conséquences. Si Oswald était innocent du meurtre de Tippit, l'argumentation du gouvernement à son encontre s'effondrait.

Trois ans avant moi, le directeur du F.B.I., J. Edgar Hoover, avait dû parvenir aux mêmes conclusions, car il ordonna expressément à son représentant à Dallas d'empêcher tout interrogatoire d'Acquilla Clemons ou de Mr et Mrs Wright. Je n'ai appris cela que bien des années après, lorsque le rapport du F.B.I. concernant la correspondance entre Hoover et Gordon Shanklin fut révélé dans un livre de Michael Kurtz. Mais ce que je savais déjà à l'époque, c'était qu'on ne trouvait pas la moindre bribe de témoignage de Clemons ou des époux Wright dans les dossiers de la commission Warren.

En poursuivant mes recherches, je découvris que, outre les témoignages oculaires, d'autres indices avaient été déformés par la police criminelle de Dallas, montrant que Lee Oswald avait été victime d'un coup monté. Par exemple, j'ai pu lire les transcriptions des messages radio envoyés à la police de Dallas peu après le meurtre. (Ceux-ci avaient été enregistrés automatiquement.) L'agent de ronde H.W. Summers, unité 221, rapporta qu'un fuyard avait été aperçu par un témoin. Le signalement du suspect était le suivant : cheveux noirs ondulés, veste Eisenhower de couleur claire, pantalon sombre et chemise blanche. Il était « apparemment armé d'un .32 automatique », qu'il tenait dans sa main droite. Un moment plus tard, le sergent G. Hill précisa que « la douille retrouvée sur les lieux indique que le suspect était armé d'un automatique .38 et non d'un revolver ».

Pour apprécier ce détail, il faut bien comprendre la différence qu'il y a entre un pistolet automatique et un revolver. Un automatique contient les balles dans un chargeur qui se loge dans la crosse. A chaque coup de feu, la douille vide est automatiquement éjectée par un mécanisme et remplacée par une balle neuve au moyen d'un ressort. Un revolver, dont l'archétype est l'arme de poing à canon long qu'on voit dans les westerns, contient les balles dans un barillet et ne les éjecte pas automatiquement. L'une des différences majeures entre les deux armes réside dans le fait que chaque douille évacuée par l'automatique porte la marque indélébile de l'éjecteur, ce qui n'est pas le cas avec un revolver.

Le sergent G. Hill ne pouvait donc pas se tromper lorsqu'il disait que Tippit avait été tué avec un automatique. Or, l'arme retrouvée sur Lee Oswald lors de son arrestation au Texas Theatre était un revolver. A moins qu'Oswald ne se soit amusé à changer d'arme en cours de route, ce fait seul jetait le discrédit sur l'argumentation du gouvernement.

Les balles retrouvées dans le corps de l'agent Tippit appuyaient davantage encore l'hypothèse du coup monté. Le médecin légiste de Dallas avait retiré quatre balles lors de l'autopsie. Trois d'entre elles étaient enrobées de cuivre et provenaient de la manufacture Winchester Western. La quatrième était en plomb et sortait des usines Remington-Peters.

Le fait me parut des plus étranges, car les balles ne sont jamais vendues en lots dépareillés. Les utilisateurs achètent soit une boîte de Winchester, soit une de Remington, mais non un assortiment des deux. La découverte de balles de deux marques différentes dans le corps de Tippit me donnait à penser — comme l'aurait pensé n'importe quel officier de police un peu expérimenté — qu'il y avait eu deux tireurs. Cela concordait avec les témoignages d'Acquilla Clemons et des époux Wright.

En cas d'homicide, la procédure normale veut que la police criminelle envoie les balles au laboratoire du F.B.I. à Washington. En l'occurrence, les responsables de l'enquête n'envoyèrent qu'une *seule* balle au labo, en prétendant que c'était la seule qu'on eût trouvée dans le cadavre.

A la surprise générale, le labo constata que cette balle ne correspondait pas au revolver d'Oswald. En découvrant cette bizarrerie, la commission Warren se demanda si l'on ne pouvait pas dénicher d'autres balles, mieux adaptées à sa thèse. Et, comme par enchantement, alors que la commission n'avait jamais eu connaissance du rapport d'autopsie, on s'aperçut tout à trac que quatre balles — et non une seule — avaient été extraites du corps de Tippit. La commission — qui, d'habitude, ne s'embarrassait pas de ce genre de détails — demanda donc au F.B.I. d'enquêter sur les trois balles manquantes. On les retrouva quatre mois plus tard, couvertes de poussière, dans les archives de la division criminelle de Dallas.

Ces pièces à conviction furent envoyées au labo du F.B.I. Mais l'expert en balistique, Mr Courtlandt Cunningham, déclara qu'il était impossible de dire si l'une des quatre balles avait été tirée par le revolver saisi sur Lee Oswald.

Les douilles soi-disant ramassées sur les lieux du crime se révélèrent encore plus problématiques. Il faut savoir que, si les balles avaient été authentifiées par le médecin légiste, les douilles, elles, étaient sous la responsabilité de la police depuis le début.

Le jour même du meurtre de l'agent Tippit, la brigade criminelle de Dallas avait dressé un inventaire des pièces à conviction dont elle disposait — une procédure tout à fait normale. Or, bien que de nombreux témoins aient dit avoir vu des douilles éparpillées sur le sol et que les premiers messages radio enregistrés aient décrit l'arme du meurtre comme un automatique en raison des marques laissées par l'éjecteur, cet inventaire ne comportait aucune douille.

Ce n'est que six jours après avoir envoyé une balle unique au labo du F.B.I. à Washington que la brigade criminelle de Dallas ajouta dans son inventaire quatre douilles prétendument trouvées sur les lieux du crime. Celles-ci furent adressées à Washington et le labo attesta qu'elles provenaient bien du revolver qu'Oswald avait soi-disant acheté par correspondance sous le nom d'A. Hidell.

La police de Dallas dut être soulagée d'entendre ce résultat mais, à mes yeux, l'apparition tardive de ces douilles sentait la magouille à plein nez. En effet, si elles avaient été ramassées avant l'arrestation d'Oswald, elles auraient dû figurer dans l'inventaire et être envoyées au labo le soir même du meurtre; mais elles le furent seulement après que la police de Dallas eut pris connaissance des conclusions négatives du labo. (Des conclusions qui avaient dû être transmises par télex à l'antenne du F.B.I. à Dallas en moins de vingt-quatre heures.)

La vérité me semblait claire. N'ayant pas réussi à faire identifier le revolver d'Oswald par l'expertise de la balle, la police de Dallas n'allait évidemment pas envoyer des douilles portant la marque d'un éjecteur de pistolet automatique. Selon moi, un homme de Dallas a tiré avec le revolver confisqué à Oswald *après* son arrestation pour obtenir les quatre douilles nécessaires, qui ont été ensuite envoyées à Washington.

Mais la compétence n'était décidément pas l'apanage de la brigade criminelle de Dallas, même pour fabriquer de fausses preuves. Le labo du F.B.I. trouva que *deux* des douilles provenaient de la manufacture Western et les deux autres de Remington. Puisque le même labo avait déjà conclu que *trois* balles extraites du cadavre de Tippit étaient des Western cuivre et la quatrième une Remington plomb, il y avait une incohérence manifeste.

Pire encore, lors des auditions de la commission Warren, il apparut, de façon fort embarrassante, que les douilles envoyées à Washington n'étaient pas celles retrouvées sur les lieux du crime. L'un des témoins, Domingo Benavides, avait ramassé deux douilles qu'il avait remises à l'agent J.M. Poe. Le sergent Gerald Hill avait ordonné à celui-ci de les marquer, c'est-à-dire d'y inscrire ses initiales. Il s'agit là d'une procédure de routine que pratiquent tous les officiers de police.

Poe déclara à la commission Warren qu'il croyait les avoir marquées, mais ne pouvait pas le jurer. Lors de l'audition, il ne put retrouver sa marque sur aucune des quatre douilles qu'on lui présenta. Le sergent W.E. Barnes fut plus formel : il avait réceptionné deux douilles apportées par Poe au poste de police et y avait gravé ses propres initiales par sécurité. Eh bien, il fut lui aussi dans l'impossibilité d'identifier ces deux douilles.

Après avoir passé en revue tous ces faits, je compris que le moment était venu de faire fonctionner ma matière grise. Tout portait à croire que l'agent Tippit avait été tué par deux hommes. Cela ne me surprenait pas. En effet, les instigateurs de l'assassinat du Président Kennedy n'auraient jamais pris le risque de faire supprimer un agent de police bien entraîné par un seul tueur armé d'un .38. Une balle de .38 est rarement mortelle du premier coup et un agent touché a généralement la ressource de riposter. Donc, si l'élimination de Tippit avait quelque importance dans le complot — pour des raisons qui restent encore à définir — il fallait au moins deux hommes pour effectuer le travail proprement.

L'évidente innocence d'Oswald dans le meurtre de Tippit confirmait mes recherches précédentes établissant qu'Oswald était un mou, incapable d'une telle violence. A l'approche du procès Shaw, je savais que, si je parvenais à en convaincre le jury, nos chances d'obtenir une condamnation seraient considérablement accrues. Cela conduirait immanquablement le jury à prendre au sérieux l'hypothèse d'une conspiration contredisant le scénario de la commission Warren.

Mais, à mon sens, l'affaire Tippit était surtout significative en ceci qu'elle révélait une énorme tentative de dissimulation de la part des services de police de Dallas — ou du moins de la brigade criminelle. Dans une ville de la taille de Dallas, la brigade criminelle était relativement restreinte et devait compter six à neuf hommes au maximum. Dans ces conditions, le maître d'œuvre d'une conspiration aussi bien orchestrée était en mesure de déterminer à l'avance *qui* serait chargé de l'enquête et de contrôler les personnages clés. Mais le fait que cette brigade, régimentée d'une main de fer par le capitaine Will Fritz depuis plus de trois décennies, avait dissimulé et falsifié des pièces à conviction ne signifiait pas que toute la police de la ville fût coupable.

Je me remémorai ce que j'avais appris sur l'attitude de cette brigade dans l'affaire Kennedy. Après avoir découvert une possible arme du crime, une carabine Mauser .7,65, au sixième étage du Texas School Book Depository, elle l'avait brusquement égarée. (Voir chapitre 7.) Elle avait « cuisiné » Oswald pendant 12 heures et avait omis de retranscrire un seul mot de l'interrogatoire. (Voir chapitre 2.) Elle avait permis que plusieurs suspects arrêtés dans les parages de Dealey Plaza soient relâchés sans avoir pris ni leur nom ni leur photo. (Voir chapitres 2 et 16.) Elle avait négligé de rechercher le break Nash Rambler qui, selon le témoignage du shérif en second Roger Craig, avait emmené Oswald au sortir du Book Depository. Elle avait même menti en niant que Craig eût été présent au quartier général de la police. (Voir chapitre 7.) Pire : elle avait laissé tuer Oswald dans le sous-sol de son propre Q.G., entouré par des dizaines de policiers, et avait immédiatement clos le dossier de l'assassinat de Kennedy, considérant que l'affaire était résolue.

Désormais, à ce terrifiant palmarès venait s'ajouter la manipulation manifeste des pièces à conviction dans l'affaire Tippit. Pour mémoire : la dissimulation des trois balles, la disparition des douilles d'automatique retrouvées sur les lieux, la « découverte » tardive des douilles de revolver, l'absence de tout avis de recherche concernant les deux hommes aperçus par des témoins oculaires.

Au début, j'avais cru que le but de la brigade de Dallas était de charger Oswald, l'homme qu'elle avait hâtivement désigné comme l'assassin. Elle avait voulu à tout prix lui faire porter le chapeau pour le meurtre de Tippit afin de le présenter comme un homme violent et impulsif, capable de tuer le Président sans raison apparente.

Mais en revoyant le dossier, une idée encore plus terrifiante me vint à l'esprit. Si la brigade criminelle avait systématiquement falsifié les faits, ce n'était peut-être pas seulement pour épingler Oswald dans un élan de patriotisme mal placé. Elle l'avait peut-être fait *intentionnellement*, pour protéger les véritables tueurs de John Kennedy et de J.D. Tippit. Si cela s'avérait, cela signifiait que nous avions affaire à une faute bien plus grave que la simple incompétence ou même la dissimulation. Cela voulait dire que la brigade criminelle de Dallas — ou du moins ses principaux responsables — avait au pire collaboré avec les conspirateurs et, au « mieux », couvert l'assassinat après coup.

16

La fuite des assassins

On s'était toujours trop occupé des exécutants et pas assez de ceux qui avaient organisé et payé l'assassinat de John Kennedy et qui en avaient bénéficié. Le fait que tant de suspects qui s'étaient trouvés autour de Dealey Plaza le 22 novembre 1963 avaient été laissés en liberté par les autorités de Dallas m'intéressait énormément. Si ces suspects avaient été arrêtés, comme il se devait, et interrogés consciencieusement, estimais-je, l'un d'eux aurait sans doute pu conduire les autorités sur la piste des organisateurs de l'attentat.

Par le shérif adjoint Roger Craig et d'autres témoins, je connaissais déjà l'exode de trois hommes suspects du Dépôt de livres, peu après les coups de feu mortels. Le véhicule dans lequel ils s'enfuirent était un break Nash Rambler de couleur claire, avec un porte-bagages sur le toit. Il était garé pendant la fusillade dans Houston Street près de l'entrée de derrière du Dépôt et tourné vers le *nord*, à l'opposé du sens unique de cette artère. Personne n'avait observé de conducteur attendant au volant, alors qu'il était en stationnement.

Après le tir, les trois hommes sortirent en courant par l'entrée de service du Dépôt et s'engouffrèrent dans le break. La voiture démarra si vite, en sens interdit, dans Houston, qu'une des portières était restée ouverte et battait. Je savais par Craig qu'elle avait fait demi-tour et s'était arrêtée devant la porte principale du Dépôt pour prendre un autre jeune homme. Celui-ci sauta dans le break qui redémarra aussitôt, à vive allure.

Le plus ahurissant, dans ce bref épisode, n'est pas que les policiers n'intervinrent en rien mais que les mouvements du break furent si audacieux. A croire que le conducteur savait qu'il ne risquait pas d'être interpellé. A vrai dire, l'automobiliste américain moyen a plus d'ennuis en conduisant normalement dans le centre de n'importe quelle ville des États-Unis en plein après-midi que le conducteur de ce break fonçant en sens interdit sur les lieux de l'assassinat du Président des États-Unis. Le rapport de Roger Craig sur cet incident au chef de la brigade criminelle de Dallas, Will Fritz, n'alla pas plus loin, on s'en souvient. Personne ne chercha même à savoii à qui appartenait le break.

Des témoins, derrière le cortège présidentiel, entendirent des coups de feu venant non seulement du Dépôt de livres mais aussi de l'immeuble Dal-Tex près du carrefour Houston-Elm. Un homme au moins, arrêté immédiatement après le tir, était sorti en courant de ce building et n'avait donné aucune explication de sa présence en ce lieu. Les autorités locales ne pouvaient guère éviter de l'arrêter, à cause des clameurs des nombreux témoins. Il fut emmené au bureau du shérif où il fut mis en garde à vue pour interrogatoire. Pourtant, les archives du shérif ne gardent aucune trace des questions qui lui furent posées, si tant est qu'on lui en posât. Il n'y a même pas trace de son nom. Plus tard, deux agents en tenue l'escortèrent hors des bureaux sous les huées de la foule. Ils le firent monter dans une voiture de police et l'emmenèrent. Ce fut apparemment son adieu à Dallas, car il disparut tout simplement, pour toujours.

Un autre homme fut arrêté au building Dal-Tex. D'après les autorités de la police de Dallas, il déclara s'appeler Jim Braden et il fut relâché après contrôle d'identité. Étonnamment, cette fois, le gouvernement fédéral fournit généreusement de nombreux renseignements sur ce suspect. Son vrai nom, nous dit-on, était Eugene Hale Brading et c'était un repris de justice, avec plusieurs dizaines d'arrestations à son casier. Au cours des quelques mois précédant l'attentat, il avait pris le nom de Braden sous lequel son affaire de pétrole de Los Angeles était enregistrée. Il expliqua aux autorités qu'il était à Dallas pour affaires, avec l'autorisation de l'agent chargé de sa surveillance en tant que détenu libéré sur parole. Quelques jours plus tôt, il avait obtenu un rendez-vous avec l'un des fils de H.L. Hunt, le milliardaire du pétrole. Braden était dans l'immeuble Dal-Tex à l'heure de l'assassinat, disait-il, parce qu'il voulait téléphoner. Quand il avait trouvé le taxiphone en dérangement il était ressorti et avait été arrêté.

Cette histoire contenait plusieurs pistes conduisant à ce que je sais maintenant être de « faux sponsors » de l'attentat. Non seulement l'explication que donnait l'homme de sa présence dans l'immeuble Dal-Tex était vague mais il avait un casier judiciaire chargé et des relations évoquant le « crime organisé », le faux sponsor numéro un auquel les médias firent vaguement allusion, et sa piste menait à H.L. Hunt, un représentant des magnats du pétrole du Sud-Ouest, le faux sponsor numéro deux qui semblait constamment surgir. Après analyse approfondie, cependant, il devint évident que la contribution de Braden à l'assassinat fut un gros zéro. J'en conclus que c'était sans doute pour cela que son nom

— le seul de tous les suspects — avait été livré au public.

Je me rendis compte que les autorités locales avaient également négligé des suspects se trouvant sur le tertre herbeux devant le cortège présidentiel. J'avais appris depuis longtemps que Julia Ann Mercer avait vu un homme portant un fourreau à fusil, sur ce tertre, une heure avant l'attentat. Des agents de police qui se trouvaient sur le viaduc observèrent ce qui se passait mais n'intervinrent pas. (Voir chapitres 2 et 17.)

Ce fut seulement bien plus tard que j'appris qu'encore un autre suspect s'était échappé immédiatement après les coups de feu en glissant littéralement sur la pente derrière le tertre herbeux, jusqu'à sa voiture. Tom Tilson, un officier de police qui n'était pas de service, avait entendu la nouvelle de l'attentat à sa radio de bord et avait vu passer à grande vitesse la voiture du Président. En arrivant près du passage supérieur, il vit un homme glisser sur la pente herbeuse à l'ouest, du côté opposé au Dépôt de livres. C'était le seul homme que l'agent Tilson voyait courir en fuyant le lieu de l'attentat, alors il l'observa. L'homme glissa contre le flanc d'une voiture en stationnement, jeta quelque chose sur le siège arrière, sauta au volant et démarra en trombe.

Tilson suivit la voiture dans une folle course-poursuite. Quand il s'en approcha assez, il donna le numéro d'immatriculation, la marque et le modèle à sa fille qui l'accompagnait. Elle nota les informations et une fois que la voiture lui eut échappé, il avertit la brigade criminelle de Dallas ; mais il n'y eut aucune réaction de la Criminelle. L'agent Tilson n'entendit plus parler de ce suspect qu'il avait poursuivi.

Au moment où je m'intéressais à la question des

suspects échappés, un informaticien de New York, Richard E. Sprague, entra en contact avec moi. Il avait collcctionné et longuement étudié un grand nombre des 500 photos et films (environ) pris à Dealey Plaza le jour de l'attentat. Il était particulièrement intéressé par plusieurs photos de presse montrant l'arrestation de trois hommes, près de la voie de chemin de fer derrière le tertre herbeux, par des policiers armés de fusils.

En cxaminant minutieusement de nombreuses photos prises du tertre vers l'avant droit de la voiture présidentielle, Sprague retraçait la fuite de ces trois hommes courant du tertre vers un wagon de marchandises vide sur la voie ferrée, où ils étaient arrêtés. Je me rappelai ces hommes dont faisait état le témoignage du sergent Harkness à la commission Warren. Les « vagabonds et clochards », comme les décrivait Harkness, étaient arrêtés dans le wagon couvert juste au moment où le convoi de marchandises, par hasard ou comme prévu, s'apprêtait à quitter la gare. Le train déjà en marche était arrêté par l'aiguilleur Lee Bowers, aux commandes dans sa tour de contrôle, permettant aux policiers de monter dans le wagon couvert. Au dire de Harkness, les trois suspects furent « emmenés au poste de police et interrogés ». Néanmoins, il n'existe aucune trace de ces suspects, pas de noms, pas de photos anthropométriques, pas d'empreintes digitales, pas de tests de nitrate. A un moment ou un autre, ceux-là aussi furent relâchés par les autorités de Dallas.

Les photos des « clochards » avaient été prises par William Allen, du *Dallas Times Herald* et Joe Smith du *Fort Worth Star* alors que les suspects arrêtés passaient devant le Dépôt de livres, probablement alors qu'on les emmenait au poste pour les interroger. Sprague pensait que ces photos, qui assez curieusement n'avaient jamais été publiées, pourraient aider à éclaircir certains mystères entourant l'assassinat. Si les « vagabonds » ou les policiers qui les escortaient étaient identifiés, de nouvelles voies d'investigation seraient ouvertes.

Je répondis à Sprague que je voulais des exemplaires de ces photos et lui demandai de m'en envoyer immédiatement. J'étais justement sur le point de prendre l'avion de New York pour répondre à l'invitation de Johnny Carson de participer à son émission de télévision. C'était une rare occasion de m'adresser directement au grand public américain, au sujet de notre enquête, et je voulais avoir ces photos sur moi, comme documentation. Sprague s'arrangea pour qu'elles me soient remises à l'aéroport de La Nouvelle-Orléans.

L'occasion de paraître dans le show Carson m'avait été offerte, de manière inattendue, grâce aux efforts de Mort Sahl, qui séjournait à ce moment à La Nouvelle-Orléans et n'ignorait pas mes difficultés de communication avec le public par l'intermédiaire des médias. Même les conférences de presse les plus simples passaient par un processus de « traduction », si bien que ce qui paraissait dans la presse n'était jamais exactement ce que j'avais dit. Mort Sahl, étant une vedette de la télévision, avait bien plus de facilités que moi et un soir qu'il était au programme de Carson il fut question de l'assassinat et de mon enquête. Brusquement, Sahl s'adressa aux téléspectateurs et au public, pour demander s'ils ne pensaient pas que Carson devrait m'inviter dans son émission. La réponse fut tellement affirmative que la chaîne et Carson n'eurent pas le choix. Je reçus par télégramme une invitation que je m'empressai d'accepter.

Dans l'avion de New York, j'ouvris le paquet de photos que Sprague avait envoyé. Il n'y en avait guère qu'une demi-douzaine. J'examinai avec attention les personnages représentés. Un des trois hommes arrêtés était de taille moyenne avec de larges épaules, des cheveux ébouriffés tirant sur le blond et un demi-sourire; les deux autres étaient petits et leur figure n'exprimait aucune inquiétude particulière. L'un d'eux était coiffé d'un vieux feutre cabossé mais rejeté sur la nuque, révélant des cheveux coupés court sur les côtés.

Ce détail m'inspira aussitôt des questions. A ma connaissance, les vagabonds et les clochards qui « brûlaient le dur » autrefois (voyageant clandestinement dans les trains de marchandises) avaient des cheveux en broussaille et trop longs, inévitable résultat d'une vie nomade. Mais chacun de ces trois hommes était manifestement allé chez le coiffeur récemment Et les photos 20 × 25 révélaient nettement qu'ils étaient bien rasés.

Tous trois portaient de vieux vêtements assez élimés mais propres. Et tandis que les vrais clochards ont des souliers éculés aux semelles trop minces et usées, il n'y avait pas de souliers éculés sur ces photos.

Plusieurs détails posaient des questions, aussi, sur les policiers. Tout d'abord, les hommes arrêtés n'avaient pas de menottes aux mains, ce qui était bizarre. Pour des délits aussi graves que l'assassinat d'un Président, la police met tout de suite les menottes à ses prisonniers; ces hommes étaient sûrement assez dangereux puisqu'ils étaient escortés par des agents armés de fusils, et dans ce cas ils auraient dû avoir des menottes. Pourtant, pour une raison inconnue, on épargnait à ces prisonniers-là les désagréments habituels subis par les personnes surprises à fuir le lieu d'un crime.

Un autre détail insolite, c'était que les agents, sur ces photos, ne tenaient pas leur fusil au port d'armes, selon l'usage. Chacun le portait différemment, avec nonchalance, comme s'ils allaient chasser le perdreau. Et puis il y avait le fait curieux du pantalon d'un des agents, qui ne lui allait pas du tout. La police de Dallas, pensais-je, devait bien avoir des normes d'uniformes, mais la tenue de cet agent-là ne pouvait en aucune façon s'y conformer.

Il y avait finalement un aspect intéressant du policier marchant en tête, apparemment le chef de ce peloton d'arrestation. Grand, mince, il portait à l'oreille un minuscule récepteur radio, un appareil en plastique mesurant moins d'un centimètre sur cinq millimètres. Je savais qu'en 1963 la plupart des Services de renseignements possédaient ces appareils mais aucune police locale, à ma connaissance.

Tous ces détails réunis m'amenèrent à me demander si les trois hommes mal vêtus étaient réellement des clochards mais encore si les agents en tenue armés de fusils étaient bien des policiers. Comme je savais que les suspects avaient été relâchés sans qu'il y ait eu la moindre trace de leur arrestation, je m'interrogeais sur ces deux points-là.

Je me demandai si la police de Dallas avait été infiltrée ou s'il y avait usurpation d'identité, ou les deux. En revanche, je savais qu'un nombre remarquable de suspects avaient mystérieusement disparu sans laisser de traces et que les photos que Sprague m'avait envoyées devraient me permettre de prouver cela au peuple américain. En rangeant ces clichés dans ma valise, je me promis que toutes les personnes assistant au show Johnny Carson ou le regardant sur le petit écran auraient l'occasion de les voir.

Le lendemain, en début d'après-midi, je me rendis comme convenu aux bureaux de Carson à la N.B.C. L'émission avait lieu ce soir-là. On m'expliqua que dans des occasions spéciales, les invités étaient interviewés avant leur apparition en direct, pour que Carson puisse se faire une idée du sujet à débattre. Je l'acceptai volontiers. Sur ce, trois ou quatre messieurs élégants, selon toute évidence des avocats, entrèrent dans la pièce. Ils m'interrogèrent pendant plusieurs heures, pour savoir quelle serait ma réponse à certaines questions. J'y répondis au pied levé et mes propos furent notés.

Carson lui-même fit une brève apparition, pour l'accueil d'usage avant l'émission. Il me parut raide et mal à l'aise. Pour faire un peu de conversation je lui confiai que j'étais né dans une petite cité de l'Ouest, pas très loin de sa ville natale du Nebraska. Pour toute réponse, il jeta un coup d'œil à sa montre et s'en alla. Je fus surpris de découvrir qu'un personnage si jovial, souriant perpétuellement à la caméra, pouvait être aussi froid hors du plateau.

Ce soir-là, j'arrivai de bonne heure au studio. Une heure avait été réservée pour que Carson m'interroge. Après une brève attente dans une petite pièce verte, quelqu'un arriva, tira de côté un immense rideau et je me trouvai brusquement sous les projecteurs. Le public applaudissait si chaleureusement que j'en fus tout réjoui et lui adressai mon plus large sourire, en agitant la main.

En allant m'asseoir à côté de Carson, je remarquai que son bureau était couvert de questions et de réponses dactylographiées. Il ne me fallut qu'un coup d'œil pour comprendre que c'était tout mon interrogatoire de l'après-midi par les avocats. On avait tapé à la suite des suggestions de questions à me poser.

Carson commença par m'en lire une, longue et alambiquée, du genre: « Avez-vous cessé de battre votre femme ? » C'était un méli-mélo de spéculations bizarres et insensées sur l'assassinat, dont aucune ne se rapprochait, même de loin, de mes déclarations.

Après une minute ou deux, je vis qu'il avait fini et attendait que je réponde. Ses petits yeux sans humour, comme deux billes foncées, étaient fixés sur moi. Il avait vraiment l'air de croire que j'étais à la source de ces invraisemblables balivernes intellectuelles ; soudain, j'eus le plus grand mal à me retenir de rire et cela dut se voir.

— Johnny, dis-je, combien de temps me donnez-vous pour répondre à celle-là ?

Quand il vit que j'avais complètement écarté sa question, il baissa les yeux et lut la suivante. Il fut alors évident pour moi qu'il allait ainsi réciter comme un perroquet chaque question, lire mes réponses et les faire suivre d'une autre colle imaginée par ses avocats. Cela me convenait très bien. Homme de loi moi-même, j'avais l'habitude des débats contradictoires. Mais je savais aussi que Carson était accoutumé à des invités qui approuvaient en souriant tout ce qu'il racontait.

Je m'étais franchement attendu à un échange de vues sans détour, avec Johnny Carson. Je n'entendais aucunement jouer au plus fin avec lui ni entrer dans son jeu. Alors je changeai promptement tout mon *modus operandi*. Le plus nonchalamment du monde, je commençai à m'écarter des réponses que j'avais données dans l'après-midi.

Naturellement, je n'en modifiai pas la substance. Je changeai simplement la forme ou, dans certains cas, la portée ; par exemple, lorsque c'était une réponse en deux parties, je les intervertissais. Après quelques questions, je vis au mouvement des doigts de Carson le long des feuillets qu'il avait perdu le fil. Il ne le retrouva pas.

Je ne cherchais pas à ruser, pas plus que je n'allais tenter de faire assaut d'esprit avec un grand comique comme Carson. Je faisais simplement ce qu'en tant qu'avocat je réussissais le mieux. Très progressivement, je fis basculer notre colloque jusqu'à ce que ce soit moi qui pose les questions. Il n'était pas préparé, bien entendu, à traiter un sujet aussi complexe que celui-là. Quand, visiblement dérouté, il me demanda pourquoi le gouvernement continuait de dissimuler des preuves, comme je le laissais entendre, je compris que le moment de montrer les photos était venu.

— Ne me le demandez pas, John, dis-je en ouvrant mon porte-documents. Posez la question à Lyndon Johnson. Vous *savez* qu'il doit connaître la réponse.

Il me regarda bouche bée.

— Je crois qu'il vaut mieux vous montrer des images, repris-je, et je plongeai la main dans ma serviette. Avant qu'on puisse m'en empêcher, je levai devant la caméra un des agrandissements montrant les trois hommes emmenés par la police de Dallas armée de fusils. Il fallut un instant à Carson pour reconnaître la scène et alors sa main jaillit vers mon bras comme un cobra, pour me le faire baisser, si violemment que la photo sortit du champ.

— Ce genre de clichés ne se voient pas à la télévision, dit-il sèchement.

Je levai de nouveau la photo devant l'objectif

— Mais si, voyons, assurai-je. La caméra va la capter.

— Non, elle ne peut pas, insista-t-il en tirant encore plus fort sur mon bras.

Je parvins tout de même à hausser la photo une troisième fois. Mais je vis un voyant rouge clignoter et je compris que le directeur de la régie avait coupé cette caméra probablement pour montrer le public et diffusait cette image moins embarrassante d'un bout à l'autre de l'Amérique.

Alors, avant que quelqu'un change de sujet, je déclarai d'une voix forte:

— Ces trois hommes arrêtés n'ont plus jamais été revus. Ils se sont tous échappés.

J'avais communiqué ce que je voulais. Naturellement, j'eus un présentateur furieux sur les bras pendant tout le reste de l'émission mais c'était son problème, pas le mien.

Dans l'avion qui me ramenait à La Nouvelle-Orléans, je songeai au parti pris de Carson et des avocats de la N.B.C. qui m'avaient interrogé. Ils avaient été décontenancés par mon point de vue, moins parce qu'il différait du leur que parce que je défendais explicitement l'existence d'une *conspiration* dans l'assassinat du Président Kennedy. Je me rappelai le mépris à peine voilé des avocats chaque fois qu'ils envisageaient l'idée du complot. Je me faisais l'effet d'un Allemand qui dans les années 39 aurait publiquement douté de la santé mentale d'Adolf Hitler et qui aurait été interrogé avant d'être expédié dans un hôpital psychiatrique. Je me souvins que Carson lui-même avait failli perdre les pédales dans la chaleur de notre débat alors que je m'entêtais à parler de conspiration.

Pourquoi, me demandai-je, ces gens qui étaient au cœur même de l'industrie médiatique de New York étaient-ils aussi allergiques à toute idée de complot ? Qu'y avait-il là de si inconcevable, de si totalement inimaginable ?

A ce moment, et peut-être bien pour la première fois, je me rendis compte que ce qui pétrifiait ces gens, ce qui figeait leur cerveau et les affolait, c'était qu'en reconnaissant qu'un complot avait été organisé on reconnaissait en même temps qu'il l'aurait été pour une raison, dans un but précis : changer la politique du gouvernement. Après avoir proclamé au monde entier, pendant si longtemps, que nous étions merveilleux, ici dans le plus grand pays du monde, les gens des médias n'avaient aucune envie de reconnaître que notre magistrat suprême pouvait être éliminé de manière aussi brutale, afin de changer la politique du gouvernement. Ce serait faire mentir la démocratie américaine. Cela, c'était inadmissible. Par conséquent, dans leur esprit, l'assassinat ne pouvait être qu'un événement de hasard, l'œuvre d'un déséquilibré isolé.

Je repris les photos des hommes arrêtés sous la menace des fusils. Les photographes de presse qui les avaient prises n'avaient certainement pas cherché à dissimuler quoi que ce fût. Ils étaient arrivés sur les lieux dès que possible et ils avaient pris autant de photos qu'ils pouvaient. Et ils s'étaient précipités à leur rédaction avec les résultats.

N'importe laquelle de ces photos était cent fois digne d'un prix Pulitzer. Collectivement, elles étaient parmi les plus importantes jamais prises. Pourquoi, dans ce cas, les rédacteurs en chef et les patrons de presse n'avaient-ils pas sauté sur l'occasion de faire un scoop, d'être les premiers à publier ces photos sensationnelles ?

Je ne pouvais accepter l'idée d'une gigantesque conspiration médiatique organisée. C'était trop invraisemblable. Pourtant, *quelque chose* s'était passé pour empêcher ces clichés de voir le jour.

Et quelque chose m'était arrivé aussi, à New York. Pourquoi avais-je été interrogé à l'avance pour que Carson connaisse mes réponses probables ? Il m'avait tiré le bras pour que les photos ne restent pas dans le champ de la caméra. Pourquoi ? Et pourquoi le directeur de la régie avait-il coupé cette caméra pour que les photos ne soient pas vues ?

La seule explication raisonnable, réaliste, c'était le contrôle. Pas celui de ces petites cabales de Washington ou de New York, même, qui décident de ce qui doit être publié ou diffusé. Non. C'était un contrôle d'un genre infiniment plus vaste : par exemple une personnalité très haut placée appartenant à un Service de renseignements fédéral explique à un patron de journal les effroyables conséquences qu'aurait pour la Sécurité nationale la publication de photos avant que le gouvernement les ait étudiées, ou un coup de téléphone d'un homme politique du Texas, ami d'enfance de Lyndon Johnson, au président d'une chaîne de télévision pour lui dire le grand tort qui serait fait au peuple si de telles photographies étaient montrées au grand public.

Il m'était difficile d'y croire car si j'avais été patron de presse, mon premier soin, dans un cas pareil, aurait été de veiller à ce que les photos soient publiées à la une, aussi grandes que possible, pour qu'elles n'échappent à personne. Néanmoins, je devais admettre que je ne pensais pas comme la plupart des patrons de presse qui, eux, avaient l'air de ne pas du tout voir les choses comme moi.

C'était tragique mais, en fin de compte, les principaux médias s'étaient laissé persuader de suivre la ligne officielle. Par incompétence ou intention et, tout autant que les autorités de Dallas qui avaient permis à tant de suspects de s'échapper, ils avaient ratifié l'assassinat.

17

Les enquêteurs récalcitrants

Certains des meilleurs témoins de l'attentat finirent par nous joindre, quand il devint évident à leurs yeux que ni les agents fédéraux ni la police de Dallas ne s'intéressaient à ce qu'ils avaient vu. Julia Ann Mercer n'était pas simplement un de ces témoins. A vrai dire, aucun autre ne m'éclaira aussi parfaitement sur l'étendue de l'étouffement.

Mercer n'était qu'à quelques mètres lorsqu'un des tireurs fut déposé au tertre herbeux peu avant l'arrivée du cortège présidentiel. Elle fut donc témoin non seulement de la préparation de l'assassinat du Président mais aussi de la conspiration.

Elle fit une déposition au F.B.I. et au bureau du shérif de Dallas, puis elle retourna au F.B.I. et fournit plusieurs déclarations supplémentaires mais elle ne fut jamais convoquée devant la commission Warren, pas même pour un simple affidavit.

Beaucoup plus tôt, j'avais lu les déclarations de Julia Ann Mercer dans les pièces à conviction de la commission Warren mais je n'avais pas eu l'occasion de lui parler. Et puis un jour, au début de 1968, son mari me téléphona, à mon cabinet. Il me dit qu'il était à La Nouvelle-Orléans avec sa femme, pour affaires, et qu'ils avaient quelque chose à me dire. J'acceptai de les rencontrer au Fairmont Hotel où ils étaient descendus.

En arrivant dans leur appartement, je découvris un couple fort impressionnant. Lui, un homme d'âge moyen, manifestement riche et important, avait été représentant de l'Illinois au Congrès. Elle, intelligente, élégante, était le genre de témoin qu'un avocat de la défense adorerait avoir à la barre devant un jury. Quand son mari fut parti s'occuper de ses affaires, je lui montrai des copies des déclarations versées au dossier de la commission Warren. Elle les lut très attentivement et secoua la tête.

— Tout a été falsifié, me dit-elle. Ils me font dire exactement le contraire de ce que je leur ai vraiment déclaré.

Une heure environ avant l'attentat, elle était en voiture dans Elm Street, se dirigeant vers l'ouest, quand elle avait été arrêtée — juste après le tertre herbeux — par un embouteillage. Elle fut étonnée parce qu'elle se souvenait que le cortège présidentiel allait bientôt passer et elle aperçut alors un jeune homme descendre d'une camionnette sur sa droite, portant un fusil pas très bien dissimulé par une espèce de fourreau. Elle le vit gravir « le talus herbeux qui forme une partie du passage supérieur ». Elle regarda plusieurs fois le conducteur de la camionnette, elle put très bien voir sa figure ronde et ses yeux marron, et il la dévisagea de son côté.

Mercer observa aussi trois agents de police debout près d'une motocyclette, sur le pont routier au-dessus d'elle et juste devant. Ils manifestaient visiblement leur curiosité à la vue du jeune homme grimpant sur le tertre herbeux avec un fusil.

Après l'attentat, quand elle chercha à transmettre cette information aux représentants de l'ordre, leur réaction fut presque frénétique. Au bureau du F.B.I., où elle alla dès le lendemain, on lui montra plusieurs photos anthropométriques. Parmi celles qu'elle choisit qui ressemblaient le plus au conducteur de la camionnette, il y en avait une de Jack Ruby. Le dimanche, quand elle vit à la télévision Ruby tuer Oswald, elle reconnut absolument le conducteur de la camionnette et se hâta d'en avertir le bureau local du F.B.I. Mais celui-ci modifia sa déclaration et ne nota même pas qu'elle avait fourni une identification positive.

Elle rit, en me le répétant.

— Vous voyez, le F.B.I. en a fait exactement le contraire de ce que j'avais dit ! Il était à moins de trois mètres de moi, même pas ! Comment n'aurais-je pas reconnu Jack Ruby quand je l'ai vu tirer sur Oswald en direct à la télévision ?

Le bureau du shérif de Dallas se livra à la même fraude laborieuse en y ajoutant ses propres idées imaginatives. Mercer n'avait été en présence d'aucun notaire dans le bureau du shérif et pourtant on y classa une attestation sous serment lui faisant dire qu'elle n'avait pas identifié le conducteur mais pourrait le reconnaître « si je le revoyais », et transformant d'autres détails.

— Voyez cette signature notariée. Ce n'est pas la mienne non plus. J'écris mon nom avec un grand A, comme ça, me dit-elle, et, prenant son stylo, elle me fit la démonstration.

Il était évident que la signature apposée sur cette fausse déclaration ne ressemblait même pas à la sienne.

Julia Ann Mercer écrivit alors en marge de ces copies des falsifications du F.B.I. et du shérif de Dallas la version correcte de ce qu'elle avait vu. Cette version n'avait pas été jugée acceptable par Dallas mais elle m'était précieuse. Tenant compte de la mort subite de nombreux témoins qui semblaient en avoir trop vu pour leur bien, je pensai qu'elle devrait signer de son nom de jeune fille, comme elle l'avait fait tout de suite après l'attentat. Elle suivit mon conseil.

En retournant à mon cabinet, je songeai à Julia Ann Mercer. Elle avait été à deux pas d'un des incidents les plus critiques de l'attentat et c'était en vain qu'elle avait tenté de prévenir les autorités fédérales et la police de Dallas. Les implications étaient énormes. Tout d'abord, les observations de Mme Mercer apportaient la preuve qu'il y avait eu un autre tireur sur le tertre, avant le passage du Président.

Mais, pour moi, les réactions à ses déclarations étaient encore plus effrayantes. Elles prouvaient que les forces de l'ordre avaient connu dès le début l'existence d'un complot pour tuer le Président. Les autorités fédérales et locales avaient toutes deux falsifié les dépositions de Mme Mercer, précisément pour dissimuler ce fait.

J'avais déjà conclu que certains membres de la police de Dallas étaient probablement impliqués dans l'attentat ou dans l'entreprise d'étouffement qui avait suivi. Je constatais maintenant que le très respectable et respecté F.B.I. était compromis aussi. Le Bureau avait su, après tout, dès le 23 novembre 1963, quand on avait montré les photos anthropométriques à Mme Mercer, que Jack Ruby était probablement mêlé à l'affaire. C'était *la veille* du jour où Ruby tua Oswald !

Le fait que le Bureau n'avait pas cherché à faire immédiatement subir un interrogatoire à Ruby, s'ajoutant à la falsification de la déposition de Mme Mercer, me mettait très mal à l'aise. Je me demandai jusqu'à quel point mon ancien employeur était impliqué dans l'assassinat.

La réponse à ma question commença à m'arriver très vite. Mark Lane travaillait temporairement à

La Nouvelle-Orléans à son livre *A Citizen's Dissent* et m'aidait dans mon enquête. Un soir, il fit une conférence sur l'attentat à l'université de Tulane et rencontra ensuite, par hasard, un ancien du F.B.I. nommé William S. Walter. Au cours de leur conversation, Walter révéla que le 17 novembre 1963 — cinq jours avant l'assassinat — il était de service de nuit au bureau de La Nouvelle-Orléans du F.B.I. quand un avertissement était tombé sur le téléscripteur d'un attentat possible contre le Président. Il avait instantanément alerté cinq agents responsables des unités d'enquête locales et estimait avoir fait son devoir. En entendant cela, Lane se hâta d'entraîner Walter à l'écart, l'interrogea et rédigea une déclaration concernant la substance de leur conversation. Quelque temps plus tard, je rencontrai moi-même Walter et suivis cette piste, en ayant avec lui plusieurs longues conversations.

En 1976, Walter remit à la commission sénatoriale sur les Services de renseignements, présidée par le sénateur de Pennsylvanie Richard Schweiker, une copie du télex envoyé par le F.B.I. Après l'entrée en vigueur de la loi sur la liberté de l'information, Lane obtint à son tour une copie de ce télex d'avertissement et me la communiqua. Voici le texte :

URGENT 01 H 45 EST 17-11-63 HLF 1 PAGE
A : TOUS ASR
DE : DIRECTEUR
MENACE ASSASSINAT PRÉSIDENT KENNEDY À DALLAS 22 TIRET VINGT-TROIS NOVEMBRE DIX-NEUF SOIXANTE-TROIS. DIV. INFORMATIONS CONCERNANT INFORMATION ONT ÉTÉ REÇUES PAR LE BUREAS *(sic)* BUREAU A DÉTERMINÉ GROUPE RÉVOLUTIONNAIRE MILITANT POURRAIT TENTER ASSASSINER PRÉSIDENT KENNEDY LORS SON VOYAGE PROJETÉ À DALLAS TEXAS LES VINGT-DEUX TIRET VINGT-TROIS NOVEMBRE DIX-NEUF SOIXANTE-TROIS. TOUS BUREAUX DE RÉCEPTION DOIVENT IMMÉDIATEMENT CONTACTER TOUS CIS PCIS INDICATEURS SUR

GROUPE RACE ET HAINE LOGIQUE ET DÉTERMINER SI BASE EXISTE POUR MENACE. BUREAU DOIT ÊTRE TENU AU COURANT PAR TÉLÉTYPE TOUT FAIT NOUVEAU. AUTRES SERVICES ONT ÉTÉ ALERTÉS FIN ET AC K PLS.

Nous apprîmes par Walter qu'au moment où l'attentat eut lieu il déjeunait mais qu'il avait aussitôt couru au bureau du F.B.I. de La Nouvelle-Orléans. Il trouva dans le classeur le télex avertisseur ainsi que le duplicata qui l'avait bientôt suivi. Il recopia l'exacte phraséologie du télex et conserva cette copie. Peu après, il rouvrit le dossier pour voir si l'avertissement y était toujours. On l'avait retiré. Il n'en restait aucune trace, aucune référence.

Le télex était plus explicite, donnant à la fois le lieu et les dates de l'attentat. Il était adressé à tous les agents spéciaux responsables, ce qui signifiait dans tout le pays, y compris à Dallas. Et, pourtant, le F.B.I. ne fit rien. Il n'y a aucun document révélant qu'il le notifiât à qui que ce soit, pas même au Service de sécurité, aux gardes du corps du Président, qui normalement devaient être les premiers informés.

Si l'avertissement du 17 novembre avait été communiqué à tous les services, pensai-je, le changement de dernière minute de l'itinéraire du cortège présidentiel aurait été scruté plus attentivement et si on avait découvert un piège possible, il était facile d'annuler carrément le défilé. Même s'il était maintenu, on aurait alors installé sur la limousine la « bulle » en plastique pare-balles qui aurait sauvé le Président. Et les règlements draconiens exigeant la fermeture de toutes les fenêtres et l'absence de toute personne sur les toits, au passage du cortège, auraient été plus strictement imposés par le Secret Service. Au lieu de cela, alors que le cortège approchait de l'immeuble Dal-Tex et du Dépôt de livres, par l'itinéraire de remplacement, la prolifération de fenêtres ouvertes et la limousine décapotée ne permettaient pas de douter que tout souci de la sécurité du Président avait été abandonné.

Quand j'appris par Walter l'existence de ce fameux télex, cinq ans s'étaient écoulés depuis le drame. Mais, pendant ce temps-là, aucun des cinq agents que Walter avait appelés au petit matin du 17 novembre ne s'était manifesté pour révéler au peuple américain et à la commission Warren que le F.B.I. avait reçu un avertissement précis sur l'attentat cinq jours plus tôt. Aucun des agents spéciaux responsables qui, dans tout le pays, avaient reçu l'avertissement n'en parla, pas plus que le F.B.I. et son directeur J. Edgar Hoover, l'auteur du télex. Si un silence aussi évident ne révélait pas une entreprise d'étouffement total, je ne voyais pas ce qu'il fallait pour la démontrer.

Le télex avec cinq jours de préavis prit une signification supplémentaire lorsque j'appris à retardement une remarquable information, rendue publique des années auparavant par C.A. Hamblen, chef du service de nuit de la Western Union à Dallas. Une semaine environ après l'attentat, Hamblen avait déclaré à plusieurs personnes qu'une dizaine de jours avant l'assassinat Lee Oswald était venu au bureau de la Western Union pour envoyer un télégramme à Washington. Hamblen avait l'impression que cette dépêche était adressée au ministre de la Marine. Je savais par ailleurs qu'Oswald s'était plaint plusieurs fois au ministre de la Marine, ce que Hamblen ne pouvait pas savoir. Oswald protestait contre la mention « renvoyé à la vie civile pour manquement à l'honneur » qui avait remplacé le simple terme de « démobilisé » à la suite de déclarations qu'il avait faites en Union soviétique. Oswald étant un ancien marine, c'était du ministère de la Marine qu'il dépendait.

Hamblen se souvenait aussi qu'en plusieurs occasions, Oswald était venu au bureau de la Western Union pour toucher de petits mandats. Comme papiers, il montrait une carte de bibliothèque et la carte d'identité de la Marine. C'était tout ce qu'il avait.

Les souvenirs de Hamblen faisaient entrevoir une intéressante situation : environ *dix jours avant* l'attentat, Lee Oswald avait envoyé un télégramme au ministre de la Marine. Ensuite, *cinq jours* avant le drame, le Q.G. du F.B.I. avait envoyé un télex détaillé avertissant tous ses bureaux d'une tentative d'assassinat du Président. Je me demandai si, par hasard, il ne pourrait y avoir un rapport entre les deux messages.

Mes premières recherches sur les relations entre Oswald et le F.B.I. me parurent pertinentes pour cette question. Je savais depuis longtemps que le carnet d'adresses d'Oswald contenait le nom de l'agent du F.B.I. James Hosty, du bureau de Dallas. Au-dessous du nom de Hosty, Oswald avait écrit un numéro de téléphone. Je me procurai un annuaire de Dallas de 1963 et découvris que ce n'était pas le numéro du bureau local du F.B.I. Je constatai également que celui du domicile personnel de Hosty n'y figurait pas. Il était donc évident qu'Oswald avait noté ce numéro personnel, à moins que ce ne soit celui d'un centre de messages. Ce devait être Hosty lui-même qui le lui avait donné.

Je savais aussi que lorsque le F.B.I. avait révélé à la commission Warren le contenu de ce carnet d'adresses, il avait « oublié » de citer l'agent spécial Hosty et son numéro personnel noté par Oswald. La commission elle-même fut troublée quand elle eut connaissance de cet « oubli ». Le F.B.I. expliqua alors que la personne qui avait dressé la liste ne s'intéressait qu'aux informations « de poids ».

Ensuite, des années après l'enquête de la commission Warren, un article parut dans la presse sur une visite d'Oswald au bureau de Dallas du F.B.I., peu avant l'attentat. Il aurait alors laissé un mot adressé à Hosty. Le secrétaire du bureau, qui avait pris le message, disait que c'était une menace d'Oswald de faire sauter le bureau du F.B.I. Hosty, de son côté, expliquait que ce n'était qu'un avertissement, exigeant qu'on cesse d'interroger sa femme s'il n'était pas présent. Si c'était vraiment une menace de faire sauter le bureau du F.B.I., Oswald aurait dû être placé aussitôt sur une liste des « individus dangereux » exigeant une surveillance particulière, avant l'arrivée du Président à Dallas. Et même si la note était beaucoup moins menaçante Oswald aurait dû normalement subir un interrogatoire d'évaluation, sinon être carrément incarcéré pendant la durée de la visite présidentielle. Mais le F.B.I. ne prit aucune mesure du tout.

On ne saura jamais avec certitude ce qu'il y avait dans cette fameuse note. Hosty prétend que l'agent spécial responsable Gordon Shanklin lui donna l'ordre de la détruire, ce qu'il aurait fait promptement. Hosty déclara qu'il n'avait pas parlé de ce mot à la commission Warren parce que « le F.B.I. lui avait donné l'ordre de ne pas fournir d'informations spontanément ».

Cela rappelait l'incident de La Nouvelle-Orléans quand l'agent du F.B.I. John Quigley avait détruit les notes de son interrogatoire d'Oswald au poste de police du Premier District, à la suite de son arrestation dans Canal Street pour son imbroglio avec les Cubains anticastristes. (Voir chapitre 2.) Je me demandai ce qu'il pouvait bien y avoir qui poussait le F.B.I. — traditionnellement si conservateur du moindre papier — à incinérer tout ce qui se rapportait de près ou de loin à une rencontre entre Lee

Harvey Oswald, apparemment insignifiant, et n'importe quel agent spécial.

J'étais intrigué par l'image d'Oswald laissant une note au secrétaire du Bureau. Je me rappelais, de mon bref passage au F.B.I. à Seattle et à Tacoma, comment les indicateurs communiquaient avec leur agent-contact. Ils apportaient les renseignements dans une enveloppe cachetée, à son nom. Les informateurs étaient modérément mais régulièrement payés. Leur identité était protégée. Ils étaient identifiés par un code, même dans les fichiers du Bureau.

Bref, je commençais à me demander si, dans les semaines précédant l'assassinat du Président, Oswald avait été un indicateur confidentiel du F.B.I., faisant ses rapports à l'agent spécial James Hosty.

Cette possibilité avait été évoquée dès 1964 par Waggoner Carr, alors procureur général du Texas, un homme d'une haute intégrité et d'une excellente réputation. Il avait dit à la commission Warren au cours d'une audience secrète le 22 janvier 1964 qu'il avait acquis la preuve, par Allan Sweatt, chef de la division criminelle au bureau du shérif de Dallas, que Lee Oswald avait été employé par le F.B.I. comme agent confidentiel, sous le matricule 179 avec un salaire de 200 dollars par mois, en commençant plus d'un an avant et continuant jusqu'au jour même de l'assassinat du Président Kennedy.

Il y avait eu des fuites et cette choquante nouvelle avait paru dans la presse, notamment dans des articles de Joe Goulden du *Philadelphia Enquirer* le 8 décembre 1963, de Lonnie Hudkins du *Houston Post* le 1er janvier 1964 et de Harold Feldman dans *The Nation* du 27 janvier. Après de considérables discussions, la commission Warren jugea nécessaire d'enquêter sur cette affaire. Malheureusement, elle n'en fit rien. Les trois journalistes ne furent même pas appelés à témoigner, pas plus que leur source, le chef de la division criminelle du shérif.

Avec le temps, les allégations de Waggoner Carr se perdirent dans le raz-de-marée d'informations et de spéculations sur l'attentat. Mais à présent, l'idée qu'Oswald avait été un indicateur confidentiel du F.B.I., que j'avais d'abord rejetée en la trouvant tirée par les cheveux, me paraissait vraisemblable. Elle expliquerait la présence du nom de Hosty et de son numéro de téléphone secret dans le carnet d'adresses d'Oswald, la visite de ce dernier au bureau du F.B.I. et sa note menaçante à Hosty.

Et la possibilité d'agent confidentiel éclairait d'un jour intéressant un autre fait curieux. Le F.B.I. ne cita Oswald comme suspect que deux heures et demie après l'attentat, tout de suite après qu'Air Force One avait décollé en emportant le nouveau Président Lyndon Johnson et le corps de John Kennedy. D'après le lieutenant de police de Dallas Jack Revill, un agent du F.B.I. vint le voir au siège de la police à 14 h 30 et lui annonça que le Bureau « avait des renseignements selon lesquels le suspect était capable de commettre l'assassinat ». L'agent apportant cette bonne nouvelle était le premier à prononcer le nom de Lee Harvey Oswald... et il n'était autre que James Hosty.

Hosty était-il un simple messager innocent ou faisait-il partie d'une conspiration du F.B.I. pour faire « porter le chapeau » à Oswald ? Si les employés du F.B.I. participaient à un complot, cela expliquerait pourquoi le Bureau avait mystérieusement omis d'agir après réception du télex d'avertissement cinq jours avant l'attentat, et n'avait pas davantage réagi à la lettre que Richard Case affirmait avoir écrite à ce sujet à J. Edgar Hoover (voir chapitre 14). Cela expliquerait aussi, peut-être, pourquoi Oswald, qui manifestement ne s'entendait pas avec Hosty et sentait peut-être qu'il allait être victime d'un coup monté, avait télégraphié au ministre de la Marine dix jours avant l'attentat.

Je commençai à imaginer un scénario possible. Longtemps à l'avance, les organisateurs de l'assassinat avaient choisi comme bouc émissaire l'idéaliste et crédule Oswald. Ses antécédents secrets dans le milieu du renseignement permettaient non seulement d'assurer la réussite de l'entreprise mais encore d'espérer le soutien du gouvernement qui ne voudrait pas admettre que l'assassinat avait pour origine ses propres Services de renseignements.

Si Oswald était à la solde du gouvernement comme indicateur confidentiel, à Dallas et à La Nouvelle-Orléans, il a fort bien pu croire que sa mission était d'infiltrer des organisations subversives, dont le Fair Play for Cuba et peut-être la faction de Guy Banister, afin de faire sur elles un rapport au F.B.I. Il aurait alors pu pénétrer dans une partie marginale du projet d'attentat, encore une fois avec l'idée qu'il s'engageait dans une entreprise officielle pour obtenir des renseignements sur ce complot. Il a même pu envoyer des rapports sur la conspiration pour tuer le Président à son agent-contact James Hosty. Constatant alors que Hosty ne réagissait pas, il serait passé outre et aurait télégraphé un avertissement au ministre de la Marine qui aurait informé le siège du F.B.I., lequel aurait alors envoyé son télex d'avertissement.

Mais il était également possible qu'Oswald eût aussi été indicateur pour une autre branche des Services de renseignements, par exemple l'O.N.I. ou la C.I.A., représentée par Guy Banister, et détînt des informations sur la conspiration, de Hosty et du F.B.I. Et puis, comme Hosty commençait innocemment à harceler Oswald et sa femme pour obtenir davantage de renseignements, Oswald se serait fâché et aurait riposté par sa note de menace à Hosty et son télégramme au ministre de la Marine.

Il était impossible de savoir ce que Lee Harvey Oswald avait eu dans la tête. Mais quoi qu'il ait cru faire, il avait nettement acquis plus de renseignements sur la conspiration que ne pouvaient le tolérer ses organisateurs. C'était pourquoi il devait mourir si subitement à Dallas, moins de 72 heures après John Kennedy.

Je savais que je ne pourrais jamais rien présenter de tout cela devant un tribunal. Cela n'avait aucun lien particulier avec Clay Shaw et n'était que conjectures. Mais il me semblait tout de même qu'il n'y avait pas de meilleur moyen d'attirer un bouc émissaire comme Oswald qu'en le persuadant qu'il avait pénétré le secret d'un vaste complot pour un assassinat public historique et qu'il serait en mesure d'avertir les autorités compétentes à la onzième heure.

La question qui me dérangeait, et qui avait bien pu troubler Oswald, était la suivante: si la police de Dallas, le bureau du shérif, le Secret Service, le F.B.I. et la C.I.A. étaient tous impliqués dans le complot, qui étaient les autorités compétentes ?

18

Le procès de Clay Shaw

Vous vous rappelez peut-être le roman d'Ernest Hemingway *Le Vieil Homme et la Mer*. Santiago, le vieux pêcheur, réussit à attraper un grand poisson, un poisson monstrueux, si énorme qu'il doit l'attacher au bord de son bateau pour le ramener. Mais quand Santiago regagne le port, son poisson a été dévoré par les requins. Il n'en reste rien que le squelette.

Avec le recul, je vois que c'est à peu près ainsi que Clay Shaw s'est retrouvé devant une cour criminelle d'instance. La lutte avait été longue, assommante, décourageante, épuisante, même pour n'en arriver que là. Notre cabinet avait été infiltré par le gouvernement fédéral et Bill Boxley avait volé bon nombre de nos dossiers. Comme si cela ne suffisait pas, une huitaine de jours avant le procès, Lou Ivon apprit que le jeune Anglais d'Oxford chargé de nos archives avait remis à la défense des copies de beaucoup de nos documents. Presque aussi important, certains de nos témoins clefs — par exemple David Ferrie, Gordon Novel, Sandra Moffett — étaient morts, avaient pris peur ou quitté La Nouvelle-Orléans et je n'avais aucun espoir d'obtenir leur extradition.

Avant le procès, nous avions dû prendre des décisions à propos des témoins à ne pas utiliser. Un procureur ne peut simplement faire venir des témoins à la barre parce qu'il les a sous la main et parce que leur témoignage, sous interrogatoire direct, sert son affaire. Il faut aussi considérer que ces bons témoins risquent de s'effondrer et de tout flanquer par terre lors du contre-interrogatoire.

Il y avait par exemple Richard Case Nagell. Il arriva peu avant le procès, tout prêt à témoigner contre Shaw. J'eus un long entretien avec lui, à l'Athletic Club de La Nouvelle-Orléans. Il était tout aussi véhément que lorsque je lui avais parlé la dernière fois. Il était tout aussi exact et précis, dans ses souvenirs des détails. Il éprouvait les mêmes sentiments violents à l'encontre de J. Edgar Hoover et de son silence après avoir reçu sa lettre l'avertissant de l'existence d'une opération pour assassiner le Président Kennedy.

Cependant, il était également toujours aussi inflexible dans son refus de nommer le Service de renseignements auquel il avait été — et était peut-être encore — associé. Je comprenais son souci de l'accord de non-révélation qu'il avait signé, semblait-il, avec son ancien service. Mais il était bien évident que les avocats de la défense s'en donneraient à cœur joie quand ils découvriraient lors du contre-interrogatoire qu'il refusait de divulguer son affiliation. Ils auraient vite fait de lui sauter dessus comme les requins sur le poisson de Santiago. Et quand ils en auraient fini avec Nagell, le jury resterait avec l'impression d'avoir eu affaire à un fou mythomane. Il suffit d'un seul incident comme celui-là, d'un seul petit discrédit, pour faire perdre une affaire parfaitement instruite. Je décidai que nous ferions mieux de ne pas prendre ce risque avec Nagell.

Et puis il y avait Julia Ann Mercer, sans doute le témoin le plus important que nous avions découvert au cours de notre enquête. Une heure avant l'attentat, elle avait vu Jack Ruby déposer un homme armé d'un fusil sur le tertre en face de l'endroit où le Président allait être assassiné. Ce que Mme Mercer avait vu équivalait virtuellement à une affaire de conspiration *prima facie*. Cependant, son témoignage serait périphérique à une instruction contre Clay Shaw, qui n'était qu'un petit rouage de l'ensemble du complot. Compte tenu du nombre de témoins qui avaient été assassinés ou autrement éliminés dans des accidents, j'estimai que nous ne pouvions pas exposer délibérément et inutilement cette femme à un meurtre. Pour la même raison, je continuai de ne pas révéler à la presse ni au gouvernement fédéral son nom de femme mariée et son adresse.

Quant aux témoins que nous décidâmes de citer, Jim Alcock que j'avais choisi pour être le principal accusateur et le reste de l'équipe préparèrent leur ordre de comparution et comment les traiter. L'un d'eux, un comptable de New York nommé Charles Spiesel, vint à nous très tard dans notre enquête et nous posa un dilemme. Il affirmait avoir rencontré Ferrie et Shaw lors d'un voyage à La Nouvelle-Orléans et les aurait entendus parler de l'assassinat possible du Président. Alcock m'apporta cette déclaration et me demanda ce que je pensais de l'utilisation de ce témoin. A ce moment-là, j'étais devenu très méfiant, à cause des mauvais tours qui nous avaient été joués. Tout en ne trouvant rien de particulier à reprocher à cette déposition, je dis à Alcock qu'elle me paraissait bien fabriquée. Mais il avait envie de citer Spiesel et comme je n'avais pas le temps d'interroger moi-même le témoin, j'acceptai. Ce fut une décision que nous ne tardâmes pas à regretter tous les deux.

Le 29 janvier 1969, l'affaire *État de Louisiane con-*

tre Clay Shaw fut enfin appelée. En entrant ce matin-là dans l'immense et majestueuse Chambre, je posai la main sur le dossier d'un des bancs de chêne blanc massif en éprouvant une certaine nostalgie. C'était dans cette même Chambre que j'avais plaidé ma première affaire quinze ans plus tôt.

Comme cela s'était passé pour les audiences préliminaires, c'était un cirque et la salle était, si possible, encore plus bondée. Après nous être frayé un passage dans la horde de journalistes et de photographes, à l'entrée, nous eûmes à nous tailler un chemin dans une foule encore plus compacte, jusqu'à la table de l'accusation. Le public était bruyant, presque désordonné. Tout à coup, il y eut une accalmie ; toutes les têtes se tournèrent pour regarder l'arrivée de Clay Shaw et de ses avocats. Shaw, grand, toujours aussi élégant, attirait naturellement les regards. Il avait le teint mat, presque olivâtre, des pommettes saillantes, et dominait ses défenseurs.

Le groupe de la défense était à peine assis à sa table, en face de la nôtre, que les coups de maillet retentirent. La foule se tut et le juge Edward Aloysius Haggerty fit son entrée, en toge noire, et s'assit à son banc. Trapu, rougeaud, avec des yeux bleus d'une grande vivacité sous des sourcils broussailleux, Haggerty était né et avait été élevé dans l'Irish Channel de La Nouvelle-Orléans et vivait encore dans ce quartier irlandais. Je le connaissais depuis longtemps.

Il commença par s'adresser au public, parlant d'une affaire d'un grand intérêt local. Contrairement à tous les usages, cet important procès avait été programmé par le greffe en pleine période de carnaval. Le grand souci de Haggerty était apparemment de ne pas priver le jury de tout l'amusement, en particulier des défilés de chars. La Rex

Parade, avec le roi du Mardi gras, était le plus important et souvent le plus beau. Le roi était invariablement un éminent néo-Orléanais dont le nom n'était jamais révélé avant le matin du défilé, quand une photo de lui et de sa reine apparaissait à la une du *Times-Picayune*. La « parade des camions », qui suivait traditionnellement la Rex, était le plus joyeux de tous les défilés. Composé d'au moins une centaine de camions, chacun transportant un bal costumé mobile long d'une journée entière, c'était un spectacle fou, plein d'imagination, imprévisible et gai.

Le juge Haggerty annonça fièrement qu'il avait pris des dispositions pour que le jury puisse regarder non seulement la Rex mais aussi la parade des camions, du balcon d'une résidence de St. Charles Avenue. Cette importante affaire locale réglée, le procès pouvait commencer.

Je laissai à Jim Alcock la sélection des jurés avec l'aide du district attorney adjoint Alvin Oser, et je retournai à mon cabinet pour persuader des témoins récalcitrants de quitter Dallas ou des villes encore plus éloignées pour venir au procès.

Quand le jury fut enfin sélectionné, janvier était devenu février et j'allai rejoindre Alcock et Oser à la Chambre. De temps en temps, on entendait monter les bruits du carnaval, le vacarme des fêtards passant le long de Tulane Avenue.

Après s'être assuré que tout le monde était prêt, le juge Haggerty me fit un signe de tête, indiquant que je devais commencer la lecture de l'acte d'accusation. Je m'avançai vers le jury et, tout en marchant de long en large, j'expliquai notre affaire; je fis part de la loi sur les conspirations et des pièces que nous allions présenter prouvant que Clay Shaw avait transgressé cette loi. Comme les grands effets et les éclats de voix n'avaient jamais été mon genre, je m'adressai aux jurés sur un ton posé et neutre.

Quand j'eus fini, F. Irvin Dymond, un des meilleurs avocats d'assises de La Nouvelle-Orléans, prononça la déclaration d'ouverture de la défense. Je m'étais souvent trouvé opposé à Dymond, dans un tribunal. Il avait une façon de se pencher en avant, quand il s'adressait aux jurés, debout les pieds bien écartés, les épaules un peu voûtées, en gesticulant pour bien souligner un mot ou un autre. Il se déplaçait rarement. Son style était indiscutablement efficace, bien qu'inconsciemment, pour communiquer à un jury son intense conviction.

Ces premières déclarations étant faites, nous appelâmes nos premiers témoins, des habitants d'une petite ville de Louisiane, Clinton, qui y avaient vu Lee Oswald en compagnie de Clay Shaw et de David Ferrie, deux mois avant l'attentat (voir chapitre 8). Comme Andrew Sciambra avait trouvé pour nous les témoins de Clinton, et qu'il connaissait mieux que personne cet aspect de l'affaire, je le chargeai de leur interrogatoire. Il avait un corps puissamment musclé, après des années de boxe à l'université de Louisiane, que dissimulait mal son costume de ville, mais c'était avec douceur qu'il posait ses questions et il avait établi d'excellents rapports avec les témoins de Clinton, les Blancs conservateurs comme les Noirs libéraux.

Reeves Morgan, un ancien parlementaire de l'État, déclara qu'après l'attentat, il avait informé le F.B.I. de la présence d'Oswald à Clinton. Il dit que l'agent spécial le remercia et lui répondit que le F.B.I. était déjà au courant de la visite d'Oswald dans la région de Clinton. Morgan n'avait plus eu de nouvelles du Bureau.

John Manchester, le commissaire de police de Clinton, déclara qu'il avait vérifié toutes les voitures étrangères à Clinton qui étaient passées pendant la campagne électorale locale, en particulier la grosse voiture noire garée près du bureau de vote.

— Je me suis approché et j'ai parlé à l'homme assis au volant, dit Manchester. Il était grand et fort, avec des cheveux gris, un teint rubicond. Il ne s'est pas fait prier pour parler, il m'a dit qu'il était un représentant de l'International Trade Mart de La Nouvelle-Orléans.

Manchester désigna Clay Shaw comme l'homme qu'il avait interrogé. Shaw resta impassible et soutint son regard. Comme l'avait appris Sciambra à Clinton, Manchester avait alors contacté la police routière de l'État qui lui avait confirmé que la limousine appartenait bien à l'International Trade Mart de La Nouvelle-Orléans.

En répondant aux questions de Sciambra, les témoins de Clinton indiquèrent non seulement que Clay Shaw était l'homme qui avait attendu au volant de la voiture noire mais identifièrent aussi David Ferrie, d'après des photos, comme l'homme qui avait été assis à côté de lui. Tout le monde se rappelait la présence anormale de Lee Oswald, qui était venu à Clinton avec eux, dans la longue file d'attente au bureau d'inscription sur les listes électorales. Comme il était pratiquement le seul homme blanc, et étranger au village par-dessus le marché, on ne pouvait guère l'oublier.

Pendant les dépositions, j'observais l'accusé et son équipe d'avocats. Shaw était plus impérieux que jamais, sa cigarette pointée comme toujours vers le plafond où la fumée s'élevait en spirales. (A La Nouvelle-Orléans on avait alors le droit de fumer en présence de la cour, sauf interdiction du juge.) Sa noblesse d'allure, la courtoisie de ses moindres gestes me firent penser que c'était probablement l'air que devait avoir Louis XVI à son procès ; il paraissait détaché et même quelque peu ennuyé par cette procédure.

Son principal défenseur était assis à côté de lui ; Irvin Dymond, comme lui, fumait sans arrêt, en fermant à demi les yeux chaque fois qu'il tirait une bouffée. A la table de la défense, il y avait encore Edward Wegmann et son frère William, qui s'occupaient des affaires immobilières de Shaw. Edward, l'aîné, souriait rarement et prenait constamment des notes. William, le plus animé des deux, s'entretenait fréquemment avec Dymond.

Shaw avait encore pour sa défense un certain Richard Matthews, un avocat mais qui n'était pas membre du barreau. Il n'était donc pas à la table de la défense mais assis tous les jours au premier rang du public, juste derrière la chaise de Shaw. De temps en temps, il s'approchait de lui et ils avaient une longue conversation à voix basse, Matthews restant accroupi à côté du siège de Shaw. Ce comportement insolite, que je n'avais encore jamais vu dans aucun prétoire, se poursuivit pendant tout le procès.

Je connaissais Matthews depuis des années, avant qu'il quitte La Nouvelle-Orléans pour le Japon. A l'époque, alors qu'il fermait son cabinet, je lui avais demandé comment il comptait exercer le droit au Japon. Sa réponse avait été en langue de bois et je m'étais demandé ce qu'il allait réellement faire en Extrême-Orient. Et maintenant, je me trouvais en face de lui pour la première fois depuis son départ. Il me parut curieux de le voir là en plein milieu de ce procès, agissant officiellement ou non comme un des principaux conseillers de Shaw.

La présence de Matthews dans ce contexte éclairait d'un nouveau jour son mystérieux départ pour le Japon. Je n'avais aucune preuve mais mon intuition me disait, me soufflait maintenant que cet homme avait dû travailler pour la Central Intelligence Agency. Sa bizarre apparition à ce procès m'amena à conclure qu'il y était encore. Quelqu'un, dans le camp de Shaw, devait représenter les Services de renseignements.

Matthews disparut immédiatement après le procès et je n'eus aucune occasion de le lier directement à l'Agence mais quelques années plus tard j'eus la confirmation que c'était bien la C.I.A. qui avait contribué à la défense de Shaw. Au temps de l'enquête de La Nouvelle-Orléans sur l'assassinat du Président Kennedy, Victor Marchetti était un employé assez haut placé au siège de la C.I.A. Dans un article publié dans *True Magazine* en 1975, Marchetti faisait allusion au souci de l'Agence pendant le procès de Shaw :

> J'avais l'habitude d'assister aux réunions du matin du Directeur et de son état-major. C'était Richard Helms, à l'époque. Cette réunion avait lieu tous les matins à neuf heures, avec 13 ou 14 de ses principaux adjoints et 3 ou 4 membres de son état-major. Il m'arrivait souvent de tenir les minutes, mais c'était une blague parce que des choses étaient omises, d'autres gribouillées d'une manière si vague qu'elles ne rimaient à rien. Mais pendant le procès de Clay Shaw, je me souviens des questions que posait le Directeur, du genre, vous savez : « Est-ce que nous leur apportons toute l'aide dont ils ont besoin ? » Je ne savais pas qui était *ils*. Je savais qu'on n'aimait pas Garrison, parce qu'il y avait beaucoup de réflexions désagréables à son sujet. On parlait par demi-phrases voilées, comme : « ... Est-ce que tout va bien là en bas... ouais... mais parlez-moi de ça après la réunion... », ou bien : « Nous verrons ça plus tard dans mon bureau ». Alors, après plusieurs conversations tronquées, au cours d'une semaine ou deux, je me demandai ce qui se passait, quel était le gros souci. J'ai posé des questions... et un des

autres qui assistaient aux réunions... à ce moment, j'ai dit : « Qu'est-ce que c'est que cette histoire de procès et de ce type, Shaw ? »

Et on m'a répondu : « Eh bien... Shaw, il y a longtemps, était un contact de l'Agence... Il était dans l'import-export... il connaissait des gens qui allaient et venaient dans certaines régions... le Domestic Contact Service, il traitait avec eux... il y a longtemps qu'on a rompu avec lui. » Et puis on me dit : « Eh bien, naturellement, l'Agence ne veut pas que ça se sache maintenant parce que Garrison le déformera, le public se ferait des idées fausses. »

A l'époque, bien sûr, nous n'avions aucune preuve des relations de Shaw avec la C.I.A. et nous ne connaissions pas l'étendue de l'« aide » que l'Agence lui fournissait. Nous nous comportâmes au procès comme si nous avions une bonne chance d'obtenir une condamnation.

Afin de prouver les rapports entre Shaw et Oswald, nous citâmes Vernon Bundy. On se souvient sans doute que Bundy avait témoigné à l'audience préliminaire et déclaré qu'il avait vu Lee Oswald et Clay Shaw ensemble, sur la corniche le long du lac Pontchartrain. (Voir chapitre 12.) Vernon Bundy était un jeune Noir placide à la figure ronde, employé à mi-temps dans un pressing, Avondale Cleaners. Très à l'aise, très maître de lui, il répéta avec un plus grand nombre de détails ce qu'il avait dit à l'audience : qu'il se shootait à l'héroïne quand il avait vu Oswald et Shaw ensemble et qu'il avait entendu leur conversation, que Shaw avait donné de l'argent à Oswald, qu'Oswald l'avait mis dans sa poche et qu'une de ses circulaires jaunes de soutien pour Castro en était tombée et qu'alors lui-même, Bundy, s'était servi de ce papier pour envelopper sa trousse d'héroïne.

Cette fois, cependant, Bundy ajouta un petit élément théâtral inattendu. Sans aucun avertissement, il demanda au juge de lui permettre de démontrer comment il savait que c'était Shaw au bord du lac.

— Est-ce que ce monsieur, là, voudrait bien aller dans le fond de la salle ? demanda-t-il.

Le juge, interloqué, après quelques secondes d'hésitation, acquiesça. Shaw se leva et alla dans le fond, entre deux huissiers. Bundy descendit de l'estrade des témoins, puis il alla retourner la chaise de Shaw et s'y assit de biais, tourné vers l'entrée de la salle, où se trouvait Shaw.

— Est-ce que ce monsieur voudrait bien venir avec moi ?

Shaw et ses huissiers s'approchèrent.

— Alors moi je suis là sur le parapet avec mon attirail, dit Bundy.

Shaw, l'air irrité et perplexe, marchait dans la travée centrale. Bundy regarda sa façon de tourner un peu le pied, à chaque pas, et expliqua :

— C'est comme ça que j'ai identifié cet homme quand je l'ai revu, annonça-t-il.

Tout le monde put observer que l'accusé boitait légèrement, à la suite, expliqua-t-il, d'un tour de reins qu'il s'était donné dans l'armée, en soulevant un lit d'hôpital.

Il était évident que le témoignage de Bundy avait impressionné la cour et le jury. C'était bien la première fois que je voyais un témoin prendre d'autorité la procédure en main. Je dois dire qu'avant qu'il me révèle ce qu'il avait vu lors du rendez-vous de Shaw et d'Oswald au bord du lac, je ne m'étais jamais aperçu que Shaw traînait imperceptiblement la jambe.

Nous avions maintenant établi les rapports entre Shaw, Oswald et Ferrie. Et nous avions établi que Shaw avait remis de l'argent à Oswald au cours d'une rencontre clandestine. Nous aurions dû comprendre que les choses allaient trop bien.

La bombe qui fit sauter toute notre accusation explosa assez vite. Elle avait pour nom Charles Spiesel. Le comptable de New York que nous avions ajouté sur le tard à notre liste de témoins vint déposer ensuite. Il dit qu'au cours d'un voyage à La Nouvelle-Orléans, il avait rencontré David Ferrie à la Lafitte's Blacksmith Shop, dans le quartier français. Ils étaient ensuite allés retrouver Shaw dans un immeuble que Spiesel situait vers le coin de « Dauphine et d'Esplanade », ce qui était approximativement le quartier où Shaw avait son domicile. Une fois tout le monde bien détendu et après bon nombre de verres, dit Spiesel, Ferrie et Shaw se mirent à parler d'un assassinat possible de John Kennedy. Spiesel avait été surpris quand ce sujet avait été abordé mais ils avaient tous beaucoup bu et l'indiscrétion de cette conversation lui avait paru plausible. Il se rappelait l'échange de commentaires entre Shaw et Ferrie, chacun expliquant à l'autre pourquoi Kennedy devait être éliminé et comment ce devait être fait.

Lors du contre-interrogatoire, le principal avocat de la défense eut l'air de savoir mystérieusement quelles questions poser à Spiesel. Pour commencer, Dymond lui demanda s'il ne s'était jamais plaint publiquement de « guerre psychologique et d'hypnose » dont il aurait été victime. Spiesel répliqua qu'en effet il avait été hypnotisé à New York et dans le New Jersey et pendant plusieurs visites à La Nouvelle-Orléans entre 1948 et 1954.

Quand on lui demanda qui l'hypnotisait, il répondit qu'il ne le savait pas toujours. Il dit qu'il pouvait sentir quand de l'hypnose était tentée, « lorsque quelqu'un essaie d'attirer votre attention ou de capter votre regard, ça c'est l'indice qui ne trompe pas. »

Dymond lui demanda alors ce qui arrivait sous hypnose. Spiesel déclara :

— On vous plante certaines idées dans l'esprit et puis on vous donne l'illusion qu'elles sont vraies.

Il ajouta qu'il était devenu « assez expert » à deviner quand on cherchait à l'hypnotiser.

Au cours de son contre-interrogatoire, Dymond fit avouer à Spiesel qu'il pensait que la police de New York l'hypnotisait, le torturait mentalement et l'avait forcé à renoncer à exercer la comptabilité.

— Avez-vous eu des ennuis, récemment, avec une conspiration communiste ? Des gens qui vous suivent, qui mettent vos téléphones sur écoute ?

— Ma foi, répondit Spiesel, pas seulement dernièrement.

Dymond se prépara alors à la mise à mort. N'était-il pas vrai, demanda-t-il, que lorsque la fille de Spiesel avait quitté New York pour suivre les cours de l'université de Louisiane, il lui relevait ses empreintes digitales ? Spiesel répondit affirmativement.

N'était-il pas vrai aussi que lorsque sa fille revenait en fin de semestre, il lui prenait de nouveau ses empreintes ? Spiesel le reconnut.

Dymond lui demanda pourquoi il faisait cela. Spiesel expliqua que c'était pour être sûr que la fille qui revenait était bien celle qu'il avait envoyée là-bas.

Notre seul espoir, à présent, était que nos témoins suivants fassent oublier la déposition de Spiesel. Nous fîmes donc appeler Perry Russo, celui que nous jugions le plus important. Il répéta le témoignage qu'il avait fait à l'audience préliminaire (voir chapitre 12) mais il déposa beaucoup plus longuement au procès, deux jours dont la plus grande partie consacrée au contre-interrogatoire. Jusqu'à la fin, Russo demeura inébranlable dans ses affirmations qu'il avait bien vu Clay Shaw et David Ferrie s'entretenir avec un jeune homme nommé « Leon Oswald » et qu'ils avaient discuté en détail de l'assassinat du Président.

Dans le cours du contre-interrogatoire de Dymond, des questions soulevées par le journaliste James Phelan furent évoquées (voir chapitre 13). Phelan avait écrit et il vint en témoigner plus tard pour la défense, disant qu'il y avait des contradictions dans les deux notes rédigées par Andrew Sciambra, basées sur des entrevues avec Russo et la déposition de ce dernier à l'audience préliminaire. Russo répliqua qu'aucune de ces notes ne contenait tous les détails qui, d'après lui, auraient dû y figurer, qu'il n'en avait rédigé aucune et qu'il n'avait pas été chargé de les corriger. Il déclara aussi qu'il venait de déposer sous serment et devant le jury de tout ce qu'il jugeait important, puis il regarda Shaw dans les yeux en affirmant :

— Je suis absolument sûr que l'accusé est bien l'homme qui était là-bas.

Cela faisait allusion à la réunion au sujet de l'attentat, chez David Ferrie.

Phelan s'était bâti une brève carrière sur son idée que Russo avait faussement identifié Clay Shaw. A présent, par son témoignage manifestement franc et véhément, notre jeune témoin réduisait promptement à néant les efforts du journaliste. D'ailleurs, Phelan était devenu si inconscient que plus tard, quand il fut appelé à témoigner pour la défense, nous ne fîmes même pas appel, pour le contre-interrogatoire, à Andrew Sciambra qui rongeait son frein.

Pour établir que le Président avait été tué par plus d'un tireur et qu'il devait donc y avoir complot, nous citâmes un témoin de Dallas qui avait vu et entendu tirer en avant du cortège présidentiel. William E. Newman, un jeune dessinateur industriel de Dallas, dit qu'il se trouvait alors à trois ou quatre mètres seulement de la limousine quand il avait vu la première balle frapper le Président de plein fouet. Kennedy était aussitôt tombé à la renverse, violemment. Les coups de feu, se souvenait Newman, étaient tirés du tertre herbeux derrière lui et sur sa droite. Son témoignage était corroboré par sa femme Frances, par James Simmons, employé aux chemins de fer Union Terminal, par Mme Mary Moorman, une ménagère de Dallas et par Mme Philip Willis.

Richard Randolph Carr, dans un fauteuil roulant à la suite d'un accident du travail, avait tout de même fait le voyage de Dallas pour venir témoigner qu'il avait entendu des coups de feu venant du tertre herbeux et qu'il avait vu une balle manquer la limousine et creuser un sillon dans l'herbe, en direction de l'est et de Dealey Plaza. Carr avait alors dévalé l'escalier extérieur de l'immeuble où il travaillait et avait vu quatre hommes sortir en courant du Dépôt de livres. L'un d'eux était parti à pied tandis que les trois autres s'engouffraient dans une Nash Rambler stationnant à contresens dans Houston Street, qui avait démarré et foncé en sens interdit. Quand il était allé raconter au F.B.I. ce qu'il avait vu, les agents, affirma-t-il, lui avaient ordonné de se taire.

Le shérif adjoint Craig confirma une partie du témoignage de Carr, répétant sous serment qu'il avait vu une Nash Rambler conduite par un homme au type latino-américain s'arrêter dans Elm Street devant le Dépôt de livres pour prendre à son bord un jeune homme, qu'il reconnut par la suite comme étant Lee Oswald, avant de repartir en trombe (voir chapitre 2).

L'expert que nous citâmes pour réfuter l'explication officielle de la commission Warren, au sujet des blessures du Président, était le Dr John Nichols, professeur assistant de pathologie à l'université du Kansas qui avait étudié le film de Zapruder, les diapositives tirées de ce film et d'autres photos de l'attentat. La cour confirma la qualification du Dr Nichols comme expert en pathologie et médecin légiste.

Pour aider le jury à comprendre le témoignage du Dr Nichols, nous avions obtenu le film de Zapruder et vingt et une photos couleurs 20 × 25 du magazine *Life*. C'était la première fois depuis plus de cinq ans que ce film était réellement rendu public. Bien sûr, le F.B.I. en avait donné une copie à la commission Warren mais deux cadrages critiques avaient été mystérieusement inversés pour donner l'impression que la balle frappant la tête de Kennedy avait été tirée derrière lui ; quand on demanda au F.B.I. ce qui s'était passé, J. Edgar Hoover répondit que l'erreur avait été commise « par inadvertance » au montage. Les Archives nationales, à Washington, en avaient également une copie ; mais il n'y avait eu aucune projection publique du film d'Abraham Zapruder. L'original était gardé dans une chambre forte de l'immeuble Time-Life, Avenue of the Americas à New York, depuis plus de cinq ans.

Al Oser, qui procédait au contre-interrogatoire de Nichols, demanda à la cour l'autorisation de montrer le film. Pendant que les district attorneys adjoints installaient le projecteur et l'écran, le public se transporta en masse d'un côté de la Chambre à l'autre pour mieux assister à cette « première ». Le passage montrant avec une horrible netteté les balles frappant le Président Kennedy fut projeté et reprojeté jusqu'à ce que tous les jurés aient compris ce qui s'était passé. Ensuite, Al Oser demanda au Dr Nichols de donner son avis d'expert sur la direction d'où les balles étaient venues.

— Ayant vu les diapositives, les photos et le film de Zapruder, répondit-il, je trouve cela compatible avec les dépositions selon lesquelles des coups de feu ont été tirés de l'avant.

Le Dr Nichols précisa que le Président avait été touché non seulement par-devant mais aussi par-derrière. En termes simples, destinés à des profanes, le Dr Nichols expliqua la trajectoire des balles qui avaient pénétré dans le corps de John Kennedy par des angles différents, ce qui indiquait que les tueurs avaient tiré de deux positions différentes.

Nous espérions que le témoignage du Dr Nichols démontrerait une fois pour toutes au jury l'impossibilité des conclusions officielles de la commission Warren qui prétendait que les sept blessures d'entrée et de sortie, chez le Président Kennedy et le gouverneur Connally, avaient été causées par une seule balle. Le gouvernement avait adopté la théorie dite de la « balle magique », après que le film de Zapruder avait établi une durée de 5 à 6 secondes pour le tir. Pendant ce laps de temps, un tireur solitaire n'aurait pu tirer que trois balles. Comme le gouvernement avait déjà conclu qu'une balle avait complètement manqué sa cible (et un fragment avait légèrement blessé un badaud, James Teague, à la joue) et qu'une deuxième avait fait éclater le crâne du Président, il ne restait que la « balle magique », la pièce à conviction n° 399 de la commission, pour avoir provoqué les sept blessures chez Kennedy et Connally.

A en croire le gouvernement, ces sept blessures auraient été infligées comme suit : la balle aurait pénétré dans le cou du Président (1) tête baissée à un angle de 17° environ puis elle serait sortie du corps de Kennedy *en remontant* hors de sa gorge (2). Poursuivant sa trajectoire, elle aurait frappé le gouverneur Connally, qui était assis juste devant le Président, derrière son aisselle droite (3), ce qui laisserait supposer que la balle avait dévié assez loin sur la droite. Elle serait ensuite ressortie vers le bas à un angle de 27° en fracturant la cinquième côte pour ressortir par le côté droit du torse (4). Descendant toujours, la balle aurait pénétré dans le poignet droit de Connally en lui fracturant le radius (5) et en ressortant après l'avoir traversé (6) serait entrée dans sa cuisse gauche (7) d'où elle serait ensuite tombée.

A en croire la version officielle, cette balle fut retrouvée plus tard, presque en parfait état, dans un couloir de l'hôpital Parkland, ayant apparemment roulé d'un chariot. (Il est intéressant de noter que Jack Ruby avait été aperçu à l'hôpital juste avant cette découverte et le bruit courut qu'il avait apporté la balle magique.) Elle était pratiquement sans défaut, à peine un peu déformée à sa base. Assez curieusement, les fragments extraits du poignet du gouverneur étaient plus nombreux que ceux qui manquaient à la pièce à conviction n° 399.

Nous ne demandâmes pas au Dr Nichols d'entrer dans des détails et du jargon techniques pour réfuter la théorie de la balle magique. Nous voulions simplement qu'il fasse observer aux jurés que l'explication officielle défiait toutes les lois de la physique et du bon sens. Notre stratégie était de faire accepter par le jury que la balle magique n'avait absolument pas pu causer les différentes blessures du Président Kennedy et du gouverneur Connally, et alors il serait bien forcé de conclure qu'il y avait eu plus d'un tireur, donc un complot.

Il était évident à mes yeux, à la réaction des jurés à notre présentation de cette preuve de complot, qu'ils avaient été fortement impressionnés. Je ne savais pas si nous pourrions vraiment nous remettre du contre-interrogatoire de Spiesel et il nous restait maintenant à établir le lien entre Shaw et la conspiration de Dallas.

Cela reposait en grande partie sur l'avocat hippie bedonnant Dean Andrews qui avait avoué avoir reçu un coup de téléphone de « Clay Bertrand » lui demandant d'assurer la défense de Lee Oswald à Dallas ; les pièces du puzzle se mettraient en place, dans l'esprit des jurés, espérions-nous, si nous pouvions prouver que « Clay Bertrand » n'était autre que Clay Shaw. Pour cela, nous appelâmes comme témoin suivant Mme Jesse Parker, hôtesse dans le salon des VIP à l'aéroport international de La Nouvelle-Orléans. Elle déclara qu'en décembre 1966 elle avait vu Clay Shaw signer le registre du nom de Clay Bertrand. Après avoir bien décrit l'incident, elle montra la signature dans le registre et désigna Shaw comme étant le signataire.

Nous fîmes ensuite venir Mme Elizabeth McCarthy, graphologue expert de Boston, qui avait examiné dans ce registre la signature « Clay Bertrand » et je lui demandai si elle avait abouti à une conclusion, concernant cette signature.

— A mon avis, répondit-elle, il est extrêmement probable que cette signature soit de la main de Clay Shaw.

Pour offrir un dénouement spectaculaire, nous avions prévu comme dernier témoin le policier de La Nouvelle-Orléans Aloysius Habighorst. C'était lui qui avait écroué Clay Shaw quand nous l'avions arrêté (voir chapitre 11). On se souvient que Habighorst, selon l'usage, demanda à Shaw s'il avait des pseudonymes et Shaw, apparemment très secoué par son arrestation, répondit « Clay Bertrand ». C'était évidemment une des pièces les plus importantes de notre dossier parce que l'aveu était de Shaw lui-même et le liait directement au coup de téléphone à Dean Andrews lui demandant de représenter Lee Oswald à Dallas.

Nous demandâmes au greffier d'appeler l'agent Habighorst mais alors le juge Haggerty pria brusquement le jury de quitter la salle. Puis il informa Jim Alcock, qui procédait à l'interrogatoire, qu'il déclarait irrecevable la fiche portant les empreintes digitales de Shaw où à la mention « alias » le nom de « Clay Bertrand » avait été tapé à la machine. Il ajouta que, de toute façon, il ne croirait pas un mot de ce que dirait Habighorst.

Alcock, rouge de colère, se dressa d'un bond et protesta contre cette décision du juge et son incroyable commentaire au sujet d'Habighorst. Haggerty répliqua que les droits constitutionnels de Shaw n'avaient pas été respectés à la maison d'arrêt centrale de la police quand on lui avait demandé, sans qu'un avocat soit présent, s'il avait un pseudonyme.

Depuis des temps immémoriaux, c'était une procédure d'écrou normale à la prison centrale. Nous savions qu'il n'y avait aucune exigence constitutionnelle de la présence d'un avocat lors de l'interrogatoire d'identité au moment de l'écrou. Ce n'était pas exigé par la loi à l'époque et ça ne l'est pas davantage aujourd'hui. Mais le juge Haggerty modifiait la loi, sous nos yeux.

Alcock annonça qu'il allait demander des ordonnances à la Cour suprême de Louisiane, mais nous savions que ce geste serait vain. A cette époque, les cours d'appel de Louisiane n'accordaient jamais d'ordonnances de ce genre lors d'un procès en cours.

Ce fut sur cette note solennelle que prit essentiellement fin la présentation de l'accusation. En sortant pour la suspension d'audience, avant que la défense entame sa plaidoirie, je jetai un coup d'œil par les hautes fenêtres qui, pour une fois, étaient ouvertes. Un sentiment de tristesse m'envahit. J'imaginais notre affaire comme un oiseau géant battant de ses ailes immenses, s'envolant par ces fenêtres et disparaissant à jamais.

Chaque fois qu'un prévenu « en col blanc » comparaît en justice, la défense commence par citer des témoins de moralité, pour montrer que son client jouit d'une excellente réputation. Les avocats s'efforcent d'enfoncer dans la tête des jurés l'idée que l'accusation, par vénalité ou incompétence, commet une effroyable erreur judiciaire en poursuivant un innocent.

Je ne fus donc pas étonné que les avocats de Shaw fassent défiler toute une suite de témoins de bonnes vie et mœurs. Ils furent suivis par d'autres qui réfutèrent divers points de l'accusation, parmi lesquels Dean Andrews qui déclara que Shaw n'était pas le « Clay Bertrand » qui lui avait téléphoné pour lui demander d'assurer la défense d'Oswald.

Plutôt que de passer par toute la litanie, je ne vais m'intéresser ici qu'à deux des plus importants témoins de la défense, d'abord le lieutenant-colonel Pierre Finck, un des trois médecins légistes qui avaient procédé à l'autopsie de John Kennedy à l'hôpital naval de Bethesda, dans le Maryland.

L'autopsie avait été tellement sabotée, sous plusieurs aspects, qu'avant le procès nous nous demandions si la défense allait prendre le risque d'exposer un des médecins légistes à un contre-interrogatoire public. Pour commencer, selon la loi du Texas, le corps n'aurait jamais dû quitter la ville de Dallas avant qu'une autopsie civile ait été pratiquée par un pathologiste de la morgue. Les autorités du Texas en informèrent le Secret Service alors que le corps était placé dans une ambulance, mais au lieu d'aller à la morgue, les gardes du corps l'emmenèrent à l'aéroport, le mirent à bord d'Air Force One et le Président fut immédiatement transporté à l'hôpital naval de Bethesda.

Deuxièmement, alors que les médecins civils de l'hôpital Parkland à Dallas avaient déjà diagnostiqué la blessure à la gorge de Kennedy comme une blessure d'entrée de balle, les trois légistes militaires ne la sondèrent pas, selon la procédure normale, pour chercher la balle ou suivre son trajet.

Troisièmement, 15 à 20 photos et radios du corps du Président furent prises au cours de l'autopsie et remises à l'agent Roy H. Kellerman, des Services secrets; mais jamais aucune ne fut examinée par la commission Warren. Au lieu de cela le chef pathologiste, le commandant James Humes, fit faire par des artistes des dessins de divers aspects de l'autopsie, à l'intention de la commission. Ces artistes eux-mêmes n'eurent pas l'occasion de voir ces photos et ces radios. Ils dessinèrent d'après des souvenirs verbaux qu'on leur rapporta. Finalement, le dimanche 24 novembre 1963, le commandant Humes, de son propre aveu, brûla toutes ses notes d'autopsie.

Bien des années plus tard, il y eut deux autres découvertes concernant cette autopsie. La première était qu'au cours de cette opération le commandant Humes avait trouvé une balle supplémentaire dont il ne fit pas mention dans son rapport. Au contraire, il déclara à la commission qu'aucune balle n'avait été trouvée dans le corps. Cette balle est mentionnée dans un reçu donné à l'officier commandant l'hôpital de Bethesda par des agents du F.B.I. auxquels elle avait été remise. Transmis à Mark Lane après l'entrée en vigueur de la loi sur la liberté de l'information, ce reçu déclare :

22 novembre 1963

De : Francis X. O'Neill Jr., agent du F.B.I.
James W. Sibert, agent du F.B.I.

A : Capitaine J.H. Stover, officier commandant U.S. Naval Medical School,
National Naval Medical Center, Bethesda, Maryland.

Nous soussignés déclarons avoir reçu un missile (*sic*) extrait par le commandant James J. Humes, USN, à cette date.

(signé)
Francis X. O'Neill Jr.
(signé)
James W. Sibert.

La découverte d'une quatrième balle au cours de l'autopsie signifiait forcément que plus d'un assassin avait tiré sur le Président.

La seconde découverte se fit en août 1972 quand le Dr Cyril Wecht, éminent pathologiste et coroner de Pittsburgh, Pennsylvanie, obtint une ordonnance de tribunal l'autorisant à examiner le cerveau du Président Kennedy conservé aux Archives nationales, dans du formol. Cet examen aurait pu révéler de quelle direction, combien de fois et où les balles avaient frappé la tête du Président. Malheureusement, le Dr Wecht ne put y procéder. On lui expliqua tout bonnement que le cerveau de Kennedy avait disparu des Archives.

Nous savions naturellement que la défense ne pouvait citer comme témoin le commandant Humes, compte tenu de ce qu'il avait fait. Il restait donc le Dr Thornton Boswell et le lieutenant-colonel Finck. La défense choisit Finck qui, assez curieusement, avait également participé à l'autopsie du jeune frère du Président, Robert, après son assassinat le 4 juin 1968.

Durant notre instruction, nous avions longuement étudié toutes les informations possibles sur les blessures du Président et nous étions bien préparés à interroger le Dr Finck, mais nous ne pouvions pas prévoir quelle position il allait adopter.

A cause des pièces à conviction contradictoires, il y avait deux versions officielles complètement différentes, sur l'endroit où Kennedy avait été frappé par-derrière. La première, basée sur les témoignages des agents du Secret Service qui avaient été le plus près du Président, et des agents du F.B.I. présents à l'autopsie, situait la blessure de la nuque à près de 13 cm sous le bord du col et à environ 5 cm sur la droite de la colonne vertébrale. Cette explication était corroborée par la chemise et la veste du Président qui présentaient chacune un trou à l'endroit indiqué.

L'autre version officielle, aussi solennellement soutenue par le gouvernement, était que la balle avait frappé le Président par-derrière, *dans le cou*. Non seulement cette hypothèse plaçait la blessure à près de quinze centimètres au-dessus des trous de la veste et de la chemise — dont on disait qu'elles avaient dû être remontées dans son dos — mais contredisait totalement la première explication. La seconde prise de position concordait mieux avec l'idée de la blessure de sortie à la gorge, parce qu'elle n'exigeait pas, au moins, que la balle *remonte* après être descendue à un angle de 17°. Mais elle posait d'autres problèmes. Aucune photo n'avait été présentée montrant une blessure d'entrée derrière le cou. De plus, la largeur de l'« entrée », mesurée sur les vêtements, était pratiquement la même que celle de la « sortie » sous la pomme d'Adam. Quand on sait que les sorties de balle sont toujours bien plus grandes que les entrées, cela n'avait aucun sens.

Nous écoutâmes attentivement le Dr Finck répondre aux questions de Dymond, pour savoir laquelle de ces deux versions il allait soutenir. Finck était assis très droit et s'exprimait avec une grande précision. J'imaginais que son bureau devait être dans un ordre parfait, sans courrier inachevé ou désordre inutile. Il était visiblement très méticuleux, comme le révélait son habitude d'épeler tous les termes techniques ou médicaux après les avoir prononcés, probablement un résidu de sa carrière de professeur.

Je compris vite que le Dr Finck arrivait de Washington comme porte-parole de la balle-dans-le-cou. Il déclara, en effet, que l'autopsie étayait fortement l'hypothèse selon laquelle le Président avait été frappé par deux balles tirées derrière lui, l'une l'atteignant au cou et l'autre, mortelle, en pleine tête. Au fil de la déposition, il devint apparent qu'il employait l'expression « derrière le cou » dans son sens le plus large, englobant à la fois le cou, la nuque et les épaules.

Je jetai un coup d'œil à Oser pour voir s'il était prêt. Il hocha la tête d'un air sombre C'était un grand jeune homme efflanqué, aux yeux bleus. Son père avait été juge dans cette même cour d'assises de district pendant des années, et elle avait été la destination d'Al depuis son premier jour de faculté. Le principal de ses nombreux talents, le Dr Finck n'allait pas tarder à s'en apercevoir, était une façon cassante de poser ses questions, avec une grande ténacité.

Oser s'approcha du témoin et le salua d'un sourire chaleureux. En quelques minutes, il fit rétropédaler le pathologiste à une allure record. Après que le Dr Finck s'était engagé sur l'hypothèse de l'entrée de la balle derrière le cou, Oser passa aussitôt à la question suivante, pour savoir si la blessure avait été sondée, ce qui aurait été normal pour déterminer le trajet de la balle. Le témoin ayant répondu par la négative, Oser poussa son avantage :

Dr FINCK : Je tiens à vous rappeler que je n'étais pas responsable de l'autopsie, que j'avais été appelé...

AL OSER : Mais vous étiez coauteur du rapport d'autopsie, n'est-ce pas ?

Dr FINCK : Attendez. J'ai été appelé en qualité de consultant, pour regarder ces blessures, ça ne veut pas dire que je dirigeais toute l'opération.

AL OSER : Était-ce le Dr Humes qui la dirigeait ?

Dr FINCK : Eh bien, j'ai entendu le Dr Humes déclarer... il a dit : « Qui est responsable, ici ? » et j'ai entendu un général de l'armée de terre — je ne me rappelle plus son nom — répondre : « C'est moi. » Vous devez comprendre que dans ces circonstances, il y avait des policiers, des militaires de tous grades et qu'on devait coordonner l'opération selon les instructions.

AL OSER Mais vous étiez un des trois pathologistes qualifiés autour de la table d'autopsie, n'est-ce pas, docteur ?

Dr FINCK : Oui, en effet.

AL OSER : Est-ce que ce général de l'armée de terre était un pathologiste qualifié ?

Dr FINCK : Non.

AL OSER : Était-il médecin ?

Dr FINCK : Non, pas à ma connaissance.

AL OSER : Pouvez-vous nous donner son nom, mon colonel ?

Dr FINCK : Je ne peux pas, je l'ai oublié.

AL OSER : Auriez-vous par hasard les photos et les radios prises du corps du Président Kennedy au moment de l'autopsie et peu après ? Les avez-vous ?

Dr FINCK : Je n'ai pas sur moi de radios ou de photos du Président Kennedy.

Bien sûr qu'il n'en avait pas. Notre témoin à charge, le médecin légiste Nichols, avait fait au gouvernement une demande officielle pour voir ces photos d'autopsie et on la lui avait refusée. Le Dr Nichols avait également demandé à examiner la limousine présidentielle et cette requête aussi avait été repoussée, comme il en avait témoigné dans sa déposition.

Oser continuait d'insister sur la personne responsable de l'autopsie, une question qui m'intriguait depuis longtemps.

AL OSER : Combien y avait-il d'autres militaires présents dans la salle d'autopsie ?

Dr FINCK : Il y avait beaucoup de monde dans cette salle. C'est une petite salle d'autopsie et quand on est appelé dans des circonstances pareilles à regarder les blessures du Président des États-Unis, qui est mort, on ne se tourne pas de tous les côtés pour demander aux gens leur nom et noter qui est présent et combien il y a de personnes. La salle était bondée de militaires, de personnel civil et d'agents fédéraux. Des agents des Services secrets et des agents du F.B.I. pour une partie de l'autopsie, mais je ne peux pas vous donner un état précis des personnes présentes dans la salle d'autopsie de l'hôpital naval de Bethesda.

AL OSER : Mon colonel, aviez-vous l'impression de devoir obéir aux ordres de ce général de l'armée de terre qui dirigeait l'autopsie ?

Dr FINCK : Non, parce qu'il y en avait d'autres, des amiraux.

AL OSER : Il y avait des amiraux ?

Dr FINCK : Oh oui, il y avait des amiraux et quand on est lieutenant-colonel dans l'armée de terre on ne fait qu'obéir aux ordres et à la fin de l'autopsie on nous a bien spécifié — c'était l'amiral Kinney, le médecin-chef de la Marine, mais cela est sujet à vérification —, on nous a bien spécifié de ne pas parler de l'affaire.

AL OSER : Avez-vous eu l'occasion d'évoquer le trajet de cette balle particulière dans le corps de la victime allongée sur la table d'autopsie ?

Dr FINCK : Je n'ai pas disséqué le trajet dans le cou.

AL OSER : Pourquoi ?

Dr FINCK : Cela nous entraînerait à une divulgation de rapports médicaux.

AL OSER : Votre Honneur, j'aimerais avoir une réponse du colonel et je demande à la Cour de le lui ordonner.

LA COUR : C'est juste. Vous devez répondre, colonel.

Dr FINCK : Nous n'avons pas retiré les organes du cou.

AL OSER : Pourquoi ?

Dr FINCK : Pour la bonne raison qu'on nous a dit d'examiner les blessures de la tête et...

AL OSER : Vous voulez dire que quelqu'un vous a interdit de disséquer le trajet ?

La COUR : Laissez-le terminer sa réponse.

Dr FINCK : On m'a dit que la famille voulait un examen de la tête, si j'ai bonne mémoire, de la tête et du torse, mais les prospecteurs dans cette autopsie ne retirèrent pas les organes du cou, à ma connaissance.

« Prospecteur » est le terme didactique désignant une personne pratiquant des dissections anatomiques. Le Dr Finck employa ce mot plusieurs fois.

AL OSER : Vous avez dit qu'ils ne l'ont pas fait. Je veux savoir pourquoi vous, en qualité de pathologiste de l'autopsie, vous n'avez pas tenté de déterminer le trajet dans le corps que vous aviez sur la table d'autopsie, pour chercher à connaître la ou les causes de la mort. Pourquoi ?

Dr FINCK : J'avais la cause de la mort.

AL OSER : Pourquoi n'avez-vous pas suivi le trajet dans la blessure ?

Dr FINCK : Si je me souviens bien, je n'ai pas extrait les organes du cou.

AL OSER : Je ne vous ai pas entendu.

Dr FINCK : J'ai examiné la blessure mais je n'ai pas retiré les organes du cou.

AL OSER : Vous avez dit que vous ne l'avez pas fait. Je vous demande pourquoi, en tant que pathologiste, vous ne l'avez pas fait.

Dr FINCK : Si j'ai bonne mémoire, j'ai examiné la trachée, il y avait une incision de trachéotomie, si mes souvenirs sont exacts, mais je n'ai pas disséqué ni retiré ces organes.

AL OSER : Votre Honneur, je prie Votre Honneur d'ordonner au témoin de répondre à ma question. Je vais la poser encore une fois. Pourquoi n'avez-vous pas disséqué le trajet de la balle dans la blessure que vous avez décrite aujourd'hui et que vous avez vue au moment de l'autopsie quand vous avez examiné le corps ? Pourquoi ? Je vous demande de répondre à la question

Dr FINCK : Si j'ai bonne mémoire, on m'a dit de ne pas le faire mais je ne me souviens plus qui.

Nous ne fûmes pas étonnés que le sondage habituel n'ait pas été pratiqué. Ce qui nous surprenait, c'était qu'un général de l'armée de terre, qui n'était pas médecin, ait apparemment ordonné à ceux qui pratiquaient l'autopsie de ne pas le faire et qu'un amiral leur ait ensuite ordonné de ne pas en parler.

Je fus encore plus choqué par l'important témoin de la défense qui suivit. J'étais assis à côté de Jim Alcock à la table de la défense et j'étais en train d'allumer ma pipe quand j'entendis Irvin Dymond appeler Clay Shaw. La pipe me tomba de la bouche. Jamais je n'avais été aussi abasourdi. Shaw n'avait pas à témoigner, parce qu'on ne peut forcer personne à témoigner contre soi-même. Il devait pourtant savoir, maintenant, que nous avions déniché toute une suite de témoignages concernant ses relations avec David Ferrie et Lee Oswald et qu'une fois qu'il serait assis dans le fauteuil des témoins, il aurait à subir notre long contre-interrogatoire à ce sujet.

Ses avocats étaient peut-être exagérément confiants, après la déposition assez incohérente de Spiesel, et l'ordonnance du juge estimant irrecevable la signature de Shaw sous le pseudonyme de « Clay Bertrand ». Ou peut-être Shaw lui-même avait-il voulu parfaire son image. Toujours est-il qu'il témoigna — sous serment — qu'il n'avait jamais connu Lee Oswald, jamais utilisé le pseudonyme de Clay Bertrand, jamais téléphoné à Dean Andrews et même, encore plus ahurissant, qu'il n'avait jamais rencontré David Ferrie.

Selon le cours normal des événements, cette déposition aurait dû mettre Shaw dans une boîte enveloppée de papier-cadeau et enrubannée pour un futur procès en parjure et aurait commencé par lui supprimer toutes ses chances dans l'affaire actuelle tant il y avait eu de témoins de ces relations. Mais l'affaire n'était guère normale et il était évident qu'aucun jury ne trouverait un éminent, respectable et honnête pilier de la communauté coupable d'avoir conspiré pour tuer le Président, surtout après un exemple inoubliable de déposition lunatique par un témoin à charge.

Le samedi 1er mars 1969 au petit matin, peu après minuit, le jury revint dans la salle et annonça qu'il acquittait Clay Shaw. Je m'étais préparé à l'inévitable verdict et ma réaction émotive fut infime. Je continuais de croire fermement que Shaw avait participé au complot pour l'assassinat du Président, son rôle étant essentiellement de monter le coup contre Oswald. Mais je n'étais pas vindicatif. à l'égard de Shaw, il ne me déplaisait même pas il avait simplement accompli sa mission, comme un bon fonctionnaire des Services de renseignements fédéraux. J'avais accompli la mienne, comme représentant élu du peuple de La Nouvelle-Orléans.

A la suite de l'acquittement, Mark Lane interrogea des membres du jury, ce qui est autorisé en Louisiane. Leurs réponses indiquèrent qu'ils n'avaient trouvé aucun mobile à la participation de Shaw au complot pour tuer Kennedy et qu'au contraire il avait toujours fait état d'une grande admiration pour lui. Je ne fus pas trop surpris. Je savais, depuis le début, que nous aurions le plus grand mal à rendre claire la motivation de Shaw. Elle venait, pensais-je, des antécédents de Shaw à la C.I.A. et de son désir, partagé par les ultras de la guerre froide aux Services de renseignements, de mettre un frein à la tentative de Kennedy pour inverser la politique étrangère des États-Unis. Mais au moment du procès, la C.I.A. ne reconnaissait pas les anciennes relations de Shaw avec elle, et je n'en avais aucune preuve, alors je ne pouvais pas même faire allusion à ce mobile possible. Ce fut bien plus tard que je découvris dans la presse italienne et canadienne des dénonciations du rôle de Shaw au Centro Mondiale Commerciale et à Permindex (voir chapitre 6). Et ce ne fut qu'en 1975 que Victor Marchetti parla du souci de l'Agence pour Shaw et en 1979 que Richard Helms, le directeur adjoint aux plans (opérations secrètes) de la C.I.A. en 1963, reconnut pour la première fois, sous serment, les rapports de Shaw avec l'Agence.

En 1979, au cours d'un procès, on demanda à Helms s'il connaissait Clay Shaw. Il répondit, sous serment :

— Le seul souvenir que j'ai de Clay Shaw et de l'Agence c'est que je crois qu'à un moment donné, comme homme d'affaires, il était un des contacts intermittents de la Domestic Contact Division, les agents qui parlaient aux hommes d'affaires, aux professeurs et ainsi de suite, et qui voyageaient dans le pays et à l'étranger.

Lors d'un autre procès, en 1984, cette réponse fut répétée à Helms et on lui demanda :

— Vous souvenez-vous d'avoir fait cette déclaration sous serment le 17 mai 1979 ?

— Si ça dit là que je l'ai faite sous serment, répliqua-t-il, alors ce doit être vrai.

Helms avoua aussi qu'il avait publiquement nié cela quand il était directeur de l'Agence.

Si les jurés avaient été au courant des relations de Shaw avec l'Agence, il est possible qu'ils auraient rendu un verdict différent. Malgré tout, chaque juré interrogé par Mark Lane estima que l'accusation avait établi que le Président Kennedy avait été tué à la suite d'une conspiration. Pour moi, c'était important. Les jurés avaient acquitté Shaw en tant qu'individu mais ils n'acceptaient pas du tout le grand mensonge officiel à propos de l'assassinat.

La presse nationale traita ce verdict comme rien de moins qu'une justification des conclusions de la commission Warren. Naturellement, le jury de La Nouvelle-Orléans avait entendu des témoignages ne concernant qu'une petite partie d'une entreprise forcément vaste. De plus une seule personne, dont la participation était marginale, avait été prise en considération. Pour le moment, le mythe de l'assassin isolé était ressuscité, juché sur une chaise près d'une fenêtre, et le fard de l'embaumeur étalé sur ses joues.

A La Nouvelle-Orléans, la réaction du *Times-Picayune* et du *States-Item* peut se décrire comme de la digne jubilation. Contrairement à leurs confrères nationaux, les médias locaux avaient toujours su que chez nous le bureau du district attorney était remarquable, alors ils ne firent pas leurs choux gras des allégations de « témoins brutalisés ».

Néanmoins, la presse locale demanda ma démission. Le *States-Item* écrivit le 1er mars 1969 dans son éditorial en première page :

Le district attorney Jim Garrison devrait démissionner. Il s'est montré inapte à la fonction de district attorney ou à toute autre fonction.

M. Garrison a abusé des énormes pouvoirs de sa fonction. Il a tourné la loi au lieu de la faire respecter. Sa persécution de Clay L. Shaw était une perversion de la procédure légale telle qu'on en voit rarement.

Clay L. Shaw a été innocenté mais les dommages causés à sa réputation par la chasse aux sorcières de M. Garrison ne seront peut-être jamais réparés. C'est trop honteux. Cette parodie de justice ne doit pas être autorisée. M. Garrison devrait maintenant être cité à la barre pour répondre de sa conduite.

Le lendemain, le *Times-Picayune* dit à peu près la même chose dans un éditorial un peu moins virulent. Ce n'était que le début d'une longue suite de demandes de démission émanant de la presse locale. Je n'avais aucunement l'intention de démissionner pour avoir fait mon devoir.

Pour moi, la mesure suivante était évidente. Clay Shaw avait gagné un procès mais il en avait créé un autre, encore meilleur. Dès le lundi matin 3 mars je déposai une plainte en parjure contre Shaw, en spécifiant qu'il avait témoigné sous serment et déclaré qu'il n'avait jamais rencontré David Ferrie. En réalité, non seulement Shaw connaissait très bien Ferrie mais il avait été très souvent vu en sa compagnie. Nous avions d'autres témoins pour prouver le cas de parjure le plus flagrant que j'avais jamais vu au cours de ma carrière.

Si j'avais eu le choix, j'aurais volontiers laissé les choses en rester là. Dans la nuit du vendredi au samedi précédent le jury m'avait soulagé d'un grand poids. Et, à vrai dire, j'en avais plus qu'assez de danser le tango avec le gouvernement fédéral, ses Services de renseignements idiots et les bataillons de journalistes qui contribuaient à accréditer le mensonge du gouvernement sur l'assassinat du Président.

Je n'avais cependant pas à choisir. Ma décision avait été prise automatiquement quand — contrairement aux nombreuses dépositions de nos dossiers — Shaw avait gagné le siège des témoins et, à sa manière impérieuse mais courtoise, avait violé la loi sur le mensonge sous serment. Il n'y avait pas plus d'émotion dans cette plainte que je déposais qu'il n'y en a lorsque le pilote d'un avion de ligne, informé de mauvaises conditions atmosphériques à son lieu de destination, se détourne de son cap et va se poser sur un autre aéroport.

Naturellement, étant donné l'historique de cette affaire particulière, Shaw chercha refuge auprès du gouvernement fédéral. Ses avocats demandèrent à la cour fédérale de m'interdire de poursuivre Shaw pour parjure. Cependant, il existe une mesure légale très stricte qui rend extrêmement difficile l'intervention d'une cour fédérale dans un procès d'État.

Heureusement pour Shaw, le système judiciaire fédéral ferma les yeux sur cette loi. La cour itinérante des États-Unis m'interdit bel et bien de le poursuivre pour parjure et la cour d'appel confirma cette ordonnance.

Finalement, les éditoriaux exigeant ma démission reçurent des électeurs de La Nouvelle-Orléans la riposte qu'ils méritaient. Lors de l'élection du district attorney, cette même année, j'obtins 81 000 voix, mon concurrent immédiat 61 000 et le troisième candidat 7 000.

19

La majesté de la loi

Mon arrestation par des agents fédéraux survint comme un coup de tonnerre.

C'était le 30 juin 1971, le matin de bonne heure. Je venais de prendre mon petit déjeuner en lisant le *Times-Picayune*. J'étais encore en pyjama et je me trouvai dans l'escalier quand on sonna à la porte.

J'allai ouvrir et des hommes du gouvernement fédéral entrèrent d'autorité. Leur chef me montra une plaque de l'Internal Revenue Service et un bout de papier tandis que les autres agents se pressaient derrière lui. Pendant qu'ils se déployaient dans la maison, il m'informa que j'étais en état d'arrestation et me demanda si j'étais armé.

— Comment puis-je être armé alors que je montais faire ma toilette ?

— Eh bien, nous allons monter avec vous parce que nous devons vous emmener au siège et vous écrouer.

Une fois habillé, sous les yeux vigilants de plusieurs agents, je redescendis. Ma femme et mes enfants étaient bouleversés. Je leur dis qu'il n'y avait pas à s'inquiéter.

En sortant, flanqué par des agents fédéraux, je fus atterré de voir des voitures neuves avec de très grandes antennes encombrant les trottoirs et l'allée devant ma maison. Il y avait partout des hommes armés de talkies-walkies et je remarquai plusieurs voisins à leurs fenêtres. Je ne pouvais le leur reprocher mais j'étais affreusement gêné.

On m'emmena au palais de justice dans une voiture pleine d'agents. Là, on me photographia, on releva mes empreintes et on m'enferma dans une cellule de garde à vue aux murs verts. Bientôt, un gardien me conduisit dans une chambre où un magistrat me lut un acte d'accusation. J'appris que j'étais coupable de collusion avec le crime organisé, accusé d'avoir touché des pots-de-vin pour autoriser le jeu clandestin sur les flippers.

Ce n'est certes pas nouveau d'entendre un homme accusé par le gouvernement protester de son innocence mais dans mon cas, dire que j'étais innocent aurait été une litote aux proportions cosmiques.

A part le fait que jamais de ma vie je n'avais accepté le moindre dollar illégal et que c'était tout à fait à l'opposé de mon caractère, la vérité était — comme pouvaient en témoigner mon équipe et tous les districts attorneys de la région — que j'avais au contraire fait respecter avec une plus grande fermeté que n'importe qui la loi sur les jeux de hasard. Je ne l'avais pas fait par vertu particulière ni par rage contre les petits gains au flipper, mais simplement parce que ma fonction était de faire respecter toutes les lois pénales, qu'il s'agisse d'un crime ou d'un délit mineur comme cette affaire de flippers.

Apparemment, le gouvernement fédéral ne l'avait pas compris et avait supposé tout naturellement que, comme beaucoup des district attorneys de Louisiane, je fermais un œil sur ces jeux clandestins. Je compris vite qu'on avait choisi cette accusation-là parce que le jeu au flipper tombait sous le coup d'une loi fédérale et que c'était donc du ressort du gouvernement. L'aspect fédéral était plutôt ténu et reposait uniquement sur le fait que les flippers étaient fabriqués en Illinois. Mais à défaut d'un raisonnement légal aussi tortueux, le gouvernement ne pouvait imaginer aucune raison à mon arrestation, à moins naturellement d'avouer la vraie, qui était que j'embarrassais tout le monde avec mon enquête sur l'assassinat de JFK.

Après ma relaxation sous caution sur mon propre engagement, Frank Klein vint me chercher et me conduisit à notre cabinet. Une fois la surexcitation initiale passée, ce fut une journée normale, à part un coup de téléphone longue distance que je donnai à Boston, pour demander conseil à F. Lee Bailey, un éminent juriste de mes amis. Lee me dit qu'il serait enchanté et honoré de me représenter, mais à une condition.

— Laquelle ? demandai-je.

— Pas d'honoraires.

Les 26 mois entre mon arrestation et mon procès furent bien remplis, comme toujours, pour un bureau manquant perpétuellement de personnel et de financement et surchargé de travail. De temps en temps, je devais comparaître en tant que défendeur devant la cour itinérante des États-Unis pour ma propre procédure antérieure au procès. Les assistants de Bailey étaient d'excellents avocats et leur travail de préparation, pendant cette période, fut splendide et c'est peu dire. Ils me laissaient ainsi libre de veiller aux mille détails incombant à ma fonction. Cependant, avec le temps, il devint évident pour nous que le gouvernement n'était pas du tout pressé d'inscrire ce procès au rôle.

Cela nous donnait simplement plus de temps pour étudier le matériel que nous avait donné le gouvernement. Par une décision de la Cour suprême dans le procès *Brady contre État du Maryland* qui faisait jurisprudence, les autorités étaient tenues de fournir à un inculpé au criminel des copies de tous les actes requis relatifs à son affaire. Dans mon cas, c'était prodigieux ; j'appris que pas moins de 40 agents de la Direction des impôts (I.R.S.) enquêtaient sur moi depuis des années dans plusieurs États du Sud. Le principal problème avait été pour eux de faire apparaître que je transgressais une loi quelconque. Ils en avaient été incapables, par les moyens usuels, en obtenant des témoignages d'individus du milieu des flippers, parce que personne, dans ce milieu-là, ne me connaissait.

En conséquence, les agents fédéraux estimèrent qu'ils n'avaient d'autre choix que de créer un « semblant » d'affaire contre moi. Tous ceux qui sont renseignés sur les Services secrets savent qu'ils ne répugnent pas du tout à construire de toutes pièces une telle affaire quand les circonstances semblent l'exiger.

L'inculpation des autorités fédérales tournait autour de mon vieux camarade de guerre Pershing Gervais. On se souvient peut-être que Gervais avait été mon principal enquêteur mais qu'il était entré en conflit avec Frank Klein, au sujet de l'enquête Kennedy (voir chapitre 10). Je m'étais séparé de Gervais quand un avocat m'avait averti que Gervais lui avait offert de faire rendre un non-lieu sur une affaire, contre une somme en espèces de 750 dollars.

Gervais avait vigoureusement nié cette allégation mais, pour moi, le bureau du D.A. était comme la femme de César. Il ne lui suffisait pas d'être vertueux, sa vertu ne devait pas être mise en doute. Je répugnais à accuser de mensonge un vieil ami et je répugnais aussi à le « virer » mais je lui expliquai que, pour le moment, il me semblait qu'il n'était pas fait pour être mon principal enquêteur. Après une longue conversation, il avait accepté de démissionner.

A l'époque, Gervais m'avait parlé de ses problèmes financiers. J'étais au commencement d'une campagne de réélection et j'avais, temporairement, plus d'argent de souscription que je n'en avais besoin dans l'immédiat. Je prélevai donc 5 000 dollars de la somme que j'allais déposer au compte bancaire de la campagne et les lui donnai en lui faisant bien comprendre que c'était un prêt et que j'espérais bien être remboursé. Il accepta volontiers et m'exprima sa reconnaissance.

Au début de 1970, alors que les agents fédéraux étaient déjà en train d'élaborer leur affaire contre moi, j'eus la curiosité de savoir ce que Gervais faisait depuis qu'il avait quitté notre cabinet. Je voyais constamment sa grande Cadillac stationner devant le Fontainbleau Motel, au coin de Tulane et de South Carrollton. Il avait l'air d'avoir beaucoup de temps libre, tout en vivant sur un grand pied. Je demandai à Lou Ivon de se renseigner. Il commença par ses contacts dans la police et quelques semaines plus tard nous avions la solution qui nous parut être la bonne. Gervais s'était lancé dans une très bizarre entreprise. Son bureau, c'était le hall ou la salle à manger du motel, où il était toute la journée à la disposition de ses clients. Son insolite opération reposait ingénieusement sur le fait historique qu'il avait été mon chef enquêteur et connaissait la moitié des forces de police.

Pershing Gervais était ainsi passé maître dans ce que l'on appelle « miser sur les résultats ». Il choisissait une affaire criminelle que certains de ses amis de la police ou des auxiliaires de justice lui avaient signalée comme étant peu solide, que le procureur n'avait guère d'espoir de gagner. Ensuite, il entrait en contact avec la famille du défendeur et l'informait de ses excellentes relations avec le district attorney.

Après avoir gagné la confiance de la famille, il lui assurait qu'en dépit de la gravité des faits reprochés à son fils, il était en mesure de faire perdre le procès à l'accusation. Disons, par exemple, que le bureau du D.A. perdait deux procès sur cinq. Gervais téléphonait à la famille de l'inculpé acquitté et annonçait qu'il avait réussi à tout arranger, sur quoi il réclamait 5 000 dollars — ou toute autre somme — en insinuant que c'était le pot-de-vin réclamé par le procureur.

Évidemment, le fisc ne tarda pas à comprendre ce qu'il manigançait et lui intenta un procès. Mais « miser sur les résultats » n'était que le commencement des entreprises suspectes de Gervais. Il récoltait aussi de fortes sommes pour obtenir des autorisations en tout genre, depuis la création d'un bordel ou d'un salon de massage jusqu'à des cercles de jeu huppés. Une fois que les agents fédéraux eurent terminé leur enquête, ils tenaient Gervais dans un étau très serré. Et comme ses activités étaient basées sur ses relations présumées intimes avec moi, ils comprirent aussi que Gervais était pour eux un bon moyen de m'avoir.

Au début, Gervais déclara aux agents de l'I.R.S. qu'il ne pouvait rien leur dire sur moi parce que je n'acceptais jamais d'argent et qu'il était impossible de me faire commettre quelque chose d'illégal. Cependant, l'étau se resserrant, ils furent mis au courant de l'argent que j'avais prêté à Gervais. C'était justement ce qu'ils cherchaient. Il ne leur en fallait pas plus pour commencer à échafauder leur histoire de « corruption ».

A un moment, au début de 1971, Gervais passa me voir et me raconta qu'il venait d'avoir un coup de chance. Certains de ses amis, qui avaient une affaire de flippers, l'avaient aidé dans une entreprise dont il ne me donna aucun détail mais, en un mot, il pouvait maintenant me rembourser l'argent que je lui avais prêté. Pas tout à la fois, bien sûr, mais il me donnerait 1 000 dollars de temps en temps. Cela me convenait et je n'y pensai plus.

Après cela, Gervais vint me voir à la maison de temps en temps, mais à présent il était sonorisé. Il avait un petit émetteur fixé avec du sparadrap sous sa chemise et un récepteur à l'extérieur, par exemple dans la voiture d'un agent fédéral dans une rue voisine.

Je venais de subir une assez douloureuse opération du dos et j'étais le plus souvent au lit à chacune de ses visites. Il demandait de mes nouvelles et puis nous avions une brève conversation sur aucun sujet en particulier. Finalement il disait quelque chose comme: « Tiens, au fait, j'ai encore mille dollars pour toi. Qu'est-ce que tu veux que j'en fasse ? » Et ma réponse habituelle était simplement: « Pose-les sur la cheminée. »

Ces conversations — il y en eut trois, ou peut-être quatre — posaient un problème aux fédéraux parce qu'elles manquaient d'un élément, quelque chose qui donnerait une signification sinistre à ces mille dollars que me donnait Gervais.

Pourtant, en écoutant des copies de ces conversations enregistrées que nous avions obtenues suivant la jurisprudence *Brady*, nous découvrîmes que dans chaque bande une petite réplique ou deux avaient été ajoutées juste au bon endroit, pour donner au reste de la conversation un tour délictueux.

Je me rappelais nettement une des dernières conversations que Gervais avait enregistrées:

GERVAIS: Tu sais, cette nouvelle législature qui s'installe à Baton Rouge risque d'être dure. Certains de mes amis des flippers vont avoir besoin d'aide.

GARRISON : Pourquoi est-ce que tu me racontes ça ? Pourquoi irais-je les aider ?

Ce que j'entendais, en compagnie des avocats du cabinet de Lee Bailey et de mes propres confrères, n'était pas du tout ce qui avait été dit, c'est-à-dire :

GERVAIS : Tu sais, cette nouvelle législature, à Baton Rouge, risque d'être dure. Certains de mes amis des flippers vont avoir besoin d'aide.

GARRISON : Je ne vois pas le problème. Laisse tomber.

Je ne parvins pas à me rappeler dans laquelle des quatre bandes ma réplique avait été découpée mais j'étais certain que ma réponse à ce propos avait été insérée. Nous fûmes atterrés que le gouvernement ose aller aussi loin mais satisfaits de constater ce recours évidemment désespéré des agents. S'ils en étaient réduits à d'aussi basses manipulations, cela signifiait que leur affaire contre moi était assez désespérée.

Mon procès fut une habile manœuvre gouvernementale dans la tradition de Franz Kafka. La question était de déterminer si oui ou non j'étais un district attorney corrompu.

La justice finit par fixer sa date au 20 août 1973 et, en principe, le procès devait durer de quatre à six semaines. L'élection, dans laquelle j'étais candidat à un quatrième mandat, aurait lieu le 10 novembre ; par conséquent, je n'aurais que cinq ou six semaines devant moi pour faire campagne, bien que quatre à cinq mois soient généralement nécessaires à La Nouvelle-Orléans.

Avant même le début du procès, mon principal adversaire commença à faire des apparitions à la télévision. Ses spots publicitaires fournissaient au public un pittoresque contraste avec moi. Chaque matin, je figurais à la une du *Times-Picayune* comme l'inculpé dans une sordide affaire de corruption et, chaque soir, il était M. Propre à la télévision, réclamant un retour à l'honnêteté pour le bureau du district attorney.

Tel était le décor pour l'affaire *Etats-Unis d'Amérique contre Jim Garrison et al.* « Et al » englobait mes complices, pour la plupart des hommes que je n'avais jamais vus avant mon inculpation.

Gerald Gallinghouse, le procureur des États-Unis, annonça qu'il se chargerait personnellement de l'accusation, au cours du procès. Cela m'indiqua que son propre district judiciaire resterait sans procureur pendant près de six semaines. Mais il avait dû reconnaître l'importance capitale de cette histoire de flippers pour le ministère de la Justice et il fit bien sentir sa présence durant tous les préliminaires, en se montrant ostensiblement avec une liasse de documents à la main et un petit drapeau américain à la boutonnière.

Le juge était Herbert Christenberry, alors président de la cour itinérante des États-Unis pour le district Est de la Louisiane ; il y avait au rôle des affaires infiniment plus complexes, plus importantes, mais il les avait écartées pour se consacrer uniquement, pendant six semaines, à cette question des flippers.

C'était un personnage austère au visage de pierre, dont l'expression imperturbable cachait un caractère coléreux. Plusieurs années auparavant, alors que j'exerçais encore à titre privé, je l'avais vu dans son cabinet du palais de justice lancer un énorme volume du Code à la tête d'un de mes confrères qui avait protesté contre l'acte d'accusation de son client que Christenberry avait présenté au jury. Il m'en aurait lancé un aussi mais il n'y en avait plus sur son bureau.

Comme par hasard, c'était lui le juge qui avait signé l'ordonnance m'interdisant de poursuivre Clay Shaw pour parjure, en dépit de la loi en vigueur contre toute intervention fédérale dans une procédure d'État.

Plus de deux ans après mon arrestation, le jour du procès arriva enfin. Ma femme et mes enfants m'accompagnèrent à la porte quand je quittai la maison. Liz était encore en robe de chambre et s'efforçait de ravaler ses larmes. Les enfants étaient encore très jeunes ; Jim avait 14 ans, Virginia 12, Lyon 10, Élizabeth 9 et Darrow 7, et ils sentaient bien qu'il se passait quelque chose de grave, sans trop comprendre ce que c'était. Ils l'apprirent plus tard dans la journée, quand ma femme les amena au palais de justice. Je les embrassai tous en leur disant qu'il n'y avait pas de quoi s'inquiéter.

Dans la salle d'audience, dès l'ouverture des débats, j'annonçai au juge Christenberry que je comptais me représenter moi-même. Aussitôt, il ordonna à tous les avocats de le rejoindre dans la salle de conférences. C'était une assez petite pièce attenante au prétoire. Je m'assis d'un côté de la table avec mes avocats, Louis Merhige et Fred Barnett, le procureur des États-Unis et ses assistants s'installèrent en face de nous et nous attendîmes le juge. Les représentants de l'accusation me dévisageaient avec stupeur. Depuis des années que j'étais district attorney, jamais une seule fois je n'avais plaidé une cause moi-même ; j'étais bien connu pour laisser ce soin à des spécialistes des procès par jury.

J'avais pris la décision de me défendre moi-même après avoir fouillé, en compagnie des avocats de Lee Bailey, dans la montagne de documents représentant l'affaire que le gouvernement instruisait contre moi. Nous avions vite constaté que tout cela était un montage monumental en deux parties. La première, la plus importante, concernait un arrangement financier qui avait indubitablement préexisté entre des opérateurs de flippers-machines à sous et au moins un membre de la police. Techniquement, selon les lois fédérales, cet arrangement constituait l'association de malfaiteurs, ce qu'ils appelaient le complot, et ferait bien l'affaire du gouvernement s'il pouvait l'accrocher à mes basques.

C'était là que les bandes magnétiques de Pershing Gervais — trafiquées par les fédéraux — entraient en scène. C'était l'affaire mineure qu'ils fixaient à la grosse, préexistante, pour en faire la bombe qu'ils comptaient faire exploser devant la cour.

Il était évident pour moi que la fraude commise par le gouvernement pour m'associer à cette affaire de flippers était un acte criminel. Néanmoins, je comprenais aussi que je ne pouvais demander aux jurés — élevés dans le plus grand respect de leur gouvernement — de croire une chose pareille. Un avocat étranger à la ville, même aussi éminent et doué que Lee Bailey, aurait sans doute du mal à communiquer l'incroyable réalité d'un coup monté de toutes pièces contre moi par le gouvernement.

Ce fut à ce moment que je me dis que c'était à moi de le faire. Je savais que la plupart des néo-Orléanais étaient au courant de ma longue bataille contre les autorités fédérales. Je savais que tous sentaient, même s'ils ne connaissaient pas tous les détails, que ma motivation était sincère ; en conséquence, ma défense ne pouvait être rien de moins que la poursuite de mon combat contre Washington, livré par moi-même.

Le juge arriva et s'assit en haut de la table. L'événement ne l'enthousiasmait pas mais il n'y avait pas grand-chose qu'il pût faire pour m'empêcher de me représenter personnellement. Il m'écouta expliquer que tout en estimant que mes avocats étaient excellents, nous avions des différences d'opinions sur la façon de présenter notre affaire. Merhige et Barnett le confirmèrent.

Christenberry se tourna vers moi et me dit qu'il accédait à ma demande de plaider ma propre cause à condition qu'un autre avocat soit présent à la table de la défense. Il insista pour dire qu'il ne pouvait pas permettre aux minutes d'indiquer qu'il m'avait laissé passer en justice sans être conseillé.

Cela m'allait très bien. A la reprise de l'audience, mon vieil ami Lou Merhige était assis à côté de moi. Le premier témoin à charge fut un des propriétaires des flippers-machines à sous. Je ne l'avais jamais vu de ma vie, je n'avais jamais vu aucun de ses employés et il ne m'avait jamais vu non plus.

Gallinghouse, le procureur des États-Unis, un homme grand et imposant en costume bleu marine, lui soutira habilement sa déposition. Oui, déclara le patron des flippers, il avait contribué à un fonds destiné à minimiser toute intervention de la police dans l'opération des flippers, en ville. A qui allait cet argent ? Au sergent Fred Soule de la police de La Nouvelle-Orléans.

On passa au contre-interrogatoire. A qui le sergent Soule remettait-il l'argent ? Aucune idée. Le témoin m'avait-il jamais remis de l'argent ? Non, pas du tout. Avait-il jamais remis de l'argent à une personne ayant des rapports avec ma fonction ? Non. Est-ce qu'une personne de mon bureau lui avait jamais rendu un service ou fait une faveur, dans son affaire de flippers ? Non, personne. Il n'y a pas d'autre question.

Les patrons de flippers se succédèrent, répondirent aux mêmes questions, de la même façon.

Le lendemain matin, j'apportai un livre à l'audience. Lou Merhige le retourna et me demanda :

— Qu'est-ce que c'est que ça ?

— Un peu de lecture pour moi, pendant que le procureur des États-Unis continue de jouer au flipper. Tu ne voudrais quand même pas que je continue, moi, de prétendre que tous ces témoignages ont un rapport quelconque avec quoi que ce soit ?

— Tu ne peux pas faire ça dans la Chambre de Christenberry. Il t'en empêchera.

— Mais non.

Et il n'en fit rien. Au début, je sentis que le juge s'énervait, tandis que je lisais pendant que les patrons défilaient et témoignaient longuement, mais il finit par s'y habituer. A un moment donné, pendant une interminable déposition, je jetai un coup d'œil aux jurés et j'en vis bâiller plusieurs.

Lorsque chaque patron avait terminé sa litanie de réponses aux questions directes, je posais mon livre et l'interrogeais brièvement. J'établissais que nous ne nous connaissions absolument pas, que jamais moi-même ou une personne de mon bureau ne lui avait rendu de service se rapportant à son affaire de flippers et qu'il n'avait jamais remis d'argent à moi-même ou à une personne me représentant. Puis je retournais m'asseoir et reprenais ma lecture, ayant bien établi la totale inanité de tous ces témoignages sans rapport avec ma cause.

Finalement, le gouvernement renonça à son défilé de patrons de flippers et fit appeler le sergent Frederick Soule.

Soule était un petit homme moustachu, tiré à quatre épingles et cravaté d'un nœud papillon. Son témoignage se résuma à la confirmation qu'il avait reçu de l'argent de « protection » de la part des propriétaires de flippers. Le point culminant de sa déposition était qu'il avait mis sa part de cet argent de côté, rangée dans une grande boîte en fer et enterrée dans son jardin. Après son arrestation il l'avait déterrée et remise aux agents venus l'arrêter.

Ce témoignage corroborait ceux des patrons de flippers disant qu'ils payaient pour leur protection mais ne précisait pas à qui Soule transmettait l'argent ni ce qui était fait en échange. En un mot, il ne constituait pas une *preuve* de corruption.

Je savais par les témoins que l'accusation n'allait pas citer d'autres policiers. Par conséquent, raisonnais-je, cette preuve ne pourrait venir que de Soule. Or, elle ne vint pas.

Le moment était venu de l'entrée en scène du témoin vedette de l'accusation.

— Faites entrer Pershing Gervais ! cria Gallinghouse d'une voix de stentor.

Après un peu de brouhaha à la porte de la salle d'audience, Gervais apparut. Il avait maintenant les cheveux tout gris et il avait beaucoup grossi. Il portait de grandes lunettes à monture d'acier. En le voyant suivre nonchalamment la travée, je le trouvai aussi à l'aise que s'il faisait partie du bureau du procureur des États-Unis. Il s'installa confortablement dans le fauteuil des témoins et salua de la tête le jury, en souriant largement.

J'écoutai avec attention l'assez long témoignage de Gervais. Le procès durait depuis des jours sans que mon nom ait été évoqué, ce qui faisait de cette déposition le diamant de la couronne de l'accusation. Le système d'enregistrement clandestin « scotché » sur le torse de Gervais fut décrit dans tous ses détails. Ensuite, les bandes magnétiques furent introduites comme pièces à conviction et on les fit écouter au jury. On fournit des écouteurs à tous les jurés, au juge, à l'accusation, tandis que le procureur des États-Unis s'efforçait laborieusement d'amalgamer des patrons de flippers, un policier nommé Soule et ces enregistrements en une gigantesque affaire de corruption impliquant un district attorney. Et grâce à la magie de l'électronique, il fit de sensibles progrès dans cette direction.

Mon estomac se révulsait chaque fois que j'entendais ma propre voix répondre par des « Bien sûr » ou des « Ça me paraît bon » à des insinuations compromettantes de Gervais ; je savais, naturellement, que chaque réplique avait été extraite d'une autre bande, retirée de son contexte et glissée ici ou là mais les jurés l'ignoraient. Les agents des S.R. qui avaient manigancé ce coup connaissaient leur métier et ils avaient bien travaillé non seulement pour me faire porter le chapeau mais pour bien l'enfoncer sur ma tête.

J'étais certain que si, à ce moment, on avait demandé au jury de voter, il m'aurait trouvé coupable à l'unanimité. Et je savais parfaitement qu'à la suite d'un tel verdict, l'homme en noir à figure de pierre ne m'enverrait pas dans un de ces « country clubs » de sécurité minimale qui servent de villégiature à certains personnages publics après une condamnation fédérale. Oh non, pour moi ce serait le pénitencier. Même Lou Merhige, toujours optimiste et encourageant, avait l'air malheureux.

La déposition de Gervais n'avait pas grand-chose d'inattendu pour moi. Je fus quand même ahuri quand il déclara calmement, sous serment, que j'avais reçu 150 000 dollars des opérateurs de flippers. Je m'attendais à ce qu'il soit question des quelques versements de mille dollars qu'il m'avait apportés en remboursement de sa dette, puisqu'ils étaient évoqués dans les enregistrements, mais je ne voyais pas du tout où il était allé chercher cette incroyable somme.

Cependant, plus j'y réfléchissais, plus ce chiffre gigantesque de 150 000 dollars pouvait m'être utile. Les gens des flippers — n'importe qui, d'ailleurs — devaient exiger des services fantastiques pour un montant aussi fantastique. Sur mon bloc-notes, j'écrivis « Services ? ». J'avais un titre, un point de départ pour la présentation de ma propre défense.

J'entamai mon contre-interrogatoire de Pershing Gervais sur un ton volontairement atténué. Je voulais lui donner l'impression que son témoignage ne m'avait pas fâché, que je comprenais le pétrin dans lequel les agents de l'I.R.S. l'avaient plongé à la suite de sa très originale affaire de courtage du Fontainbleau Motel. Je comprenais aussi qu'il était forcé de répondre au long interrogatoire du procureur préparant l'introduction des enregistrements. Je voulais lui faire savoir que rien de tout cela ne m'avait changé, que j'étais toujours le même copain qu'au temps où nous étions tous deux sous-officiers au service armé.

— Vous rappelez-vous quand nous avons fait connaissance ?

— A la caserne Jackson.

— Vous rappelez-vous quand ?

— C'était avant la Seconde Guerre mondiale.

— Vous vous rappelez donc où nous sommes allés de la caserne Jackson ?

— Je me souviens que nous sommes allés au camp Shelby, dans le Mississippi.

— Dans quelle unité étions-nous ?

— Dans l'Artillerie Washington, de la Garde nationale de Louisiane.

Je devinais à sa voix qu'il n'était pas sur la même longueur d'onde que moi. Cela m'avertissait que le rapport qu'il y avait eu entre nous n'existait plus. Je poursuivis obstinément mon interrogatoire de cet homme qui avait été mon meilleur ami dans l'armée.

— Comment qualifieriez-vous nos rapports, à cette époque-là ?

— Par rapport à quoi ?

— Vous venez de dire que nous étions des relations. Diriez-vous que lorsque nous étions dans l'armée nous étions bons amis ?

— Mon grand copain était Charlie Weiss, répliqua Gervais. Vous étiez un ami. Nous ne nous fréquentions pas.

Cette réponse mit fin à ma modération de ton. Je ne savais pas où avait disparu l'homme que j'avais connu sous l'uniforme mais ce n'était certainement plus la même personne. Ce type-là était aussi froid que l'acier de ses lunettes.

Je laissai le passé derrière nous et fis un bond en avant vers l'affaire en cours. Reportant mon attention sur la période précédant sa collaboration avec les autorités fédérales, je lui demandai s'il n'était pas vrai qu'il avait dit aux agents de l'I.R.S. que je ne m'intéressais pas à l'argent. Il reconnut que c'était vrai. Je lui demandai s'il leur avait dit que s'il m'arrivait de commettre une erreur sur ma déclaration de revenus ce ne pouvait être que par inadvertance et que j'avais tendance à payer plutôt plus d'impôts que ce que je devais que moins. Il reconnut également qu'il avait tenu ces propos. Et n'avait-il pas expliqué qu'il s'était plaint qu'il ne pouvait jamais me faire faire quelque chose pour lui ? Il le confirma.

J'allai prendre sur la table une poignée de documents et revins vers lui. Je lui demandai s'il était vrai que le gouvernement des États-Unis lui avait obtenu un emploi à la General Motors du Canada, où il n'avait besoin que de passer quelques fois dans la semaine pour toucher un salaire annuel de 22 000 dollars. Il répondit oui aux deux questions.

Je lui demandai quel était son titre. Il m'expliqua

qu'il était administrateur général, le poste le plus élevé de l'usine. Je l'interrogeai alors sur ses qualifications pour cet emploi. Il avoua qu'il n'en avait aucune. Je retournai à la table.

Je fis mine de chercher parmi les pièces à conviction. Je savais très bien ce que je cherchais mais je voulais laisser au jury le temps d'absorber le fait que Gervais touchait 22 000 dollars par an pour passer deux fois par semaine à son travail.

Je pris deux extraits de naissance et les lui montrai, en lui demandant si le gouvernement, en vertu du programme de protection des témoins, ne lui avait pas fait changer de nom.

Oui, répondit-il, il avait pris le nom de Mason, et le ministère de la Justice avait établi de nouveaux extraits de naissance pour ses enfants, au nouveau nom de famille.

Je voulus savoir alors si ces documents portaient la date de naissance réelle de ses enfants et sa réponse fut négative.

Je demandai ensuite si cela voulait nécessairement dire que ces deux extraits de naissance étaient des faux. Gervais les examina et fut d'accord. Sur quoi je les remis aux jurés, pour qu'ils sachent à quoi ressemblaient des faux officiels. Je gardai le silence, pour leur permettre d'admirer le travail d'artiste du ministère de la Justice. Quand ils eurent fini, je demandai une suspension d'audience. Je voulais que les jurés aient le temps de se demander pourquoi le ministère de la Justice des États-Unis tenait tellement à obtenir une condamnation qu'il n'hésitait pas à commettre des faux. Je voulais les faire réfléchir à la majesté de la loi.

Quand Gervais reprit sa place dans le fauteuil des témoins, je l'interrogeai sur l'accord qu'il avait conclu avec le ministère de la Justice et lui montrai une lettre qui lui avait été adressée par John Wall, le procureur chargé du crime organisé et du racket au ministère. Gervais assura se souvenir de la lettre.

Ce qui me permettait d'en faire état comme pièce à conviction et de la lire au jury. Le dernier paragraphe concernait les conditions auxquelles il conserverait son emploi de 22000 dollars annuels à la General Motors du Canada (appelés dans la lettre « subsistance »):

> Il a été déterminé, de plus, le 8 septembre 1971, que la subsistance est payée *à la condition que vous ne reveniez pas aux États-Unis sans autorisation préalable de la Division Criminelle* et que tous règlements futurs seraient annulés et le ministère de la Justice serait déchargé de toute responsabilité si cette condition d'interdiction de séjour n'était pas respectée.

Le *Witness Relocation Program* (pour la protection des témoins) était une mesure prise, en principe, pour lutter contre le crime organisé. Le changement de nom, par exemple, devait éviter au témoin d'être assassiné par le gang ou autrement terrorisé. Aller aussi loin quand le défendeur était un district attorney, ça ne tenait pas debout. Il était évident pour moi que le gouvernement avait inclus Gervais dans ce programme dans le seul but de le soustraire à mes visites ou questions. Bien qu'un inculpé (ou son avocat) eût le droit d'interroger un témoin à charge avant le procès, je n'avais eu évidemment aucun moyen de retrouver un homme dont le nom avait été changé en Mason et qui, de plus, avait été envoyé à l'étranger.

Vers la fin de son exil canadien, Pershing Gervais se révolta enfin contre les exigences du ministère de la Justice et accorda, en mai 1972, au Canada, une interview à la journaliste Rosemary James pour une chaîne de télévision de La Nouvelle-Orléans. J'en avais obtenu une transcription.

Je la montrai à Gervais, la lui lus et lui demandai s'il pouvait me confirmer qu'il avait fait les déclarations suivantes :

ROSEMARY JAMES : Vous avez été forcé de travailler pour le gouvernement ?

GERVAIS : Bien plus que ça. J'ai été forcé de mentir pour eux, ce serait une meilleure description.

ROSEMARY JAMES : Qu'est-ce qu'on vous a forcé à faire ?

GERVAIS : Eh bien, c'est devenu clair, au début, c'était obscur, c'était toujours... vous savez ce que nous voulons, vous savez ce que nous faisons, voyez... Depuis le début du harcèlement jusqu'à ce moment où j'ai été, faute d'un meilleur mot, séduit par le ministère de la Justice, vous savez, si je pouvais être séduit, comme s'il y avait un doute quelque part là-dedans, il est devenu clair qu'en réalité ils ne s'intéressaient qu'à un seul homme, Jim Garrison, et dans leur idée ils savaient que j'étais le type capable de l'avoir.

ROSEMARY JAMES : Et vous dites que vous l'avez eu ?

GERVAIS : Oh ça, ça ne fait pas de doute.

Il se rappela l'interview et il reconnut que tels avaient bien été ses propos. Voici un autre passage, que le lui demandai de confirmer :

ROSEMARY JAMES : Vous me parlez d'une façon bien ambiguë de la plupart des personnes concernées, est-ce qu'on voulait enquêter sur des gens de l'industrie des flippers et Jim Garrison ?

GERVAIS : Ils voulaient avoir Jim Garrison.

ROSEMARY JAMES : Qu'est-ce que vous entendez par là, quand vous dites qu'ils voulaient avoir Jim Garrison ?

GERVAIS : Ils voulaient le réduire au silence. C'était leur principal objectif, parce que si ce n'était pas vrai, je serais encore à La Nouvelle-Orléans.

ROSEMARY JAMES : Oui, mais alors, est-ce que vous dites que vous avez participé à un coup monté frauduleux ?

GERVAIS : Un coup monté politique total, complet, absolument.

Il reconnut que c'étaient bien ses réponses mais en insinuant qu'il avait peut-être été « irresponsable » en accordant cette interview. Voici une autre suite de répliques que je lui demandai de reconnaître :

ROSEMARY JAMES : Ce que vous dites, explicitement, c'est que toute l'affaire instruite par le gouvernement contre Jim Garrison est frauduleuse ?

GERVAIS : Ça ne fait aucun doute. Tout ce qui est fondé et basé purement sur la politique ne peut être autre chose que frauduleux.

ROSEMARY JAMES : Toute l'affaire est un mensonge ?

GERVAIS : L'affaire tout entière.

Il avoua que c'étaient effectivement les réponses qu'il avait données à la journaliste. A ce moment-là, bien sûr, tout le dossier des autorités fédérales contre moi tomba à l'eau, dans les égouts, bien à sa place.

Mais je n'en avais pas encore fini. Je voulais maintenant révéler l'invalidité des enregistrements frauduleusement trafiqués par le gouvernement, une bonne fois pour toutes. Avec l'aide de Lou Merhige, j'avais trouvé un expert, le Dr Louis Gerstman, professeur de diction et de science auditive à l'université de la ville de New York.

Quand je citai Gerstman à comparaître, le procureur éleva une véhémente objection. Néanmoins, le juge reconnut le témoin qualifié comme expert.

La déposition du Dr Gerstman fut nette et précise : il avait constaté que la pièce à conviction numéro un des autorités fédérales était un travail de faussaire, une pure fabrication avec de petits extraits de bandes précédentes insérés par un montage savant. Il cita un exemple de ma voix hors de contexte avec la conversation en cours. Il décrivit les « disparités techniques » survenant entre ma voix et celle de Gervais, et les diverses variations du niveau sonore. En somme, il affirmait que les enregistrements du gouvernement avaient été trafiqués.

J'appelai ensuite le témoin Leon Hubert, un professeur de droit de Tulane et ancien district attorney, qui témoigna que mon bureau avait fait tout ce qu'il était humainement possible de faire selon les lois de Louisiane pour traîner en justice les opérateurs de flippers. Par contraste, pour montrer les différentes attitudes d'autres procureurs de l'État, je fis venir le président de la *Louisiana District Attorneys Association*. Il déclara que sa politique avait été de ne pas poursuivre les propriétaires de flippers. Je citai aussi le district attorney Jefferson Parish, qui représente l'autre partie de La Nouvelle-Orléans métropolitaine, et il déclara que son bureau n'entamait jamais de poursuites pour des affaires de flippers parce qu'il y avait bien trop de crimes qui se commettaient et exigeaient la priorité.

Ma plaidoirie dura trois heures. Mes deux co-inculpés et moi fûmes déclarés non coupables. Malheureusement, il était bien trop tard pour lancer une campagne électorale et mon adversaire me battit de 2 000 voix.

Les autorités fédérales, elles, ne se tinrent pas pour battues. J'étais également accusé de fraude fiscale pour ne pas avoir déclaré l'argent que je n'avais pas reçu des opérateurs de flippers. Ce second procès eut lieu au début de 1974, après que j'avais terminé mon mandat de district attorney. J'assurai encore une fois ma propre défense et fus de nouveau jugé non coupable. La cause du gouvernement s'affala encore plus ignominieusement que la première. Il était parfaitement évident pour les jurés que je n'avais pas reçu de revenus illégaux de la part des gens des flippers ou autres racketteurs et le gouvernement avait été incapable de trouver une ombre de soupçon de preuve de ma prétendue fraude fiscale.

Mon dernier jour dans le bureau où j'étais district attorney depuis 12 ans tombait un dimanche. L'immeuble était pratiquement désert. Le plancher était couvert de papiers froissés, les corbeilles débordaient de tout le bric-à-brac que peut rassembler un groupe de personnes travaillant ensemble pendant des années.

Je dégageais la surface de mon bureau quand je m'aperçus qu'Andrew Sciambra était assis devant moi, les larmes aux yeux.

— Jim, me dit-il, il faut que je vous pose cette question avant que vous partiez. Ça fait des années que je veux vous la poser.

Je le regardai.

— Allez-y.

— Durant toutes ces années, quand on travaillait à l'affaire Kennedy...

— Oui ?

— Est-ce que vous avez réellement, sincèrement cru que nous pouvions battre le gouvernement fédéral ?

Je lui posai une main sur l'épaule.

— Andrew, répliquai-je, je n'ai jamais eu un seul instant de doute.

20

Les promoteurs secrets

Une fois que vous avez éliminé l'impossible,
ce qui reste, même improbable, doit être la vérité.

Le Signe des Quatre,
Sir Arthur CONAN DOYLE

Beaucoup de choses se sont passées depuis le procès de Clay Shaw et le mien. Des personnages publics comme Lyndon Johnson, Earl Warren, Allen Dulles, Charles Cabell et Earle Cabell sont morts. D'importants acteurs de mon enquête à La Nouvelle-Orléans, par exemple le violent anticommuniste Guy Banister et son associé, le détective privé Jack Martin, sont allés discrètement à leur tombe.

D'autres sont morts dans des circonstances indéniablement mystérieuses. L'ami et baby-sitter de Lee Oswald à Dallas, George de Mohrenschildt, fut découvert mort d'un coup de fusil de chasse après avoir pris des dispositions pour être entendu par la commission parlementaire sur l'assassinat. Le coroner conclut au suicide.

David Ferrie, comme je l'ai dit au chapitre 11, fut découvert mort dans son appartement, avec deux lettres de suicide à côté de lui. Le coroner attribua cette mort-là à des causes naturelles.

Le shérif adjoint Roger Craig quitta Dallas et vint s'installer à La Nouvelle-Orléans, à la suite d'une tentative de meurtre contre lui. Mais il eut la nostalgie de Dallas et y retourna. Sa voiture explosa alors qu'il s'y trouvait mais il survécut. Ensuite, il fut trouvé mort chez lui, d'une blessure par balle. Le verdict du coroner fut le suicide.

Jack Ruby, après avoir été soigné pour un rhume par le bureau du shérif de Dallas, fut envoyé à l'hôpital où son état empira. Peu de temps après, on annonça qu'il souffrait d'un cancer et au bout d'un moment, ce fut sa mort qu'on annonça.

Lee Harvey Oswald, naturellement, avait été abattu par Ruby devant des millions de téléspectateurs et un véritable mur de policiers de Dallas. Il n'y avait pas de mystère dans la cause précise de cette mort mais la raison que Ruby donna à son geste — éviter à Mme Kennedy l'épreuve d'avoir à assister au procès d'Oswald — demeure toujours aussi contestable, surtout si l'on considère les liens de Ruby avec le crime organisé d'un côté et, de l'autre, avec le F.B.I. et la C.I.A.

Clay Shaw mourut le 14 août 1974 dans des circonstances bizarres. Un jour, un de ses voisins vit des hommes portant un corps sur une civière, juste devant la porte de la maison de Shaw. Le corps était entièrement recouvert d'un drap, tête comprise. Le voisin, trouvant cela insolite, avertit le bureau du coroner qui envoya promptement des enquêteurs sur les lieux. Ils ne découvrirent personne. Après une journée d'enquête, les hommes du coroner de la Paroisse Orléans apprirent que Shaw venait d'être enterré à Kentwood, dans la Paroisse Tangipahoa, où il était né.

Un certificat de décès signé par le Dr Hugh Betson

attestait que Shaw était mort d'un cancer du poumon. Le coroner de La Nouvelle-Orléans, le Dr Frank Minyard, mécontent des circonstances et de la rapidité de l'enterrement, décida d'obtenir un permis d'exhumer Shaw, à Kentwood, pour s'assurer par lui-même que le défunt n'avait pas été assassiné. Mais avant qu'il puisse obtenir une ordonnance d'un tribunal, le bruit courut de son intention et les médias réagirent immédiatement, les journaux publièrent des éditoriaux virulents protestant contre la scandaleuse profanation des restes de Shaw, défendant son droit de reposer en paix et insinuant que c'était une tentative pour ressortir mes anciennes accusations contre Shaw au moment de l'assassinat du Président Kennedy. Le coroner se ravisa, il n'y eut pas d'exhumation et Shaw fut laissé en paix.

Je n'ai aucune idée de ce qui est arrivé à certains de ceux qui jouèrent un rôle important dans cette saga : Kerry Thornley, l'ami et sosie de Lee Oswald dans les Marines ; l'ancien agent du F.B.I. James Hosty, l'amie d'Oswald Ruth Paine et notre témoin Vernon Bundy.

Certains ont prospéré. Richard MacGarrah Helms, le directeur adjoint aux plans (opérations secrètes) de la C.I.A. au temps de l'assassinat fut promu directeur de l'Agence en 1966. En 1973, il démissionna pour devenir ambassadeur en Iran jusqu'en 1977 où il se recycla dans le privé en devenant consultant d'affaires. Johnny Carson s'est transformé en icône de la télé de nuit. N.B.C., C.B.S., *Newsweek, Time, Life* et le *New York Times* n'ont rien changé à leurs habitudes.

D'autres témoins importants non plus. Perry Russo, par exemple, s'est établi à son compte dans la location immobilière, à La Nouvelle-Orléans, et fait le taxi pour arrondir ses fins de mois. Julia Ann

Mercer, mariée à un riche homme d'affaires, est femme au foyer dans le Midwest. Et Pershing Gervais est bailleur de cautions à Baton Rouge.

A une exception près, tous les membres du groupe spécial du bureau du D.A. de La Nouvelle-Orléans qui mena l'enquête JFK exercent encore des professions judiciaires. Andrew Sciambra est aujourd'hui magistrat de la cour criminelle du district de La Nouvelle-Orléans. Lou Ivon siège au parlement de l'État. Al Oser a été juge à la cour criminelle jusqu'à sa retraite et il est maintenant principal associé dans un cabinet d'avocats de la ville. Jim Alcock est aussi devenu juge dans cette même cour et il exerce à présent à Houma, en Louisiane. Charles Ward est juge à la quatrième cour itinérante d'appel. D'Alton Williams exerce le droit immobilier à La Nouvelle-Orléans. Numa Bertel est chef du service d'assistance judiciaire aux indigents, à la cour criminelle de district. Frank Klein revint à notre bureau avant d'être nommé plus tard principal assistant du district attorney à Placquemine, au sud de La Nouvelle-Orléans mais, je suis navré de le dire, il y mourut d'un cancer en 1986.

Quant à moi, à la suite de ma défaite pour mon quatrième mandat, et de mon acquittement dans la fallacieuse affaire de fraude fiscale intentée par le gouvernement, je passai quatre ans à exercer le droit à titre privé, j'écrivis un roman et fus ensuite élu à mon actuelle fonction de juge à la quatrième cour d'appel de Louisiane.

Je n'ai toutefois jamais perdu mon intérêt pour l'assassinat du Président Kennedy et ses implications. Les critiques de l'attentat n'ont cessé de découvrir des faits nouveaux, que le gouvernement fédéral a continué d'ignorer. A mon avis, les révélations les plus importantes ont été la découverte qu'une balle supplémentaire avait été extraite du corps du Président au cours de l'autopsie, la disparition du cerveau du Président et, naturellement, la confirmation, tant par Victor Marchetti que par Richard Helms, que Clay Shaw avait été un agent de la Central Intelligence Agency (voir chapitre 18).

En 1978 et 1979, la commission parlementaire sur les assassinats politiques procéda à ses audiences et, tout en s'efforçant apparemment d'insuffler une vie nouvelle à la commission Warren moribonde, elle aboutit à contrecœur à la conclusion que Kennedy avait probablement été victime d'une conspiration. La commission n'avait pas le choix, après que son expert en acoustique avait révélé qu'en plus des coups de feu tirés derrière le Président Kennedy, d'autres l'avaient été devant lui, du tertre herbeux. Néanmoins, elle déclara que ce tir frontal était passé complètement à côté, donc Lee Oswald demeurait le tueur du Président. C'était une façon détournée de dire que la commission Warren avait presque raison, à part le détail du tireur sur le tertre. La commission parlementaire conclut qu'il était théoriquement possible que le tireur du tertre et Lee Oswald aient agi indépendamment l'un de l'autre et que, par conséquent, il n'y aurait pas eu conspiration, après tout. Avant de se dissoudre, elle demanda au ministère de la Justice de reconsidérer une réouverture du dossier et une reprise de l'enquête sur l'attentat, en lui communiquant un rapport secret avec le détail des faits et indices nouveaux que ses travaux avaient permis de mettre au jour. Le résultat de cette requête fut près d'une dizaine d'années de silence*

* Il fut rompu, d'une façon assez decevante, en septembre 1988, par la nouvelle que six mois plus tôt, le ministère de la Justice avait avisé le président de la commission parlementaire juridique qu'aucune « preuve persuasive » de conspiration n'avait été trouvée.

Ce qui a changé, plus que tout, depuis l'assassinat du Président Kennedy, c'est notre conscience nationale. Nous avons subi beaucoup de malheurs. Il y a eu, par exemple, les assassinats de Martin Luther King, de Robert Kennedy, de Medgar Evers, de Malcolm X. Il y a eu les attentats contre le candidat à la présidence George Wallace et les Présidents Gerald Ford et Ronald Reagan. Nous avons vécu neuf années épouvantables de guerre au Vietnam, le traumatisme du Watergate, les révélations des années 70 sur la C.I.A. et l'affaire de l'Irangate plus récente. Cette extraordinaire succession d'événements a eu raison de notre innocence.

Aujourd'hui, avec le recul, de nouvelles informations, une perspicacité nouvelle, il est possible d'élaborer une spéculation historique informée sur ce qui s'est passé à Dallas le 22 novembre 1963 et pourquoi. Pour moi, c'était une espèce de coup d'État. Je crois qu'il a été imaginé et préparé longtemps à l'avance à l'instigation d'anticommunistes fanatiques des Services de renseignements et qu'il a été mis à exécution ensuite, probablement sans approbation officielle, par des individus appartenant à l'appareil des opérations secrètes de la C.I.A. ou autres collaborateurs extra-gouvernementaux; l'affaire a ensuite été étouffée par des agents du même bord, du F.B.I., des Services de sécurité, de la police de Dallas et des militaires. Le but était d'empêcher que Kennedy recherche la détente avec l'Union soviétique et Cuba et mette ainsi fin à la guerre froide.

On décrit un coup d'État comme « une action soudaine par laquelle un individu ou un groupe, employant généralement une violence limitée, s'empare de postes gouvernementaux haut placés sans se conformer aux exigences officielles régissant tout changement de hauts fonctionnaires, telles que les lois en vigueur les prescrivent ». La réussite d'un coup d'État dépend de divers éléments : un plan et une préparation longuement élaborés par les promoteurs (les responsables du coup), la collaboration de la garde prétorienne* (les hommes ayant pour mission de protéger le gouvernement, donc le Président), une manœuvre de diversion par la suite pour tout étouffer, la ratification de l'assassinat par le nouveau gouvernement prenant le pouvoir et une campagne de désinformation par les médias. Si ce concours de circonstances paraît familier, c'est tout simplement parce que c'est précisément ce qui est arrivé lorsque John Kennedy a été assassiné.

Je ne sais pas exactement quand ont commencé ce plan et ces préparatifs. Dans un sens, il se peut que ce soit dès la fin de 1960, quand la C.I.A. prépara un dossier analytique sur le Président élu. Un tel dossier ne pouvait naturellement envisager l'assassinat du Président mais son but était d'aider la C.I.A. ou certains de ses éléments à manipuler la politique étrangère. Ce fut sans doute plus tard, lorsque Kennedy vira de bord vers la détente et que les moyens traditionnels de contrôler la politique eurent échoué, que l'assassinat devint une option pour les opposants à la détente.

Difficile de savoir qui a été l'artisan du complot ; ce n'est pas très clair non plus. Mais il est indiscutable que Guy Banister fut mêlé à certaines activités douteuses, en rapport avec l'attentat, et cela très tôt. Des représentants de son organisation, les Amis de

* Au temps de l'Empire romain, la Garde prétorienne était composée de soldats soigneusement sélectionnés, commandés par des officiers supérieurs et constituait une brigade de gardes du corps. Ils étaient les seuls soldats présents dans la ville de Rome. Certains ne quittaient jamais l'empereur, où qu'il aille. En conséquence, en cas de crise ils avaient le pouvoir d'éliminer ou d'imposer un empereur.

Cuba démocratique, furent les premiers à se faire passer pour Lee Oswald quand ils tentèrent d'acheter 10 camionnettes pour l'invasion de la baie des Cochons, au concessionnaire Bolton Ford de La Nouvelle-Orléans, en janvier 1961. (Voir chapitre 14.) Quand vint l'été de 1963, Banister était profondément impliqué dans des activités anti-Castro, allant de l'entraînement de commandos au nord du lac Pontchartrain à l'accumulation de munitions en vue de raids contre Cuba. Il ne fait plus de doute pour personne, aujourd'hui, que Banister travaillait alors avec la C.I.A

Une autre mission de Banister, en cet été 1963, fut de passer Lee Oswald au rouge pour le faire apparaître comme un communiste militant. Bien que personne, jamais, n'ait pu découvrir de section de Fair Play for Cuba à La Nouvelle-Orléans, Banister faisait distribuer des prospectus à ce nom. Il fournit à Oswald un bureau au deuxième étage du Newman Building et le recevait de temps en temps dans son propre bureau. Cette entreprise de maquillage réussit parfaitement. Tout de suite après l'assassinat, Oswald fut classé communiste notoire, sa distribution de tracts à La Nouvelle Orléans en étant la preuve évidente.

Les promoteurs de l'assassinat organisèrent aussi de nombreuses scènes où l'identité de Lee Oswald était usurpée dans l'intention de tisser autour de lui un réseau d'indices compromettants (voir chapitre 5). La plus significative de ces usurpations eut lieu à Mexico en octobre 1963, où Lee Oswald aurait tenté de contacter l'ambassade soviétique et le consulat cubain, en principe pour organiser son voyage en URSS. Cette histoire-là est importante du fait que toute sa « documentation » a été fournie par la C.I.A Ces documents – qui comprenaient des notes de service de la C.I.A., des photos d'un homme qui n'était manifestement pas Oswald et des enregistrements de coups de téléphone à l'ambassade soviétique, qui n'étaient manifestement pas de la voix d'Oswald — étaient d'une nullité carrément injurieuse. Cela signifiait, pour moi, que si certains éléments au sein de la C.I.A. avaient participé aux petites comédies avec des imitateurs d'Oswald et par conséquent au travail préparatoire nécessaire à la création d'un bouc émissaire pour l'assassinat, d'autres étaient dans l'ignorance totale du complot et cherchaient même peut-être à découvrir la vérité.

Oswald, semble-t-il, a été extrêmement manipulé par la C.I.A., pendant une longue période précédant l'attentat, et il a fort bien pu croire qu'il travaillait pour le gouvernement. Il était également un indicateur confidentiel pour le F.B.I., un emploi qui fournissait une emprise supplémentaire sur lui et pouvait lui donner à penser qu'en réalité il s'infiltrait dans le complot d'assassinat du Président. Son association avec le F.B.I. pose une question : dans quelle mesure le F.B.I. et les Services secrets avaient-ils collaboré dans la préparation de l'attentat ? J'ai l'impression qu'aucun de ces deux services n'a participé à une action positive avant l'assassinat mais qu'il y eut tout de même une nette inaction alors que l'action s'imposait.

Nous en venons maintenant au deuxième élément nécessaire à la réussite d'un coup d'État : la collaboration de la garde prétorienne. Pour s'emparer du pouvoir, on n'a pas besoin du soutien d'un grand nombre de hauts fonctionnaires ni d'une majorité de la population. Les organisateurs du coup peuvent très bien ne représenter que l'opinion d'une infime minorité mais ils doivent avoir de leur côté la garde prétorienne.

Aux États-Unis, les équivalents modernes de cette

garde sont les Services de renseignements et de police, depuis le Service de sécurité de la Maison-Blanche jusqu'au F.B.I., à la Défense Intelligence Agency (les S.R. militaires) et à la C.I.A. Sans ces éléments clefs de la garde prétorienne d'aujourd'hui, aucun coup d'État n'est possible aux États-Unis. En revanche, avec eux, impossible de parer le coup.

La garde prétorienne est vitale à la réussite parce qu'elle a la faculté de faire disparaître la protection du chef de l'État au moment critique. L'élimination en quelques secondes de Caligula, laissant comme nouvel empereur ce bègue de Claude, se fit presque nonchalamment, à la suite de la suppression de la protection de sa garde. Et l'élimination du Président Kennedy fut presque aussi nonchalante, faisant en moins de six secondes un nouveau Président de Lyndon Johnson.

Un télex avertissant du risque d'assassinat pour le Président Kennedy le 22 ou 23 novembre à Dallas avait été envoyé, semble-t-il, à tous les agents spéciaux du F.B.I., d'un bout à l'autre de la nation, et avait été discrètement ignoré. (Voir chapitre 17.) La bulle protectrice de la limousine présidentielle n'avait pas été installée par les Services secrets. Sur le chemin du cortège, on ne s'était pas assuré de la fermeture des fenêtres et du dégagement des toits. (Chapitre 2.) Et l'itinéraire avait été changé à la dernière minute, pour que le cortège soit obligé de prendre un virage sec, par conséquent de ralentir à environ 15 à l'heure. (Chapitre 7.) Tout cela équivalait à l'abandon de la protection du Président par les prétoriens modernes, le laissant vulnérable aux tirs venant du tertre herbeux devant lui et de fenêtres derrière lui.

Combien de coups de feu furent tirés, précisément d'où et par qui, ces questions restent sans réponse. Mais une chose dont je suis absolument certain, c'est que Lee Harvey Oswald n'a tiré sur personne le 22 novembre 1963. Son analyse négative de nitrate, ses lamentables états de service de tireur dans les Marines, son caractère peu agressif, la mauvaise qualité du fusil Mannlicher-Carcano qu'il aurait acheté par correspondance et utilisé et le manque de preuves de son implication dans le meurtre de Tippit confirment qu'il n'a tué personne et qu'il était, comme il le clamait, « le pigeon ».

Le sang du Président n'était pas coagulé que l'entreprise d'étouffement commençait. C'était très bien organisé. Le rapt de son corps dans une ambulance pour l'embarquer dans Air Force One malgré les protestations véhémentes des autorités texanes à l'hôpital Parkland permit sa rapide subtilisation avant l'autopsie locale normalement exigée, qui aurait révélé qu'il avait été frappé en même temps de face et par-derrière. On fit promptement prêter serment à Lyndon Johnson comme nouveau Président, pour parer à toute alarmante possibilité d'une crise de sécurité nationale. Sur ce, l'avion décolla de l'aéroport de Love, pour une autopsie militaire à l'hôpital naval de Bethesda, dans le Maryland. Là-bas, le serment d'Hippocrate et toute sérieuse recherche de la vérité seraient balayés au profit de la règle militaire numéro un : obéir aux ordres sans poser de questions (voir chapitre 18).

Après le décollage et l'envol du cadavre de Kennedy, on pouvait enfin annoncer que le Président n'avait été frappé que par-derrière. On pouvait proclamer qu'il était la victime d'un assassin isolé, un jeune marxiste déséquilibré sans mobile ni complices apparents, que la police de Dallas avait déjà arrêté et qui était gardé à vue dans les bureaux du chef de la brigade criminelle, le capitaine Will Fritz. La crise redoutée était passée. Le gouvernement des États-Unis se trouvait entre de bonnes mains.

Le coup d'État avait atteint son but avec une précision d'horlogerie. Le chef de l'Exécutif des États-Unis avait perdu la vie et d'importants changements dans la politique étrangère américaine allaient survenir non pas dans des semaines ou des mois mais dans les jours suivants.

Pendant ce temps, l'entreprise d'étouffement progressait. Les Services secrets envoyèrent chez le teinturier les vêtements du gouverneur Connally et tous les indices qu'ils pouvaient contenir puis s'attachèrent à nettoyer de fond en comble la limousine, lavant à grande eau toute trace de sang... et de Dallas (voir chapitre 17). Plus tard, ces agents iraient « enquêter » dans le bureau de Lee Oswald, au siège de l'organisation de Guy Banister, et n'y trouveraient absolument rien de suspect (voir chapitre 3).

Le F.B.I. garda le silence sur le fait qu'il avait été informé d'un complot d'assassinat du Président cinq jours avant l'attentat et se mit à harceler des témoins comme Fenella Farrington (chapitre 5) ou tenter d'en réduire d'autres au silence, comme Richard Randolph Carr (chapitre 18). Il alla jusqu'à falsifier la déposition du témoin Julia Ann Mercer qui identifiait Jack Ruby comme l'homme qui avait déposé un homme armé d'un fusil au tertre herbeux, une heure avant l'attentat. (Voir chapitre 17.)

La brigade criminelle de Dallas s'arrangea pour perdre deux fusils trouvés dans le Dépôt de livres scolaires du Texas, dont un .7,65 Mauser de haute précision (chapitre 7). Elle ne se soucia pas du tout de vérifier le rapport du shérif adjoint Roger Craig sur le break Nash Rambler contenant quatre hommes dont Oswald qu'il avait vu partir du Dépôt de livres, et elle déclara même qu'elle n'avait jamais entendu parler de cela (chapitre 16). Elle dissimula pendant dix mois le test négatif de nitrate d'Oswald (chapitre 7) Elle modifia ou falsifia les rapports balistiques concernant le meurtre de Tippit et, plus grave encore elle laissa Jack Ruby tuer Oswald dans le sous-sol du siège de la police alors qu'il était entouré d'une foule d'agents. Ruby avait au moins aidé à organiser l'attentat et à cause de cela il a pu être mis en demeure par les promoteurs de l'assassinat d'éliminer Oswald L'acte de violence de Ruby pour réduire au silence l'homme qui aurait pu identifier les instigateurs du crime fut la clef de voûte de l'édifice de couverture.

L'affaire étant si parfaitement étouffée, le décor était planté pour la ratification de l'assassinat. Les éléments survivants du nouveau gouvernement — Lyndon Johnson, J. Edgar Hoover, Earl Warren et les autres — ne tardèrent pas à voir l'avantage qu'il y avait à soutenir la thèse selon laquelle il n'y avait eu aucun coup d'État, la démocratie était saine et sauve et qu'un déséquilibré isolé avait assassiné le Président dans un moment d'aberration et de violence gratuite. Et ils comprirent vite le message des artisans de l'assassinat, qu'un important consensus tenait à ce que la guerre froide ne perde rien de sa virulence. Il n'existe aucune preuve que Lyndon Johnson, Hoover, Earl Warren ou Allen Dulles aient eu à l'avance connaissance de l'attentat ou y soient mêlés mais je n'hésiterais pas à dire de tous ces hommes qu'ils étaient complices après coup.

Dès que les éléments non participants des Services de renseignements se rendirent compte qu'un coup d'État s'était produit, ils se dépêchèrent de soutenir la version officielle. Motivés dans certains cas par l'instinct de conservation, dans d'autres par la certitude que Kennedy avait lui-même suscité son assassinat en acceptant trop de compromis avec les Soviétiques, le reste des membres du gouvernement s'aligna et ajouta solennellement sa voix au grand concert mensonger.

Il en va ainsi de tous les coups d'État réussis. Au début du XVIIe siècle, le poète anglais John Harrington décrivait cela en quelques mots :

La trahison ne peut prospérer. Quelle en est la rai son ? Car si elle prospère, nul n'ose l'appeler trahison.

Le commencement du processus normal de ratification date du jour où le Congrès autorisa le Président Johnson, héritier du pouvoir, à nommer la commission Warren, comprenant l'ex-directeur de la C.I.A. Allen Dulles, pour enquêter sur l'attentat. La commission, sous la prestigieuse autorité de son très respecté Président, mit le sceau officiel d'approbation du gouvernement sur la fable du tireur isolé ; en répugnant à affronter l'implication préalable de la C.I.A. et la participation d'autres Services de renseignements à l'entreprise de couverture, la commission choisissait la solution facile. Ensuite, pendant de nombreuses années, les hauts fonctionnaires fédéraux firent tout leur possible pour étayer cet édifice croulant que les détracteurs ne cessaient d'attaquer, ne laissant pour ainsi dire plus personne croire à l'histoire de l'assassin solitaire.

L'attentat restant manifestement inexpliqué, une suite de Présidents et de ministres de la Justice, ayant à leur disposition toutes les ressources du F.B.I. et de tout le gouvernement, ne firent aucun effort pour rechercher la vérité. Au contraire, quand je tentai d'enquêter réellement sur l'assassinat, les autorités fédérales cherchèrent à étouffer la vérité. Je n'eus droit à aucune collaboration quand je tentai de citer des témoins clefs comme Allen Dulles. Je découvris des archives fédérales capitales détruites, falsifiées, classées « secret défense » ou scellées par le gouvernement fédéral pour 75 ans. Je fus dénoncé par le Président, le ministre de la Justice et le président de la Cour suprême. Mon enquête fut infiltrée et subornée par des agents fédéraux et finalement je me trouvai traîné en justice sur une fausse accusation flagrante. Voilà ce qui se passe quand on ne marche pas dans la ratification du coup d'État par le nouveau gouvernement.

La couverture et la ratification de l'assassinat par le gouvernement ont été aidées par un flot de désinformation paraissant dans les principaux médias. La diffusion de la désinformation est le dernier élément indispensable à la réussite d'un coup d'État et c'est évidemment une des spécialités de la C.I.A. Pendant de nombreuses années, l'Agence a eu secrètement à sa solde des journalistes travaillant en principe pour les grands médias mais qui étaient là pour diffuser de la propagande au peuple américain. Elle a aussi subventionné la publication de plus de mille livres. Richard Barnet, le codirecteur de l'Institut des études politiques, le dit nettement :

> Le principal instrument des bas-fonds du renseignement est la tromperie. Leur but est de créer des réalités fabriquées, de faire paraître les choses autres qu'elles ne sont dans un dessein de manipulation et de subversion... Plus de deux cents agents... se font passer pour des hommes d'affaires, à l'étranger. La C.I.A. a avoué qu'elle a eu plus de trente journalistes à sa solde depuis la Seconde Guerre mondiale. « Propriétaire » de multinationales — Air America et autres façades —, fausses fondations et organisations d'étudiants, organisations religieuses et ainsi de suite, tout cela fait partie d'un monde a double fond qui a fini par désorienter le peuple américain comme il a désorienté des gouvernements étrangers.

Pendant 25 ans, le peuple américain a été bombardé par une propagande montrant du doigt avec insistance de « faux sponsors » comme promoteurs supposés de l'assassinat de Kennedy. (Faux sponsor est un terme employé dans les opérations secrètes pour décrire l'individu ou l'organisation auxquels on fait porter le chapeau pour détourner l'attention des Services de renseignements.) Les Américains ont subi un lavage de cerveau en règle par ce genre de désinformation, payée par les contribuables, au point que beaucoup d'entre eux se contentent de soupirer avec résignation qu'on ne connaîtra probablement jamais la vérité.

En attendant, un flot incessant de dépêches d'agences de presse, d'articles de journaux, de « documentaires » de télévision, de grands papiers dans les magazines et de livres vient renforcer cette résignation et continue de tourner l'attention du public dans la mauvaise direction. L'incroyable accumulation de faux sponsors comprend Lee Oswald, le K.G.B., Howard Hughes, les grands pétroliers du Texas, le crime organisé et Fidel Castro.

Le tout premier fut le bouc émissaire en personne, Lee Harvey Oswald. Choisi pour le rôle par les S.R., il fut officiellement reconnu par la commission Warren et d'autres aux niveaux les plus élevés du gouvernement des États-Unis. Cependant, avec le temps, il devint de plus en plus évident que la fable du tueur isolé ne tenait pas debout et la plupart de ceux qui s'en faisaient les défenseurs jugèrent bon de garder le silence

Je fus donc surpris de découvrir récemment que le magazine *Time* soutenait ardemment cette thèse de l'assassin solitaire et continuait de croire au faux sponsor Lee Oswald On ne peut qu'admirer un aussi total dévouement à une idée, un manque de réflexion qui dure depuis 25 ans. Dans une critique du 1er août 1988 du roman *Libra*, de Don DeLillo, qui tout en étant une fiction traite d'une façon intéressante le meurtre du Président et celui de son assassin supposé, *Time* reproche au livre l'argument suivant : « Le complot pour tuer le Président était encore plus vaste et plus sinistre qu'on ne l'avait imaginé jusque-là. » Il y a une possibilité plus simple, conclut le magazine : « Un homme frustré et en colère regarde par une fenêtre, voit passer le Président et lui tire une balle dans la tête. »

Quand je lus cette brève expédition d'un des événements les plus compliqués et les plus importants de l'histoire, je compris qu'il n'y a pas grand-chose à faire contre une publication qui prétend tout savoir.

Un des faux promoteurs les plus curieux fut Fidel Castro. Fréquemment, au fil des ans — en particulier au temps où je faisais des conférences dans les universités —, je rencontrais des personnes qui proclamaient avec enthousiasme qu'il n'était pas possible pour Oswald de tuer Kennedy sans avoir eu de l'aide. Mais on ajoutait aussitôt que cette aide ne pouvait venir que de Fidel Castro. Je répondais en examinant la logique de cette hypothèse.

Je commençais par rappeler qu'à un moment critique de la tentative d'invasion de Cuba par la C.I.A., en 1961, le chef des opérations de l'Agence avait supplié le Président de fournir des chasseurs à réaction à partir des porte-avions U.S. croisant dans les parages, comme soutien aérien. Kennedy refusa et l'affaire échoua de manière catastrophique. J'expliquais ensuite que, lors de la crise des missiles de Cuba, Kennedy avait refusé de bombarder ou d'envahir l'île, comme le préconisaient bon nombre de ses conseillers militaires et des S.R. Finalement, je faisais observer à mon public qu'un des facteurs qui avaient contribué à résoudre la crise des missiles de 1962 était l'assurance personnelle de Kennedy à Khrouchtchev que les États-Unis ne tenteraient plus d'envahir Cuba, une décision qui avait profondément ulcéré les agents opérationnels de la C.I.A., qui entraînaient des réfugiés cubains anticastristes à la guérilla, dans des camps de Floride et de Louisiane. A ce moment-là, il me suffisait de poser la question : « Pensez-vous réellement que Fidel Castro aurait aimé voir disparaître Kennedy et préféré Lyndon Johnson comme Président des États-Unis ? »

Il y avait bien d'autres questions à poser à ceux qui défendaient la thèse de Castro promoteur de l'assassinat de Kennedy. Est-ce que les communistes cubains possédaient la base opérationnelle nécessaire et avaient pu s'infiltrer dans la police de Dallas, une des villes les plus conservatrices des États-Unis ? Est-ce que ces communistes auraient bénéficié de la collaboration des autorités de Dallas, du F.B.I. et de la C.I.A., qui a été manifestement accordée aux assassins ? Et devons-nous franchement croire que Fidel Castro aurait fait distribuer des tracts vengeurs par Lee Oswald, à La Nouvelle-Orléans, et ordonné ensuite au même Oswald de courir à Dallas tuer le Président Kennedy ? Devons-nous imaginer que Castro n'avait qu'un seul homme à sa disposition ? Heureusement, et sans doute à cause de la pure insanité d'une telle supposition, l'hypothèse de Castro promoteur est morte de sa belle mort.

Je n'avais garde d'oublier, cependant, la brève vogue des « milliardaires du pétrole du Sud-Ouest » commanditaires de l'assassinat. Je n'y avais jamais cru un instant, parce que cela ne concordait pas du tout avec ma certitude initiale — qui n'a pas changé — d'une intervention des Services secrets. Il est vrai que George Mohrenschildt était pétrolier et membre du Petroleum Club de Dallas, mais au cours de mes conversations avec lui il devint évident pour moi qu'il était utilisé... et pas par les milliardaires pétroliers du Sud-Ouest mais bien par les Services de renseignements. Sa mission se limitait à l'escorte, à la surveillance d'Oswald, après quoi il avait été à ses affaires progouvernementales en Haïti pendant que les dernières dispositions étaient prises pour établir Lee Oswald comme bouc émissaire (voir chapitre 4).

La visite de « Jim Braden » (Eugene Hale Brading) aux bureaux de la famille Hunt — gloire texane du pétrole — quelques jours avant l'attentat semble n'avoir été qu'une vague manœuvre sans lendemain, de même que celle de Jack Ruby, qui n'était pas plus « dans le pétrole » que ne l'était Braden. Le but de ces leurres était simplement de compromettre les pétroliers texans en faisant croire qu'ils avaient financé l'assassinat.

Ces brèves visites me rappelaient les « feintes » des joueurs de rugby professionnels. Celui qui reçoit la balle esquisse un pas de course sur sa gauche et pendant que la défense opposée s'élance dans la mauvaise direction il part en courant à toutes jambes sur la droite. Néanmoins, les rugbymen professionnels ne sont que de petits amateurs, dans l'art de la feinte. Les vrais pros sont les agents de la division des opérations, à la C.I.A.

Le faux sponsor principal, celui qui a le plus duré, fut bien entendu le crime organisé, la Mafia, le gang. Beaucoup de livres critiquant apparemment l'explication officielle de l'assassinat étaient conçus en réalité pour persuader le lecteur que le gang avait ordonné l'attentat contre John Kennedy. Comme pour tout mythe puissant, il y avait dans cette thèse des éléments de vérité. La C.I.A. travaillait depuis des années avec la Mafia et il y a indiscutablement des preuves que beaucoup de gangsters éminents haïssaient John Kennedy et son frère Robert, le ministre de la Justice, et des mafieux notoires ont effectivement joué un rôle dans le scénario.

Pour certains éléments du crime organisé, la Cuba d'avant Castro avait été un pactole, avec tous ses casinos attirant les touristes américains; plus tard, en livrant sa guerre privée contre Castro, la C.I.A. s'allia avec certains de ces gangsters, dont les plus notoires furent Santos Trafficante et John Rosselli, pour faire assassiner le dictateur cubain. D'autres truands plus marginaux, comme Jack Ruby, étaient habiles à se procurer des armes et des munitions pour des aventures anticastristes. Dans ces conditions, il n'était pas étonnant qu'après le meurtre de Kennedy l'Agence continue d'utiliser ses nouveaux amis serviables, le gang, car la simple mention de ce mot fournissait un superbe faux promoteur. L'indiscutable criminalité de ses entreprises variées contribuait considérablement à la confusion créée par les manœuvres de désinformation de l'Agence et détournait d'elle l'attention, comme commanditaire possible. Pour ces truands, l'Agence était devenue, en quelque sorte, un nouveau et généreux Parrain.

Elle employa non seulement ses nouveaux amis pour le meurtre et le trafic d'armes, mais aussi pour d'autres desseins. Imaginez mon étonnement quand, en feuilletant un volume de la commission parlementaire sur les attentats, je tombai sur un rapport fourni par la C.I.A., déclarant que « Jim Garrison, encore district attorney de La Nouvelle-Orléans, a participé à une réunion secrète dans un hôtel de Las Vegas, avec John Rosselli ». C'était absolument faux, naturellement, mais il me sembla que c'était un grand honneur d'être distingué par l'appareil de désinformation de la principale organisation secrète du gouvernement pour être barbouillé de sa souillure la plus infamante : une association avec le gang.

Ce qui est infiniment plus important que cette petite diffamation, l'Agence a réussi à persuader des Américains, par ailleurs réfléchis, que le gratin du crime organisé avait été capable de mener à bien une entreprise aussi élaborée et complexe que l'assassinat du Président Kennedy. Je propose que nous examinions cette affirmation avec un peu de bon sens.

On se souvient que le premier itinéraire choisi pour le cortège présidentiel ne passait pas par le Dépôt de livres scolaires du Texas, où Oswald travaillait depuis le mois d'octobre, quand Ruth Paine lui avait obtenu cet emploi (voir chapitre 5). Et même, jusqu'à la matinée de l'attentat, le *Dallas Morning News* donnait à la première page une route suivant tout droit Main Street jusqu'au centre de Dealey Plaza. (Chapitre 7.) Est-il vraiment possible de croire que le gang s'est arrangé pour changer l'itinéraire au matin même de l'assassinat ?

Peu importe le nombre de livres publiés prétendant révéler que le crime organisé avait agencé le meurtre de Kennedy. (Voir Postface.) Si l'on pouvait démontrer comment le gang a modifié l'itinéraire du cortège présidentiel à la dernière minute, si l'on pouvait éclaircir ne fût-ce que ce petit détail, j'accepterais la possibilité de l'assassinat de Kennedy commis par le gang. A défaut de cette explication, je suis bien forcé de considérer d'un œil sceptique tous ceux qui affirment que l'attentat a été conçu et exécuté par la Mafia.

Il m'apparaît, à moi, que quelqu'un jouissant d'une force et d'une influence considérables voulait que le cortège passât près de Lee Harvey

Oswald, et que cette personne s'est tenu le raisonnement suivant : « Si nous ne pouvons pas placer Lee Oswald sur le passage du cortège, alors il faut que le cortège passe près de Lee Oswald. » Qui était à même d'imposer ce changement de route, les *capos* qui travaillaient pour Anthony Salerno, le « Gros Tony », ou les agents des opérations secrètes de la C.I.A. ? Les employés de Tony Accardo ou des éléments de la garde prétorienne qui, ayant pour mission de protéger le Président et le pouvoir de décider où il se rendrait et par où il passerait ?

Placer Lee Harvey Oswald sur le chemin du cortège, cela ne pouvait avoir de valeur que pour ceux qui l'avaient déjà maquillé en communiste militant et partisan de Fidel Castro. Était-ce le crime organisé qui avait manipulé Oswald ou bien Guy Banister, un ancien de l'O.N.I., du F.B.I. et de la C.I.A. ? Est-ce qu'Oswald travaillait dans quelque restaurant de la Mafia ou dans les bureaux de Guy Banister avec David Ferrie, une petite armée de guérilleros cubains anticastristes et une cohorte d'agents secrets ?

Est-ce que le crime organisé aurait pu assurer que la version parue à la une du *Dallas Morning News* offerte comme pièce à conviction à la commission Warren ne montrerait plus l'itinéraire initialement prévu ? (Voir chapitre 7.) Est-ce que le gang aurait pu obtenir les vêtements du gouverneur Connally et les envoyer chez le teinturier dès l'arrivée de la limousine présidentielle à l'hôpital Parkland, supprimant ainsi toute trace pouvant servir d'indices ? Est-ce que la Mafia avait la possibilité de soustraire le corps du Président Kennedy aux autorités texanes qui voulaient le garder en vue d'une autopsie locale, comme l'exigeait la loi du Texas, et de l'embarquer précipitamment à bord d'Air Force One ? Est-ce que la Mafia aurait pu charger de l'autopsie du Président un général qui n'était même pas médecin ? Est-ce que la Mafia, au cours de l'autopsie, aurait pu ordonner aux pathologistes de ne pas sonder la blessure du cou de crainte qu'une balle du tir frontal ne se soit logée dans l'épine dorsale ? Est-ce que la Mafia, par la suite, aurait pu ordonner au légiste en chef, le commandant Humes, de brûler ses notes d'autopsie ? Et la Mafia était-elle capable de faire disparaître le cerveau du Président des Archives nationales ?

A l'étude, tous ces faux sponsors s'effondrent d'eux-mêmes. Ce qui reste, c'est le seul promoteur vraisemblable ayant à la fois le mobile et les moyens d'assassiner le Président, c'est-à-dire la division des opérations secrètes de la Central Intelligence Agency.

Aussi invisible que dangereux, l'appareil des opérations secrètes est devenu, de loin, le plus puissant élément des Services de renseignements, le plus proche des plus hauts niveaux du gouvernement et, depuis les années 1950 au moins, il a joué un rôle de plus en plus déterminant dans la politique étrangère des États-Unis.

Les opérations secrètes, à distinguer de la recherche de renseignements, comprennent l'élaboration et la dissémination de propagande (euphémisme pour désinformation), le recrutement d'armées secrètes, l'organisation de coups d'État et même de meurtres, partout et n'importe où dans le monde, à l'étranger comme à l'intérieur, mais toujours dans la discrétion. Ce genre d'opérations représente plus des deux tiers des activités de la C.I.A. : en conséquence, la direction des opérations secrètes constitue, comme l'a dit un jour l'ancien agent Philip Agee, « une police politique secrète... la Gestapo et les SS de notre temps ».

Il est improbable qu'un plan concerté pour assassiner le Président ait reçu l'approbation officielle de John McCone, le directeur de la C.I.A. en 1963, ou de Richard Helms, directeur adjoint aux plans (opérations secrètes), mais il peut bien avoir été conçu à des échelons inférieurs de l'Agence et exécuté en collaboration avec des individus ou organisations extra-gouvernementaux* précisément pour éviter de laisser une piste de papier à l'intention des plus hautes personnalités de la C.I.A., qui ont pu commodément détourner les yeux. Nous avons vu récemment une de ces créations quasi gouvernementales avec l'affaire de l'Irangate sur laquelle le Congrès a enquêté en 1987. Ce mélange particulier de pouvoir officiel et d'assistance civile, qui se retrouve aussi dans l'histoire du Watergate, a été décrit par un des agents au rang le plus élevé qui y participa comme « L'entreprise ».

Je crois que l'entreprise Irangate pourrait bien être la descendante historique de la puissante entreprise qui a tué le Président Kennedy. Toutes deux sont sorties de l'imagination de la direction des opérations secrètes, toutes deux ont utilisé à la fois des vétérans de l'Agence et de mystérieux civils pour mener à bien leurs sinistres affaires illégales, toutes deux étaient imbues d'une idéologie de droite et toutes deux étaient également inexplicables ; cette continuité est assez effrayante. Pour ma part, je crois que le rêve du défunt directeur de la C.I.A. William Casey d'une opération suivie « prête-à-porter » pour s'occuper dans le plus grand secret des questions extrêmement délicates et sujettes à controverse, est

* Les plus évidents étant les aventuriers anticastristes, tant cubains qu'américains, que l'Agence entraînait dans ses camps de guérilleros du lac Pontchartrain, et les demi-truands comme Jack Ruby.

devenu une réalité depuis un quart de siècle, en remontant au moins à l'assassinat du Président Kennedy.

Contrairement aux faux sponsors, la C.I.A. a nettement eu la possibilité d'exécuter l'attentat. En 1975, une commission sénatoriale présidée par Frank Church a découvert que l'Agence avait projeté plusieurs assassinats, en utilisant à peu près tout, depuis le poison jusqu'à la mitraillette et des tueurs à gages du gang. La commission ne fut pas chargée d'enquêter sur les opérations intérieures mais apprit tout de même que la C.I.A. avait conspiré pour éliminer certains dirigeants étrangers dont la politique ne plaisait pas.

En 1953, avec Allen Dulles dirigeant les opérations par radio de Genève, l'Agence lança un coup bien organisé contre le gouvernement, en Iran. Le résultat, ce fut le renversement de Mossadegh, la restauration du trône impérial et le retour du shah.

En 1954, au Guatemala, Jacobo Arbenz, qui n'était pourtant pas communiste, gouvernait suivant une politique nettement orientée à gauche. Quand des chefs militaires commencèrent à comploter contre le dirigeant démocratiquement élu, l'Agence les aida en leur fournissant des chasseurs. Arbenz finit par fuir le pays.

En 1960, Patrice Lumumba, un puissant chef nationaliste et le Premier ministre du Congo (le Zaïre d'aujourd'hui) devint la cible de l'Agence. Lumumba n'était pas communiste. Néanmoins, le directeur de la C.I.A. Allen Dulles autorisa un crédit de 100 000 dollars pour « limiter » Lumumba. Peu après, le directeur adjoint aux plans, Richard Bissell, demanda à un scientifique de la C.I.A., Joseph Scheider, des préparations pour assassiner un « dirigeant africain ». Scheider fit une liste de produits biologiques toxiques pouvant causer des maladies mortelles spécifiques à l'Afrique. Dans sa déposition devant la commission Church, Scheider reconnut avoir livré un bouquet mortel au chef du bureau de l'Agence au Congo, en lui signalant que c'était pour assassiner Lumumba.

Toutefois, le poison n'eut pas l'occasion d'être utilisé. En janvier 1961 Lumumba, pour lors chassé du pouvoir et prisonnier politique, fut placé dans un avion à destination, en principe, de Bakwanga, dans la province du Katanga. A mi-vol, l'appareil se détourna de sa route pour aller se poser à Elizabethville, dans la même province, une région dont les habitants étaient notoirement hostiles à Lumumba. Quelques semaines plus tard, on apprit qu'il s'était évadé mais avait été assassiné par des villageois. L'intervention directe de la C.I.A. dans le meurtre de Lumumba n'est pas claire mais en 1978 John Stockwell, ancien spécialiste des questions africaines de la C.I.A., dit qu'une haute personnalité de l'Agence lui avait raconté qu'il avait roulé avec le cadavre de Lumumba dans sa voiture, en se demandant ce qu'il allait en faire.

La commission Church découvrit qu'en plus du projet d'assassinat de Patrice Lumumba, la C.I.A. avait étudié celui de Fidel Castro, imaginant l'emploi de nouveautés comme des combinaisons de plongée empoisonnées ou des cigares toxiques. La commission apprit en outre que l'Agence avait activement encouragé l'assassinat d'autres chefs d'État étrangers, dont Rafael Trujillo de la république Dominicaine, en 1961, du président Ngo Dinh Diem du Sud-Vietnam en 1963 et du général René Schneider du Chili en 1970. La conclusion de la commission fut que la C.I.A. avait à plusieurs reprises projeté ou aidé à projeter le meurtre de plusieurs dirigeants étrangers.

Cela fut confirmé par d'anciens chefs de l'Agence.

D'après l'un d'eux, William Harvey, le programme de suppression de dirigeants étrangers comprenait la possibilité de « procéder à des assassinats » Richard Bissell, l'ancien directeur adjoint aux plans, reconnaît aussi que l'attentat faisait partie du « vaste spectre d'actions », pour éliminer les chefs d'État qui posaient un problème. On peut donc déclarer à juste titre que la C.I.A., forte d'une longue expérience, possédait les capacités nécessaires pour assassiner le Président Kennedy.

Également important, elle avait le mobile. Contrairement à ce que croient tous les Américains, la C.I.A. n'a pas été créée uniquement pour se procurer des renseignements. Dès ses débuts, en 1947, la principale raison de son existence, comme le prouve le rôle dominant de sa direction des opérations, fut la défaite de ce qu'elle considérait comme un communisme monolithique. La ligne dure de la C.I.A., obsédée par la guerre froide, sous les gouvernements Truman et Eisenhower, voulait que l'Union soviétique se fût engagée à la destruction des États-Unis et à la conquête du monde entier. Cette opinion était partagée par d'autres services gouvernementaux, par exemple le F.B.I. de J. Edgar Hoover.

Le Président Kennedy avait fait campagne et il était entré en fonctions sur une note suggérant qu'il allait poursuivre la politique de refus de compromis avec l'U.R.S.S. Cependant, il devint progressivement évident que sa philosophie ne penchait pas vraiment vers la ligne dure bien établie. Depuis son refus d'accorder au général Cabell un soutien aérien de chasseurs pour la fameuse invasion de la baie des Cochons jusqu'à son rejet des recommandations de bombarder et d'envahir Cuba lors de la crise des missiles, en passant par son insistance, contre l'opposition initiale de ses conseillers militaires, pour signer au nom des États-Unis le traité d'interdiction des essais nucléaires à Moscou et ses décisions de 1963 de se retirer du Vietnam et de renouer des relations diplomatiques avec Cuba, Kennedy suivait de toute évidence un chemin différent*.

Pour les éléments de la ligne dure de la structure américaine du pouvoir, à l'intention desquels la direction des opérations de la C.I.A. avait été créée, cela équivalait ni plus ni moins à « se vendre aux communistes ».

Avec le recul, la raison de l'assassinat perd son mystère. Il est aujourd'hui abondamment prouvé, d'après le cours pris par la politique étrangère américaine aussitôt après le 22 novembre 1963, que le clan des opérations secrètes de la C.I.A. voulait renvoyer Kennedy du Bureau ovale et y installer Lyndon Johnson à sa place.

Le nouveau Président, élevé par une fusillade à la magistrature suprême et au contrôle de la politique étrangère des États-Unis, était un des plus enthousiastes partisans américains de la guerre froide, même si durant sa vice-présidence il avait su se montrer discret. Lyndon Johnson a été décrit par le journaliste Fred Cook, un très éminent observateur de la vie politique américaine, comme « un homme ayant des connaissances limitées des affaires étrangères » qui par expérience et par tempérament était « orienté à penser en termes militaires ».

* En réalité, Kennedy semble avoir bénéficié de bien peu de soutien à Washington, pour sa politique de retenue militaire à laquelle il avait abouti en 1963. Son propre ministre de la Défense, Robert McNamara, a reconnu en 1984 qu'il avait été convaincu, jusqu'en 1965, que les États-Unis seraient vainqueurs au Vietnam. Dean Rusk, le secrétaire d'État de Kennedy, a fait le même aveu. On peut se demander, dans ces conditions, qui au gouvernement, en 1963, soutenait la décision solitaire de Kennedy de mettre fin à l'intervention américaine dans le Sud-Est asiatique

Johnson avait commencé son ascension vers le pouvoir sur la crête de la grande vague d'anticommunisme qui avait déferlé sur l'Amérique aussitôt après la Seconde Guerre mondiale. Dès la fin de ce conflit, il proclama que la puissance atomique était devenue « la nôtre pour christianiser le monde ou pour le pulvériser » une bénédiction chrétienne si jamais il en fut ! La démonstration d'enthousiasme de Johnson pour toute intervention militaire américaine à l'étranger, qui lui valut le sobriquet de « sénateur du Pentagone », contrastait vivement avec l'intention du Président Kennedy de retirer complètement les troupes américaines du Vietnam.

Ce ne fut donc pas une surprise quand, à la suite de la mort de Kennedy et de la prestation de serment du Président Johnson, des changements spectaculaires se produisirent dans la politique étrangère des États-Unis. L'ordre de Kennedy de faire rentrer du Vietnam mille soldats américains avant le mois de décembre fut promptement annulé.

Dans l'après-midi du dimanche suivant l'assassinat, après avoir solennellement fait une apparition pour l'éloge funèbre dans la rotonde du Capitole, Johnson rencontra Henry Cabot Lodge, l'ambassadeur des États-Unis au Sud-Vietnam, dans l'Executive Office Building, ce qui devait avoir de plus grandes conséquences encore. Il annonça à Cabot Lodge qu'il n'entendait pas perdre le Vietnam, qu'il n'allait pas laisser le Sud-Est asiatique prendre le même chemin que la Chine et que « Saigon pouvait compter sur nous ».

En août 1964, l'incident du golfe du Tonkin se produisit, du moins ce fut ce qu'on expliqua au peuple américain. Toute cette affaire sentait à plein nez les Services secrets. « Le destroyer U.S. *Maddox*, annonça-t-on, en patrouille de routine dans les eaux internationales, avait subi, sans aucune provocation, une attaque violente. » Un navire ennemi invisible aurait tiré une torpille invisible qui, heureusement, avait manqué le *Maddox*, croisant au large des côtes du Nord-Vietnam. Peu de temps après, un incident semblable eut lieu contre un autre bâtiment américain. Une fois de plus l'ennemi, toujours aussi évanescent, disparut sans laisser de traces de l'attaque.

Johnson dénonça avec virulence cette « agression flagrante ». Il apparut à la télévision nationale pour informer le peuple américain que « des actions hostiles renouvelées contre des navires des États-Unis en haute mer dans le golfe du Tonkin ont exigé de moi, aujourd'hui, que je donne l'ordre aux forces militaires des États-Unis de prendre des mesures de représailles ». Les leaders parlementaires des deux partis, déclara-t-il, lui avaient assuré qu'ils voteraient la résolution, affirmant ainsi clairement que « notre gouvernement est uni dans sa détermination de prendre toutes les mesures nécessaires pour le soutien de la liberté et la défense de la paix dans le Sud-Est asiatique ».

La résolution du golfe du Tonkin fut votée le 7 août 1964, avec seulement deux sénateurs dissidents, et donna à Johnson le pouvoir de prendre toutes les dispositions militaires qu'il jugerait utiles en Extrême-Orient. Cette déclaration de guerre contre le Nord-Vietnam, tout en n'étant pas officielle, s'accomplissait juste un an après le discours de John Kennedy à l'Université américaine, dans lequel il exprimait avec éloquence son espoir de paix.

Tout de suite après le vote de la résolution au Congrès, les avions américains entamèrent leur premier bombardement du Nord-Vietnam. L'U.S. Pacific Command reçut l'ordre de se préparer au combat. En 1965, plus de 200 000 soldats américains arrivèrent au Sud-Vietnam. En 1966 et 1967, 300 000 de plus les suivirent. Lorsque les États-Unis finirent par signer les accords de Paris en janvier 1973, plus de 55 000 Américains et des millions de Vietnamiens étaient morts.

Ainsi fut inversée la politique étrangère du Président Kennedy, « sans se conformer aux exigences officielles d'un changement du personnel en fonction, prescrites par les lois ou la Constitution »... la définition même du coup d'État. Telle fut la conséquence majeure de l'élimination de John Kennedy et la raison de l'attentat.

Tout cela est-il plausible ? Il n'y paraissait peut-être pas, il y a 25 ans. Maintenant que nous connaissons le véritable historique de la C.I.A. et de ses opérations secrètes, la réponse est indiscutablement oui. L'assassinat est précisément ce que l'Agence sait faire, et ce qu'elle a fait dans le monde entier à des fins politiques.

Avec le temps, nous voyons les résultats durables de l'assassinat du Président Kennedy. La nation n'a pas fini de se remettre de sa tragique aventure de neuf ans au Vietnam. La C.I.A. continue de diriger la politique étrangère sans aucun contrôle réel du Congrès ou du Président, seulement à présent l'Agence se tient bien en retrait, dans l'ombre, semble se distancer elle-même de l'entreprise en cours, en utilisant des civils et des intermédiaires pour garantir sa dissociation. Le ministère de la Justice, sachant tout ce que nous savons aujourd'hui, refuse encore d'ordonner une véritable enquête honnête sur le plus important attentat politique de notre temps. Vingt-cinq ans après le meurtre du Président Kennedy, il est peut-être trop tard.

Toutefois, il n'est pas trop tard pour nous d'étudier les leçons de l'Histoire, de comprendre où nous en sommes et qui dirige ce pays. Si mon livre peut réussir à éclairer cela pour la jeune génération qui n'a jamais connu John Kennedy, alors il aura atteint son but.

POSTFACE

L'hypothèse de la Mafia est-elle une alternative valide ?

par Carl OGLESBY*

Depuis près de deux décennies, la vaste majorité du peuple américain a cru, contrairement à la commission Warren, que le Président Kennedy avait été tué par une conspiration.

Jim Garrison a exposé, dans *JFK (On the Trail of the Assassins)*, une hypothèse que la plupart de ceux qui ont sérieusement étudié ce mystère reconnaissent et acceptent comme le moyen le plus complet, le plus naturel, le plus franc de lire les indices actuellement en notre possession. Pour ma part, en qualité de journaliste et d'activiste dans l'affaire JFK, depuis de nombreuses années, je vois un incontestable soutien documentaire aux idées de Jim Garrison, que je paraphraserais de la façon suivante :

* Carl Oglesby est le fondateur et directeur du Bureau d'information sur l'assassinat (*Assassination Information Bureau*) qui a largement contribué à créer une demande populaire, en 1970, pour l'ouverture d'une enquête parlementaire sur le meurtre de JFK. Il est l'auteur de plusieurs ouvrages, dont *The Yankee and Cowboy War* (1976), une tentative d'explication du contexte politique sous-jacent à la conspiration contre JFK et au renversement de Nixon dix ans plus tard lors de l'affaire du Watergate.

a) Des éléments d'un anticommunisme enragé, à la division des opérations de la C.I.A., évoluant par des voies extra-gouvernementales, étaient profondément impliqués, au sommet, dans le projet d'assassinat et le processus d'organisation, et semblent avoir été les auteurs de la décision de tuer le Président.

b) La conspiration était politiquement motivée. Son but était de mettre un frein au mouvement de JFK vers la détente dans la guerre froide, et elle y a réussi. On doit donc la considérer comme une révolution de palais ou un coup d'État.

c) Oswald était un innocent habilement mis en place pour porter le chapeau. Il l'a dit lui-même : « Je suis le pigeon. »

En dépit de sa logique structurelle, de sa résonance presque audible dans le contexte américain contemporain, l'hypothèse que donne du crime Jim Garrison est peut-être trop provocatrice, trop effrayante, en trop profonde contradiction avec les mythes américains fondamentaux (à savoir que nous sommes une république respectueuse des lois) pour avoir une chance d'être officiellement reconnue ou même poliment considérée par les milieux intellectuels et les médias.

Le raisonnement de Garrison pose des questions de base sur la légitimité de l'État américain. Peu importe que Garrison ait été un patriote bon teint, avec une longue et heureuse carrière dans l'armée et au F.B.I., avant d'entrer au bureau du district attorney de La Nouvelle-Orléans ; sa vision de ce crime n'en est pas moins, je crois, la déclaration la plus radicale et la plus cohérente que nous puissions trouver sur le danger que court le constitutionnalisme américain. On ne peut suivre sereinement ce raisonnement. Bien que Garrison soit ce qu'il peut y avoir de plus éloigné du marxiste, un

Américain ne peut affronter son analyse sans risquer la crise de foi politique. Il menace de faire des Hamlet de tous ceux qui l'écoutent, des enfants d'un père-chef assassiné dont les meurtriers, autant que nous le sachions, possèdent toujours secrètement le trône. Il nous confronte au crime secret au cœur même du dilemme américain contemporain. Tout son terrifiant récit nous impose, de force, des questions épouvantables : de quoi est faite notre constitution ? Que vaut notre citoyenneté tant vantée ? Quel est l'avenir de la démocratie dans un pays où le Président peut être assassiné dans des conditions manifestement suspectes sans que frémisse l'appareil de l'action légale ?

C'est un sous-texte brutal. La reconstitution du meurtre selon Garrison nous dit clairement que ce que nous appelons notre Constitution est devenu pour certains d'entre nous, secrètement et honteusement, une risible parodie. Des éléments clefs du gouvernement, indispensables à l'intégrité des systèmes de renseignements politiques, semblent avoir été possédés et manipulés par une force mystérieuse que nous pouvons à peine identifier ou combattre.

Le réalisme historique et politique de Garrison se révélera peut-être trop intensément provocateur pour la consommation courante. Les Américains aiment à se voir pragmatiques à propos de politique mais il se peut que nous ayons simplement tendance à croire ce qui nous rend heureux et pas ce qui nous déroute ou nous déprime. L'analyse que fait Garrison du meurtre de JFK promet de nous rendre malheureux de notre environnement politique et de nous faire adopter une perspective qui risque bien de nous mettre en conflit avec lui. Ce n'est pas ainsi que l'on devient populaire.

L'hypothèse de Garrison, tout en étant la plus raisonnable, la plus réaliste, la mieux fondée sur la totalité des indices, n'est donc pas celle du gouvernement. L'hypothèse officielle était l'idée de la commission Warren qu'Oswald était quelque chose comme une crise cardiaque, un mauvais coup subit et imprévisible, sans autre signification que son existence en soi. Mais la théorie Warren a fini par s'effilocher sous les tiraillements des chercheurs bénévoles et en 1976, la Chambre des représentants a voté en faveur de la création d'une commission sur les assassinats politiques, afin d'enquêter sur l'affaire. C'était en quelque sorte un vote de non-confiance à la commission Warren.

Cette commission parlementaire sur les attentats entreprit alors de passer plus d'un an et de dépenser trois millions de dollars pour reprendre l'enquête sur l'assassinat de JFK et reconstituer l'hypothèse officielle.

Cette nouvelle hypothèse officielle — semi-officielle, devrais-je dire, puisque le F.B.I. ne veut pas en entendre parler — a été encadrée et adoptée en 1979 par la commission spéciale sur les attentats, dans son rapport final et, ensuite, amplifiée et développée en 1981 dans *The Plot to Kill the President* (Le complot pour tuer le Président), par le principal avocat-conseil de la commission, G. Robert Blakey, et son principal rédacteur Richard Billings (lui-même ayant joué un important rôle de second plan dans le récit de Garrison; voir chap. 8 et 13).

Pour une comparaison avec l'hypothèse de Garrison, celle de Blakey peut se résumer ainsi:

a) Oswald seul a tiré et tué JFK, comme l'a déduit la commission Warren.

b) Un complice inconnu d'Oswald, cependant, a

également tiré sur le Président par-devant et du célèbre « tertre herbeux ». Il a raté son coup.

c) A part la question du nombre d'assaillants participant à l'attentat, Oswald a agi comme l'instrument d'une bien plus vaste conspiration.

d) La conspiration, derrière Oswald, était ancrée dans le crime organisé et plus spécialement provoquée par le programme anticrime de JFK. Seuls ou en diverses combinaisons, les principaux suspects sont Carlos Marcello et Santos Trafficante, respectivement parrains des familles de la Mafia de La Nouvelle-Orléans et de Tampa, et le racketteur du syndicat des routiers James Hoffa. Chacun avait le motif, les moyens et l'occasion de tuer JFK.

Blakey est un universitaire accompli, un avocat de Washington d'une réputation et d'une habileté considérables, avec d'excellentes relations. C'est un proche des Kennedy. Il faisait partie du groupe de choc de Robert Kennedy contre le crime organisé. Il est l'auteur de la dernière révision du code pénal fédéral. Il est le rédacteur de la loi R.I.C.O. permettant à tout citoyen de porter plainte en conspiration contre les racketteurs. Il a enseigné à la faculté de droit de l'université Cornell, avant de participer à la commission, et il est aujourd'hui professeur à la faculté de droit de Notre-Dame. Il n'est pas pédant, tout en se présentant comme l'incarnation même des valeurs universitaires, et il est enclin à juger avec condescendance les personnes qui ne partagent pas ses opinions.

Dans son livre, Blakey ne peut pas ignorer purement et simplement Garrison, puisque l'enquête de Garrison a fait apparaître des individus clefs (Ferrie et Banister) que Blakey trouve indispensables à sa propre hypothèse. Mais, tout de même, il attaque assez méchamment l'ancien district attorney de La Nouvelle-Orléans.

Garrison, écrit-il, était motivé « par une soif de publicité. Ce qu'il recherchait, c'étaient les grosses manchettes dans la presse nationale, quand il a accepté de parler aux représentants de *Life*, de *Time* et de la C.B.S. ». Pourtant, Blakey sait bien que les « grosses manchettes dans la presse nationale » étaient dans la nature du sujet, que la forte participation des médias et du public était nécessaire pour repousser la pierre posée par l'entreprise fédérale d'étouffement ; et que d'ailleurs c'est *Life* et les autres qui ont commencé par rechercher Garrison et non le contraire. Le coauteur de Blakey, Billings, était en fait le rédacteur en chef de *Life* que la direction envoya sonder Garrison en 1967 pour savoir s'il collaborerait contre la conspiration.

Mais Blakey ne peut pas supporter d'accorder du crédit à l'ouvrage de Garrison, même quand il avoue son importance pour son propre livre. Garrison « stigmatise... par sa conduite » les « indices *bona fide* » pouvant exister dans son « faisceau d'accusations », et Blakey poursuit :

> Il faudrait la très surprenante révélation des découvertes d'une commission sénatoriale sur le renseignement, en 1976, pour empêcher la sonde de Garrison de mettre effectivement fin à tout espoir de voir le gouvernement fédéral examiner de plus près les travaux de la commission Warren. L'affaire de Garrison est frauduleuse.

Il est scandaleux de blâmer Garrison pour le refus fédéral de prendre l'affaire par les cornes. Blakey feint de croire qu'il y avait quelque chose dans la « conduite » de Garrison qui « stigmatisait les indices ». Cela n'a rien à voir avec la « conduite » de Garrison en tant que district attorney, alors justement que les autorités fédérales de Washington ont refusé de présenter ses citations à comparaître. Ce n'était pas parce que les accusations de Garrison étaient sans fondement que le gouverneur de l'Ohio a refusé d'extrader un très important témoin (Gordon Novel) en Louisiane, c'était parce que le gouvernement ne voulait pas qu'on sache la vérité sur l'assassinat de JFK.

De plus, ce ne sont pas la commission Church en tant que telle ni aucune de ses « surprenantes révélations » qui ont persuadé la Chambre de rouvrir le dossier JFK; c'est bien l'insistance croissante de l'opinion publique et, dans le sillage du Watergate, les assassinats de John Rosselli et de Sam Giancana alors qu'ils étaient témoins assermentés sous protection fédérale.

La principale accusation de Blakey contre Garrison — insinuation serait un mot mieux choisi puisqu'il est bien trop bon avocat pour se livrer contre Garrison à de la diffamation flagrante — est que ce dernier a abordé l'affaire JFK comme laquais de Carlos Marcello. Voici comment l'expriment Blakey et Billings :

> Quant à l'aspect crime organisé des associations d'Oswald à La Nouvelle-Orléans, qui a été négligé par le F.B.I. et la commission Warren, il a été soigneusement évité par le district attorney pour des raisons qui, croyons-nous, étaient devenues évidentes.

Quelles étaient ces « raisons évidentes » auxquelles croit Blakey ? Sans jamais le dire explicitement, il donne l'impression que Garrison était secrètement sous le contrôle de Marcello, il va même jusqu'à exhumer des accusations pour lesquelles

Garrison a été acquitté il y a longtemps et il écrit comme si ces chefs d'accusation avaient été maintenus :

> Garrison a été jugé mais acquitté en 1971 d'une inculpation fédérale l'accusant d'avoir touché des pots-de-vin de truands du gang des flippers en dépit de la preuve incriminante apportée par des enregistrements de Garrison et la saisie à son domicile de mille dollars en billets marqués.

Blakey juge préférable de ne pas expliquer pourquoi ces « enregistrements incriminants » et ces « billets marqués » n'ont pu convaincre un jury de la culpabilité de Garrison. Blakey préfère ne pas révéler à ses lecteurs que le principal accusateur de Garrison au procès des flippers, Pershing Gervais, avouait publiquement qu'il avait subi des pressions et des récompenses pour se parjurer en déposant contre l'inculpé. Pourquoi Blakey passe-t-il sous silence les abondantes indications de coup monté dans cette affaire contre Garrison, par des ennemis au niveau fédéral qui tenaient à le faire chasser de son poste de district attorney ?

Mais venons-en à l'hypothèse de Blakey affirmant qu'Oswald était l'agent et JFK la victime de Marcello.

A première vue, elle se défend très bien. L'attitude de certains gangsters envers le seul gouvernement dans toute l'histoire de l'Amérique qui tenta de les détruire est un aspect fascinant et peut-être le pivot de cette affaire (que Blakey n'était guère le premier à découvrir), mais Blakey savait parfaitement que sa théorie de la Mafia n'avait jamais été rigoureusement étudiée ni contestée*.

* Le nouveau livre de David E. Scheim, *Contract on America*, reprend essentiellement la thèse de Blakey, sans y ajouter de faits nouveaux.

Il est évident que la Mafia est présente dans le drame des 1 000 jours de John Kennedy. La vie de JFK avant sa présidence est inextricablement liée à son gouvernement et survit à sa tentative de la juguler. Les exemples aujourd'hui bien connus de sa présence sont fondamentaux :

> La Mafia a volé le scrutin de l'Illinois au profit du « ticket » JFK, lui faisant ainsi cadeau de la Maison-Blanche. La Mafia a fourni à Kennedy des maîtresses comme Judith Campbell Exner pendant la première année de son mandat à la Maison-Blanche. Des tueurs à gages de la Mafia ont répondu à l'appel de la C.I.A. pour tenter de tuer Castro en 1961 et 1962 et sont devenus des agents officiels du gouvernement U.S.

Paradoxalement, pendant tout le mandat Kennedy cette même Mafia était aux prises avec le ministère de la Justice dans un combat sans précédent qui parut un moment menacer son existence.

De plus, Jack Ruby était indubitablement un garçon de courses de la Mafia. Il a pu obéir à la Mafia, quand il a tué Oswald, vraisemblablement parce que la Mafia ne tenait pas à un procès public d'Oswald. Qu'est-ce qui a pu motiver un tel intérêt ? Pourquoi la Mafia se souciait-elle d'Oswald au point de vouloir le liquider ? A moins que la Mafia ne soit mêlée à l'attentat contre Kennedy, pourquoi se serait-elle occupée d'Oswald ? Il est tout naturel de supposer qu'elle avait quelque chose à cacher ; il est facile, de là, d'aboutir à la conclusion que la Mafia devait être la principale coupable.

Cependant, une plus longue perspective historique rend également évident que la présence de la Mafia dans d'illicites affaires d'État ne veut pas nécessairement dire qu'elle agit seule et sans soutien. A part le parrainage déjà évoqué de la C.I.A accordé à des tueurs de la Mafia contre Castro, des exemples historiques des mieux établis témoignent d'une association positive entre la Mafia et des éléments du gouvernement américain, dans lesquels la Mafia servait d'associé en second :

> L'Opération Underworld de l'US Navy, pendant la Seconde Guerre mondiale, quand le gouvernement américain acheta la protection de la Mafia contre des actes de sabotage nazis dans les ports de la côte Atlantique en échange de faveurs accordées à Lucky Luciano.
>
> L'alliance de l'armée U.S. avec la Mafia lors de la campagne sicilienne du général Patton, durant cette même guerre. L'utilisation par la C.I.A. des forces de la Mafia pour détruire des syndicats à prédominance communiste, à Marseille, dans les débuts de la guerre froide.

Dans aucune de ces affaires la Mafia ne domine le gouvernement ; dans aucune elle n'a fourni de mobile pour ces relations ou n'en a pris la direction. Par exemple, la Mafia ne s'est pas invitée elle-même à la guerre secrète entre la C.I.A. et la révolution cubaine. La Mafia a été recrutée pour cette campagne par Richard Bissell et le colonel Sheffield Edwards, agents de haut niveau aux opérations. De même, si la Mafia était présente à l'attentat de Dealey Plaza, il reste à déterminer si elle était là comme principal acteur ou comme agent ; si elle était la pièce principale du mécanisme ou un rouage secondaire, un simple exécutant ayant des comptes à rendre à un groupe plus important agissant pour des éléments désaffectés des Services de renseignements nationaux.

L'hypothèse de la Mafia dans l'assassinat de JFK est plus utile et plus intéressante quand on la considère comme un échelon dans l'évolution de la perception officielle de l'affaire ; c'est une amélioration de la thèse de l'assassin isolé mais sa base est, malgré tout, bien ténue.

Par exemple, si Marcello connaissait peu ou pas Oswald — peu importe qu'il le connût ou non assez bien pour savoir quelle espèce d'assassin il ferait — et si Marcello ou ses lieutenants recherchèrent Oswald, soit pour le recruter directement, soit pour le manipuler indirectement — tout cela étant insinué par Blakey et nécessaire à son hypothèse —, alors il devait y avoir un pont quelconque, un lien, un rapport entre Marcello et Oswald. Comment Marcello connaissait-il Oswald ou en avait-il entendu parler ?

L'enquête parlementaire découvrit en tout quatre personnes qui étaient connues à la fois d'Oswald et d'individus appartenant aux niveaux moyen et inférieur de l'organisation de la Mafia. La première était la mère d'Oswald, Marguerite, qui avait jadis fréquenté intimement des hommes en rapport avec l'organisation de Marcello. La deuxième était l'oncle d'Oswald et son subrogé tuteur Charles Murret, qui aurait été bookmaker dans l'appareil de jeu clandestin de Marcello. La troisième n'était même pas une relation d'Oswald mais un nommé Émile Bruneau qui remplaçait Murret absent et qui avait contribué à faire relaxer Oswald de prison en août 1963, à la suite de l'incident des tracts (voir chapitre 2).

Le seul trait d'union Oswald-Marcello plus ou moins substantiel est la quatrième personne, David Ferrie, qui est bien sûr tout à fait intéressante. Ferrie aurait piloté Marcello au retour du Guatemala où il avait été déporté par le ministre de la Justice Robert Kennedy. Il travaillait aussi à titre privé et intérimaire comme enquêteur pour un avocat, G. Wray Gill, qui représentait occasionnellement Marcello.

Mais l'enquête détermina aussi que Ferrie avait également été pilote pour la C.I.A. (sur une base contractuelle au moment de la baie des Cochons) et qu'il était proche d'individus assez curieux qui ne faisaient *pas* partie de la Mafia et ne se distinguaient par *aucun* rapport particulier avec Marcello. L'un de ceux-là était le chef du Conseil révolutionnaire cubain (C.R.C.) anticastriste, Sergio Arcacha Smith; un autre, W. Guy Banister, un ex-agent du F.B.I., anti-communiste militant, engagé dans l'équipement et l'entraînement de commandos pour des actions paramilitaires à l'intérieur de Cuba. Oswald lui-même connaissait directement Banister et avait des relations avec des exilés du C.R.C.

Ainsi, le seul individu qui pourrait représenter un lien concevable entre Oswald et Marcello, d'une façon sérieuse, à savoir Ferrie, peut tout aussi bien servir de lien, par l'intermédiaire d'Arcacha Smith et de Banister, entre Oswald et la C.I.A., avec laquelle Arcacha Smith comme Banister entretenaient des rapports.

De plus, la thèse de la Mafia n'explique pas l'évidente complicité du gouvernement dans l'entreprise d'étouffement. Un des aspects majeurs de cette affaire, c'est que des membres des Services de renseignements nationaux — le F.B.I., la C.I.A. et peut-être même l'O.N.I. (*Office of Naval Intelligence*) — ont continuellement cherché à supprimer toute information concernant leurs activités, par exemple les projets d'assassinat de la C.I.A., le passé de contre-espionnage militaire d'Oswald et les liens de Ruby avec le gang. Si ce n'avaient été que quelques *parrains* et malfrats qui avaient condamné le Président, pourquoi l'appareil d'investigation du gouvernement, au complet, était-il demeuré paralysé ?

La mesure la plus discutable prise par Blakey dans sa thèse de la Mafia c'est, cependant, d'avoir classé « secret » (ou laissé classer secret sans mot dire) un rapport de 285 pages préparé pour la commission sur les attentats par un de ses principaux enquêteurs, un jeune avocat nommé Edwin Juan Lopez, sur la question du voyage qu'aurait fait Oswald à Mexico, fin septembre et début octobre 1963.

Ce voyage est essentiel à la théorie de Blakey contre Oswald parce que c'est à cette époque qu'Oswald aurait téléphoné à Mexico et rendu visite là-bas à l'ambassade soviétique et au consulat cubain, en annonçant son nom à haute et intelligible voix et, selon un récit controversé, en déclarant que Kennedy devrait être tué. Certains laissent même entendre qu'Oswald, au cours de ce voyage à Mexico, aurait rencontré le responsable des assassinats politiques du K.G.B.

L'enquête de la commission sur les attentats, toutefois, a découvert de très plausibles indications selon lesquelles l'Oswald vu à Mexico était un homme tout à fait différent de celui que tout le monde connaissait. (1) Une photo de la C.I.A. représentant en principe Oswald sortant de l'ambassade soviétique à Mexico n'est pas du tout à l'image d'Oswald. (2) Un enregistrement du coup de téléphone d'Oswald à un diplomate soviétique n'est pas du tout de la voix d'Oswald. (3) Un diplomate cubain qui avait eu avec Oswald trois confrontations orageuses affirmait en donnant des détails et en se répétant que l'Oswald de Mexico n'était pas l'Oswald de Dallas. (4) Le seul témoin oculaire, une femme, qui déclarait avoir vu Oswald au consulat cubain fut incapable de le décrire correctement aux enquêteurs de la commission parlementaire.

La clef de voûte de tout cela, c'est que Lopez lui-même, l'auteur de ce rapport supprimé, avait pris le risque de rompre son serment et de violer le secret professionnel en déclarant publiquement et sous serment qu'il croyait que l'identité d'Oswald avait été usurpée à Mexico par des gens qui montaient un coup contre lui. Mais alors, si son identité avait été usurpée par des personnes ayant intérêt à le faire passer pour un individu dangereux, ce simple fait en soi, tout à fait à part des autres preuves disculpant Oswald, apporterait une grande crédibilité à sa protestation d'avoir été « le pigeon ».

Et ne serait-ce pas une importante nouvelle ? Quelqu'un ou un groupe avait tout préparé pour faire endosser à Oswald la responsabilité de l'assassinat. Est-ce que cela n'obligerait pas à remettre en suspens la condamnation officielle d'Oswald ? S'il était en prison, aujourd'hui, et si ces faits nouveaux étaient découverts, est-ce qu'il ne mériterait pas une révision de son procès et une nouvelle présomption d'innocence ? Pas pour Blakey.

Blakey prétendait être impartial et objectif, ne vouloir que servir la cause de la vérité, quand il était arrivé à la commission sur les attentats en 1977. Il commença par promettre qu'il allait « laisser le soleil briller » sur tout ce qu'il découvrirait. Néanmoins, Blakey supprima le rapport Lopez, ne fit aucune attention aux doutes qu'inspirait ce rapport, refusa même de mentionner l'enquête Lopez et d'y faire la moindre allusion dans les 400 pages de son livre et plongea la tête la première dans le mythe d'un Oswald non seulement assez fou pour tirer sur le Président mais fou au point de proclamer ses intentions à l'avance, à plusieurs reprises et dans le milieu des systèmes de renseignements des États-Unis.

Comme codirecteur à Washington du bureau d'information sur l'assassinat, créé au début des années 1970 pour susciter un mouvement vers une reprise de l'enquête sur l'attentat, j'ai observé Blakey d'assez près, parfois même de très près, pendant un an et demi environ, alors qu'il préparait et présentait sa thèse à la commission, à sa lecture et à son approbation. Au début, je soutins son hypothèse de la Mafia, pour des raisons fondamentalement stratégiques. C'était au moins une thèse de conspiration qui n'émanait pas de la droite, elle permettait un consensus officiel et elle paraissait assez solide pour faire rouvrir le dossier par le ministère de la Justice. Blakey pensait que les pistes, alors nouvelles, de la commission conduisaient à la Mafia. Nous étions nombreux à l'observer et à croire qu'il se trompait, que les pistes allaient opérer une brèche, tout droit à travers la couverture de la Mafia et revenir vers les divers départements des Services secrets U.S. C'était un coup de dés : « Laissons le gouvernement tirer sur la ficelle de la Mafia, pensions-nous, et nous verrons bien quelles autres choses cela dénichera. »

Vinrent alors l'époque Reagan et le refroidissement total du gouvernement pour tout projet rappelant le moins du monde les Kennedy. Blakey ne prit pas l'offensive quand le F.B.I. claqua grossièrement à son nez la porte du ministère de la Justice en lui laissant entendre ainsi qu'à la commission : « Nous ne marchons pas, alors vous n'avez pas de pot. »

Pourquoi Blakey a-t-il préféré ne pas poursuivre la lutte, avec plus de force et de publicité ? Pourquoi a-t-il semblé se retirer de la mêlée ?

Mais encore : pourquoi a-t-il cherché à salir Garrison ? Pourquoi n'a-t-il pas rendu hommage à Garrison pour sa contribution au développement de l'affaire, ne travaillant qu'avec une fraction des ressources de Blakey et en butte aux pressions d'une opposition secrète active ?

Pourquoi Blakey veut-il ignorer des preuves découvertes par ses propres investigations, par exemple que les Cubains étaient aussi bien placés pour tuer le Président que l'était la Mafia ? Pourquoi ignore-t-il le fait que cette colonie de Cubains exilés était une création de la direction des opérations de la C.I.A. ?

Peut-être y a-t-il, après tout, une explication simple à ces curieuses négligences. Tout à la fin de l'ouvrage Blakey-Billings, en sandwich entre la liste des principales sources et la bibliographie, on trouve le paragraphe suivant, la déclaration finale du livre :

> A la suite d'un accord avec la Commission parlementaire sur les attentats, la C.I.A. et le F.B.I. ont lu cet ouvrage sous sa forme manuscrite pour déterminer si l'information classée secrète qu'il contient a bien été autorisée à la publication et s'assurer qu'aucun informateur n'a été identifié. Ni la C.I.A. ni le F.B.I. ne garantissent les faits présentés et ne souscrivent aux opinions exprimées.

C'est probablement un des paragraphes les plus importants du livre. Il devrait être imprimé au début, plutôt qu'à la fin, le lecteur saurait au moins à quoi s'en tenir.

Il n'y a, dans mon cas, aucun appendice de ce genre à ajouter à l'œuvre de Jim Garrison. *JFK* (*On the Trail of the Assassins*), vous pouvez en être certain, n'a pas été revu, corrigé ni censuré ou autorisé à la publication par la C.I.A. ou le F.B.I. La voix de Garrison s'élève ici, au contraire, comme une des plus grandes voix libres et non censurées de notre temps.